KB234645

시와 철학

시를 중심으로 본 예술철학사

시와 철학

시를 중심으로 본 예술철학사

황애숙 지음

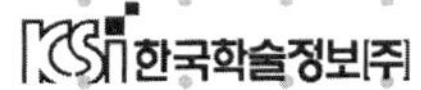

머리말

어린 시절, 시인의 꿈이 있었다.

대학에 들어와서 문학공부를 하며 나름대로 길을 찾던 중, 깊이 있는 글을 위해 철학 공부가 필요하다고 여겨 누구의 조언도 없이 철학을 부전공으로 선택했다. 그리곤 낯선 것의 깊이에 이끌려 박사학위를 받고 그것을 강의하는 데까지 멀리 오게 되었다. 그러나 옛 꿈을 잊지 않은 것은 문학, 예술과 관련된 철학에 가까이 있었기 때문이다. 그래서 다시 시를 생각하게 되었다. 시를 통해 철학에 왔는데, 다시 철학을 통해 시를 생각하는 것이다. 시간이 너무 많이 걸렸지만 무의미한 것은 아니었다고 생각된다. 시와 철학의 관계 역사가 예술철학의 역사이며 철학의 역사이기도 하다는 것을 알게 되었기 때문이다.

대학에서 미학을 강의하면서 강의 교재를 많이 고민했다. 그럼에도 불구하고 예술 일반이 아니라 시를 중심으로 예술철학사를 쓰는 것은 그것이 예술 일반의 이해를 위한 근원적인 길이기도 하고, 나의 남은 꿈을 위해서이기도 하다.

아직 길 위에 있다.

늘 느끼는 것이지만 무엇에 몰두한다는 것은 주변 사람들을 배려하는 마음과 시간을 한곳에 쓴다는 것이다. 가까운 사람들에게 미안한 마음을 전하고 싶다. 그리고 출판을 허락해 주신 출판사에 감사의 마음을 드린다.

금정산 아래서
황애숙

차 례

철학이 있기 전에 시가 먼저 있었다.

인간은 자연 상태를 벗어나 농업과 목축을 하며 어느 정도 삶의 안정을 얻으면서 그 경험을 바탕으로 자신의 삶과 세계에 대해 전체적인 사유를 하게 되었다. 그래도 그때 인간의 힘은 여전히 미약했고 자연과 운명의 힘은 가혹했기 때문에 그것을 주관하는, 인간을 능가하는 초월적인 존재를 생각하지 않을 수 없었다. 인간의 삶을 주관하고 자연을 다스리는 신이 세계의 변화 생성의 주원인으로 그려지는 이야기, 신과 인간과 자연의 세계에서 신이 중심이 되는 이야기가 신화다. 그것을 먼저 노래한 이는 시인들이었다.

시인들은 신이 개입하고 주관하는 인간의 삶을 그려내고 위대한 신들에게 찬가를 바쳤다. 하이데거가 횔덜린에게서 찾으려 한, 신과 인간 사이에서 신의 눈짓과 인간의 소리를 접합시키는 시인의 역할은 기대하는 미래의 것이면서 이미 존재했었다. 인류는 민족마다 조금씩 다르긴 하지만 오랫동안 신화적 방식으로 세계를 보았고, 그것을 노래하고 전하는 일은 시인들의 몫이었다.

문자로 기록된 가장 오래된 시는 호메로스의 『일리아스』와 『오디세이아』로 알려져 있다.[1] BC 1250년경에 일어난 것으로 보는 트로이 전쟁의 마지막 해에 일어난 사건들을 중심으로 10년 전쟁 중의 영웅들과 신들의 이야기가 『일리아스』의 내용이며, 전쟁 영웅인 오디세우스가 전쟁을 마치고 귀국하여 가족과 상봉하기까지의 여정을 그린 것이 『오디세이아』이다. 역사의 기록으로는 트로이 전쟁이 에게 해 문명의 주도권을 가진 그리스의 미케네 왕국과 에게 해와 흑해를 지나가는 배에 통행세를 물게 한 트로이 간의 전쟁인데, 호메로스의 작품에서는 바다의 여신인 테티스와 인간인 펠레우스의 결혼식에 초대받지 못한 불화의 여신이 던지고 간 황금사과에서 비롯하며 지지부진하던 전쟁은 아테네 여신의 계략으로 끝나게 된다. 전쟁이 끝난 후에도 오디세우스는 포세이돈의 저주를 받아 여러 사건을 겪으며 10여 년 만에 귀국하게 된다.

아리스토텔레스가 역사보다 시가 더 철학적이고 중요하다고 한 것은 시가 있었던 일만이 아니라 있을 수 있는 일까지 그려내고 있

---

1) 호메로스의 작품과 구약 성경의 창세기보다 더 오래된 것으로 길가메시 서사시가 발견되었다. 인류 최초의 문명인 수메르 문명의 산물인 수메르신화가 담긴 이 서사시는 그러나 19세기에 발견되었고 20세기에 와서 해독되었다. 길가메시는 수메르의 도시국가인 우루크 제1왕조의 5번째 왕(BC 2812~2687)으로 알려졌다. 페르시아 전쟁 이후 메소포타미아의 문명은 폐허에 묻혔었는데 19세기에 점토판에 기록된 문헌들이 발견되었고 그중에서 길가메시 서사시도 발견되었다. 이 서사시는 짧게 잡아도 호메로스의 작품, 구약성경의 창세기보다 훨씬 이전이며 내용상으로도 두 작품의 원형이 되는 것으로 볼 수 있다(『최초의 신화 길가메시 서사시』, 김산해 지음). 여기서는 철학사와 관련된 한에서 신화(시)를 다루기 때문에 이것을 논하는 것은 일단 제외할 수밖에 없다.

기 때문이다. 인간 세상의 일에서 신의 영역까지 아울러 생각한다는 것은 삶의 세계와 사유의 영역이 확장되었다는 것을 의미한다.

시인들은 인간에게 신을 알게 해 주었다. 호메로스는 이전에 구전되어 오던 것을 종합해서 작품을 썼을 것이므로 신화가 호메로스에 의해 비롯되었다고 할 수는 없지만 헤로도토스의 말처럼 호메로스와 헤시오도스가 고대 그리스인들에게 여러 신들을 만들어 준 것이다.[2] 그것은 부분적이고 불완전하게 말해진 신들의 세계를 총체적이고 체계적으로 드러내 보임으로써 신들의 존재를 확고히 했다는 것이다.[3]

고대 신화의 시대에 인간은 아직 추상적인 사고가 발달하지 않은 때여서 신을 인간에서 유추할 수밖에 없었다. 신을 인간처럼 묘사하고 신을 기리는 종교행사가 인간을 기쁘게 하는 것과 같은 방식이었다. BC 550년경, 아테네의 지배자가 된 피시스트라투스 시대에 아테네에서는 아테네 여신을 모시는 축제인 아테네제와 디오니소스 신을 기리는 디오니소스제가 시작되었다. 전자는 해마다 소제가 열리고 4년마다 대제가 열리는데, 그때의 제전경기는 제우스 신을 위한 올림피아제의 경기와 함께 그리스의 대표적인 운동경기 행사가 되었다.

트로이 전쟁을 승리로 이끈, 전쟁의 신이기도 한 아테네 여신을 기리는 행사에서 참가자들(자유인인 남자에 한하며, 정치 집회에 참석할 수 있는 자격과 같다)은 전쟁에서 용맹스런 전사가 될 것을 다

---

2) 헤겔, 『헤겔미학 I』, 478쪽.

3) 가다머(Gadamer)는 이것을 시인들이 그리스인들의 다양한 종교적 전통에 신의 계보에 관한 신학적 체계를 심어 주고 형상과 기능에 따라 구별되는 신의 모습을 확정시킨 것으로 해석한다. 즉, 신들의 상호관계를 이야기함으로써 신화의 체계를 확고하게 하는데 기여한 것으로, 문학이 신학적 작업을 한 것으로 평가한다(*Wahrheit und Methode*, S.36).

짐했을 것이며 그것은 창던지기, 원반던지기, 격투기, 달리기 등의 행동으로 표현되었다. 제전은 신에게 희생제물을 바치는 의식과 경기의 우승자를 가리고 그들을 축하하는 잔치로 행해졌다.

포도 재배 방법과 포도주 만드는 법을 인간에게 가르쳐 준 디오니소스는 민중의 신이며 술을 마시면 기분이 고양되어 시를 잘 지을 수 있기 때문에 시인들의 신이기도 했다. 디오니소스제는 시인들이 쓰고 주관하는 연극이, 그중에서도 비극이 주로 공연되는 민중들의 축제였다. 극의 내용은 주로 신화에서 취한 이야기이기 때문에 공연되는 작품들은 신화적 세계관을 확고히 공유하게 하는 역할을 했다. 국민을 하나로 묶어 준다는 점에서 디오니소스제는 정치적으로도 중요한 행사였다.

소크라테스는 당시의 연극 공연을 보지 않았다고 하는데, 그것은 국가의 행사인 신제에 참여하지 않았다는 것을 의미한다. 철학은 신화의 내용과 사고방식을 비판하고 이성적인 논리로 세계를 사유하고자 한 것이다. 새로운 사유방식의 등장은 옛것과 갈등을 일으킬 수밖에 없었고, 플라톤의 말대로 철학과 시(신화) 사이에는 오랜 불화의 역사가 있게 되었다.

그것은 동양의 경우도 마찬가지다. 가장 오래된 노래라고 알려진 인도의 『베다』는 BC 1500년에서 1000년 사이에 시작된 것으로 보며, 중국의 『시경』도 주나라 초기인 BC 1123년쯤부터 불리던 노래를 모은 것이다. 호메로스 작품의 소재인 트로이 전쟁이 일어나고 그것에 대해 이야기가 형성되기 시작한 때는 『베다』와 『시경』이 시작된 때와 비슷한데, 지금 전해지는 것이 문자로 기록된 것은 호메로스가 훨씬 앞선 BC 800년경이다. 『시경』의 시가 공자에 의해 추려진 것은 BC 500년경이며, 『베다』가 현재의 형태를 갖춘 것은 AD 200년쯤으로 추정한다.

『베다』는 신에 대한 예배와 제사의식을 목적으로 만들어졌으며, 제식을 주관하는 사제의 직분에 따라 베다도 4종으로 이루어졌다. 신들에 대한 찬가와 기도를 수집한 본집(本集), 제사방식과 의미를 토론하고 설명하는 브라흐마나, 제사 중심 사상에서 철학적 사변으로 넘어가는 과도기 문헌인 밀림서(密林書), 그리고 철학적 내용이 들어 있는 우파니샤드가 그것이다.[4] 4단계의 구별은 신화에서 철학으로 이행되는 역사적 과정을 거쳤다는 것을 보여 준다. 그것은 최종적으로 집성된 AD 200년경, 그러니까 철학적 사고가 형성된 후 그 시대의 관점에서 해석되고 취사선택된 것이다.

『시경』은 주나라 건국 초기인 BC 12세기부터 공자가 태어날 무렵 춘추 중엽인 BC 6세기까지 민간이나 조정에서 불리던 노래가사 3,000여 편을 공자가 자신의 기준에서 300여 편으로 추린 것이다. 그냥 시였던 것이 '시경(詩經)'의 이름을 얻은 것은 한나라 때 와서다. 자연적인 민간의 시들이 공자에 의해 십분의 일 정도로 추려졌다는 것, 그리고 『시경』이 되어 유학의 경전이 되었다는 것은 새로운 사고방식인 철학에 의해 시가 선별되어 수용되었다는 것을 보여 준다.

문화의 세 영역 중 철학(학문)은 종교와 예술보다 발생적으로 나중이다. 그래서 철학이 자기 자리를 확보해야 할 때 종교, 예술과 투

---

4) 길희성, 『인도철학사』 제2장 참고.

쟁을 해야 했는데 그때 종교적 예술 장르의 대표적인 것이 시였다. 발생적으로 시와의 관계 속에서 태어난 철학은, 이후로도 시와 어떠한 관계를 형성할 수밖에 없었다. 철학은 이성적인 신화이며 논리적인 시이다. 시를 극단적으로 비판하고 정립된 플라톤의 철학은 역설적으로 가장 시적이었다. 그러나 시적인 플라톤 철학은 또한 철학과 시(예술)를 분리시켰다. 시와 철학은 구분되지만 가장 가깝다는 것을 아리스토텔레스는 시가 역사보다 더 철학적이며 중요하다고 표현했다. 이 전통은 계속 이어져 근대에 '미학'을 탄생시켰다.

감성을 인식능력으로 보고 그래서 예술을 학문의 관점에서 보려는 미학의 정립 이후 서양의 근대철학은 예술을 철학 속에 포함하게 되었다. 근대 철학자들은 그들의 철학 체계 속에 나름대로 예술을 자리매김했다. 그런데 예술의 위상은 달라도 (칸트, 셸링, 헤겔에게서 보듯이) 예술 중에서 미의 이념을 가장 잘 구현하는 것을 시라고 보는 점은 일치한다. 예술 장르 중에서 로고스의 작업인 철학과 친할 수 있는 것은 로고스인 언어의 예술, 즉 문학이었고 그중에서도 시가 그랬다. 플라톤은 시와 철학 간의 불화의 역사가 오래되었다고 했지만 그것은 플라톤의 경우가 대표적이며, 철학이 예술을 인식적 의미의 영역으로 인정하는 한, 오히려 예술 중에서 시는 철학과 가장 밀접한 관계를 가지게 되었다. 철학과 시의 친밀한 관계의 역사 또한 오래되었다.

플라톤에서부터 시작된 철학의 역사를 해체하려고 한 반(反)플라톤자인 니체도 그 역사를 크게 벗어나지 않았다. 시(예술)보다 철학을 우위에 있게 한 플라톤에 대해서 니체는 철학보다 예술을 우위에 있게 했을 뿐, 시와 철학은 동전의 양면과 같이 함께 있었다. 비극에

서 언어예술보다 음악을 더 근원적이라고 보았지만 비극을 부활시
키려고 한 니체는 극시인 비극을 최고의 예술형식으로 보는 오랜 전
통을 따랐다.

음악, 미술, 조각 등 어떤 장르의 예술이든지 그것이 어떤 의미의
표현이고 전달이라면 그것은 언어적인 것이며 언어로 해석되어야
한다. 시가 모든 예술의 근원이라는 것은 발생적으로뿐만 아니라 언
어적 표현의 정수라는 점에서이기도 하다. 철학이 치밀한 언어의 작
업인 한, 철학과 시는 깊은 관계를 가질 수밖에 없을 것이다.

시와 철학의 오랜 관계의 역사 중 20세기에 하이데거 철학에서
철학이 시와 만나는 그 전형을 볼 수 있다. 근대철학, 나아가서는 철
학의 역사를 해체해야 한다고 주장하고 철학의 미래를 발생적 근원
에서 찾으려고 한 하이데거에게서 시와 철학의 만남은 우연이 아니
다. 그것은 시와 철학이 가까워지려는, 나아가서는 일치시키려는 근
대철학(미학)의 전통에서 이어진 하나의 입장이다. 그 역사는 더 거
슬러 가면 시와 어쩔 수 없이 깊은 애증관계를 가졌던 플라톤에서부
터 시작되었다.

**플라톤: 철학과 시 사이에는
오래된 불화가 있다** **2**

(1) 신화와 철학

시에 관해 철학적으로 논한 최초의 서양 철학자는 플라톤이다. 그런데 플라톤이 시에 관해 논한 것은 본격적인 시론을 위해서가 아니라 그의 철학의 입장에서 신화를 비판한 것이다. 호메로스나 헤시오도스의 신화는 서사시로 씌었다. 별다른 책이 없던 시절 그들의 작품은 배움의 교재로 사용되었고 그 내용은 많은 사람들의 이야깃거리가 되었다. 그들의 작품을 통해서 고대 그리스인들은 삶과 세계를 배운 것이다. 플라톤은 "철학과 시 사이에는 오래된 불화가 있다"고 (『국가』, 607b) 말했는데 그것은 철학이 점차 정립되어 가면서 오랫동안 그리스인들의 교육을 맡아 왔고 그래서 사고를 지배하던 시(신화)와 부딪히게 된 데서 비롯된 것이다.

호메로스의 서사시 이후 서정시가 등장하여 꽃 필 때쯤 철학은 시작되어 비극의 전성기에 자연철학의 시대를 이루었다. 우주의 근원을 신이나 정령이 아니라 자연에서 찾으려고 한 초기의 철학은 신화와 다른 방식의 사고였다. 소크라테스, 플라톤 시대에 시와 불화한 것은 그들만이 아니라 소피스트들도 마찬가지였다. 그러한 일은 사회의 전반적인 변화와 맞물려 있었다.

고대 그리스의 도시국가 중 가장 발달했던 아테네에서는 기원전 6세기경에 솔론의 개혁으로 민주주의 정치의 토대가 마련되었고 이후에 페리클레스(BC 495~429)에 의해 민주주의가 완성되었다. 18세 이상의 자유인인 아테네 남자에 한한 것이었지만 그들은 누구나 정치집회에 참석할 수 있고 발언할 수 있었다. 이에 따라 다른 정치적 견해를 가진 사람을 설득하고 이길 수 있는 기술이 필요해졌고 그것은 전통적인 시와는 다른 새로운 사고를 필요로 했다. 그런 것의 교육을 담당했던 이들이 오늘날 소피스트라고 불리는 사람들이었다. 당시의 시인들에게는 소크라테스도 소피스트 중의 한 사람이었다.

아리스토파네스의 대표작 『구름』은 소피스트의 신교육을 풍자한 것이다. 그 내용은 대략 이렇다. 승마로 빚을 진 아들 때문에 골치를 앓는 사람이 빚을 갚지 않아도 되는 묘안을 얻기 위해 소크라테스에게 변론술을 배우려고 한다. 그런데 기억력이 쇠퇴해 배움이 불가능해지자, 그는 대신 아들을 제자가 되게 한다. 그래서 소크라테스에게 정론과 사론을 배운 이 아들은 사론으로 빚쟁이를 몰아세워 쫓아내는데, 같은 방식으로 아버지를 폭행하고 모욕하자 아버지가 소크라테스 학원에 불을 지른다.

이 작품 속에서 소크라테스로 대표되는 학원 사람들은 '공상에 잠긴 멋진 사람들'이며 그들은 '돈만 주면 옳든 그르든 간에 변론으로 재판에서 이기는 법을 가르쳐 주는'[5] 사람들이다. 그들은 땅 위에서가 아니라 공중에서 하늘을 측량하고 태양을 관찰하는데, 그것은 영혼을 공중에 매달아 깊고 오묘한 생각들을 대기와 함께 어우러지도록 하기 위해서라고 작품 속의 소크라테스는 말한다.

아리스토파네스는 소크라테스를 소피스트로 오해했지만 철학자를 땅 위의 인간사보다 하늘의 이치를 알고자 하는 이로 보는 것은 일리가 있는 것이다. 마치 천체를 연구하느라 하늘을 쳐다보고 가다가 냇물에 빠졌다는 탈레스의 일화가 말해 주듯이, 철학자들은 보이는 세계의 보이지 않는 궁극적 원리를 찾고 있었다. 『구름』에서 소크라테스가 말한 대로 하늘의 변화무쌍한 현상들을 땅 위에서는 올바로 파악할 수 없다. 그래서 그는 올림포스 산의 신을 믿지 않고 더 높은 하늘의 구름을 신으로 삼았다고 말한다.

그렇게 먼 곳을 찾는 철학자의 일은 아리스토파네스가 보기엔 공상이며 '벼룩이 발 길이의 몇 배를 뛸 수 있는가', '모기는 입으로 우는가, 엉덩이로 우는가'를 한가하게 따지는 것이다. 『국가』 편에 나오는 '주인을 향해 짖어대는 개', '지나치게 똑똑한 자들의 무리', '시시콜콜 따지며 생각하는 자들', 그래서 '궁상맞은 자들'(『국가』, 607b)이란 표현은 기존의 시인들이 새로 등장한 철학자들을 비난한 말이다. 그러나 사론으로 정론을 반박하는 것은 소크라테스의 가르침이 아니라 소피스트의 방식이었다.

---

5) 『그리스·로마 희곡선』, 범우사.

당시의 철학자는 정치인은 물론 시인이나 소피스트들에게도 좋은 대접을 받지 못했다. 소크라테스가 독배를 마시고 죽어야 할 만큼 철학은 열세였다. 소크라테스를 기소한 사람은 그 사회의 기존 세력가인 정치인, 소피스트, 웅변가, 시인이었다. 새로운 것의 등장은 희생제의를 치르고 이루어진다. 예수의 죽음이 역설적으로 기독교의 토양이 되었듯이 소크라테스의 죽음은 철학이 전면에 등장하는 계기를 마련해 주었다. 소크라테스를 전적으로 따른 플라톤에 의해 서양의 철학은 확고한 뿌리를 내리고 자랄 수 있게 되었다. 이제 소피스트는 플라톤에 의해 궤변론자로 격하되고 시인들은 추방되어야 한다는 모욕적인 말을 들어야 했다.

고대 사회에서 신에게 제사 지내는 일은 국가의 가장 큰 행사였고 모든 사람들이 모이는 축제였다. 아테네에서 행해진 신제 중의 하나인 디오니소스제는 시인들이 합창을 곁들여 시를 낭송하는 연극공연이었다. 공연의 주된 비극은 원래 디오니소스 신을 노래하는 디티람보스의 합창단과 지휘자가 말을 주고받는 것에서 시작되었는데 점차 대화가 주가 되고 그 사이에 합창, 무용이 삽입되는 극의 형식으로 변화했다.

신화에 의하면 디오니소스는 제우스의 아들이지만 어머니는 인간의 여자(세멜레)였다. 제우스의 부인인 헤라는 질투심에 그를 미치게 하여 추방했지만 그는 다른 여신의 도움으로 광기를 치료하고 메소포타미아 지방으로 편력의 길을 떠났다가 돌아왔다. 그는 포도 재배법과 포도주 만드는 법을 발견하고 그것을 사람들에게 전해 주어 많은 추종자를 거느렸다. 그러나 헤라의 사주를 받은 티탄들에 의해

찢겨 죽음을 당하게 되는데 제우스의 어머니인 레아에 의해 찢긴 몸이 다시 붙여져서 부활하고 신의 반열에 오르게 되었다. 비극은 이러한 디오니소스의 행적과 고통을 노래한 데서 유래했다.

디오니소스는 술의 신이며 시인(예술가)의 신이다. 아테네제에서 전사들의 용맹함을 겨루듯이 디오니소스제에서는 시인들이 작품을 겨루었다. 술에 취한 것처럼 사람들을 흥분시킬 수 있는 것은 즐거움보다 거대한 슬픔이다. 디오니소스제에서 행해진 비극은 디오니소스처럼 어쩔 수 없이 운명적으로 고통받는 자들의 불행을 그린 것이다. 여러 시인들이 즐겨 쓴 소재 중 디오니소스, 오이디푸스, 안티고네, 아가멤논, 엘렉트라와 같은 인물들의 비극적인 이야기에서처럼 그들은 자신에 의해서가 아니라 운명이나 신의 뜻에 의해 큰 불행을 겪는다. 그 내용은 충격적이어서 격정과 연민, 공포심을 불러일으킬 수 있는데, 더구나 집단적으로 관람하면서 군중심리에 의해 그 느낌은 증폭되었을 것이다.

『향연』에서 소크라테스는 비극시인인 아가톤이 3만 명의 사람들 앞에서 지혜를 과시했다고 말한다(『향연』, 175e). 정치집회에 5천 명 정도가 모인다는 것을 생각하면 대단한 규모다. 그런 연극공연을 통해서 인간은 신의 뜻을 벗어날 수 없다는 생각을 더욱 가지게 되어 신화적 체제는 견고해질 수 있었다. 그렇게 국민을 하나로 모으는 것은 정치적으로도 필요한 것이었다. 아테네가 국가의 차원에서 시인들을 지원하고 장려한 것은 그런 행사로써 정치적인 목적을 이룰 수 있었기 때문이기도 했다.

그러나 플라톤은 시인들에 의해 그려지는 비극의 신들은 신으로서 옳지 않다고 보았다. 시인들이 묘사하는 것처럼, 신이 아버지를 살해하고 신의 자리를 차지한다거나 신들의 놀이에 의해 인간이 전쟁을 하게 된다거나 오이디푸스처럼 자신의 잘못이 아니라 신의 예언에 의해 인간으로서 가장 불행한 일을 당하는 것을 플라톤은 신에 대한 옳은 이야기가 아니라고 한다. 플라톤에 의하면, 신의 말과 행동은 진실해서 자신이나 남을 속이지 않으며 꿈의 징조로도 환상이나 말로도 그렇게 하지 않는다(『국가』, 372e). 신은 모든 것의 원인이 아니라 좋은 것의 원인이어야(『국가』, 380c) 하기 때문에 신들로 인하여 나쁜 일이 생긴다는 것은 옳지 않다(『국가』, 391e).

고대 그리스의 시인들은 올림포스 산에 신들을 살게 했고 그들이 세상의 일을 주관하게 했다. 실러는 이렇게 말했다. "시인들은 지상에서 실현되어야 하는 것을 올림포스 산으로 옮겨 놓았을 뿐이다. 신이란 가장 자유롭고 가장 숭고한 존재에 대한 인간적인 명칭이다"6) 그러나 플라톤에게 올림포스 산의 신들은 숭고한 존재가 아니었다. 플라톤에게 삼라만상의 근원은 이 세상의 어떤 것이 아니며 인간과 같은 성품을 가진 그런 신도 아니다. 모든 것의 근원은 모든 것으로부터 멀리 떨어져 있어야 하며 절대적이고 유일해야 한다. 플라톤은 인간과 비슷한 올림포스 산의 신들을 보이지 않는 지고한 자리로 높이 올려 보냈다. 신은 진선미 최고의 가치를 가진 초월자여야 하기 때문이다.

플라톤의 신화에 대한 비판은 옛 신과 다른 새로운 신의 등장을 위한 투쟁이었다. 즉, 플라톤의 철학은 옛 신화에 대한 새로운 신화를 위한 것이었다. 소크라테스가 기소된 이유는 국가종교에 위배되

---

6) 실러, 『인간의 미감적 교육에 관한 서한』, 15 서한.

는 이상한 신을 퍼뜨리며 청년들을 타락시켰다는 것이었다. 물론 호메로스의 신화도 새로운 신의 등장을 그린 것이다. 인간신 이전에는 자연신의 단계가 있었다. 헤겔은 호메로스적인 고전적 신들의 이상은 자연의 원초적 힘에 대항하여 자연적 삶의 요소들을 정신 속에 포함시키는 것이어서 고전적 예술형식은 신으로 간주된 자연의 위력을 극복하고 진정한 신족들이 지배권을 획득한 것이 중요한 측면이 된다고 보았다.[7] 호메로스의 신화도 그 이전의 신에 대한 새로운 신을 위한 투쟁의 산물이었지만 플라톤은 인간신보다 더 높은 새로운 신을 위해 호메로스와 투쟁한 것이다.

플라톤은 많은 시인들 중에서 호메로스를 대표적으로 언급하며 그를 비극시인, 비극의 선구자라고(『국가』, 598d) 칭한다. 서정시, 서사시, 비극, 희극은 구별되는 형식이지만 플라톤은 당시에 신화적 사고를 견고하게 하는 대표적인 것을 비극이라고 보았고 비극시인들이 작품에서 다루는 이야기가 대부분 호메로스의 작품에서 빌려온 것이기 때문에 호메로스를 비극시인의 원조라고 보는 것이다.[8] 플라톤은 호메로스를 비극시인의 최초 스승이며 지도자라고 찬양하지만 진리보다 사람을 더 존중해서는 안 된다며(『국가』, 595c) 그와 그의 시를 비판했다. 그것은 호메로스가 가장 시인다우며 비극시인 중에 첫째가지만 신들에 대한 찬가와 훌륭한 사람에 대한 찬양이 아닌 즐거움을 위한 시가는 법과 이성 대신에 즐거움과 괴로움에 지배받게 하기 때문에 옳지 않다는 것이다.

---

7) 헤겔, 『헤겔미학 Ⅱ』, 223쪽.

8) 철학사를 거슬러 신화로 회귀하고자 하는 니체는 플라톤과 상반되게 비극에서 이미 호메로스적인 신화를 벗어났다고 본다. 하이데거도 소포클레스와 같은 비극시인들이 신화를 벗어나서 철학적 사유를 했다고 본다. cf. 니체 (2) 1) 4, 하이데거 (7).

문화는 지역마다 개별성을 가지지만 인류의 보편성도 가진다. 고대 신화의 시대에 인간들의 사회는 아직 체계적인 질서를 가지지 못했고 추상적 사고가 덜 발현되어서 신들도 인간들처럼 어지러운 삶을 사는 것으로 보았다. 문명의 발달은 삶에 새로운 질서를 요구했으며 그에 따른 새로운 종교가 필요하게 되었다. 플라톤의 생각은 시대의 보편적인 요청이 있었던 것이다. 동서양을 막론하고 공자, 석가, 소크라테스는 비슷한 시기에 태어나 그 시대적 임무를 수행한 사람들이다.

소크라테스는 공자(공자의 가르침을 유교라고 할 때), 석가와는 달리 새로운 종교를 창시하지는 않았지만 그의 제자인 플라톤은 훗날 등장한 기독교를 위해 서양에 사상적 토대를 놓은 사람이 되었다. 그래서 기독교적인 신은 죽었다고 선언한 니체는 플라톤에게 원죄를 물었다. 기독교는 대중화된 플라톤주의라고.[9]

(2) 모방설

플라톤이 시와 시인들을 비판한 것은 사람들이 올바르지 않은 시인들의 생각을 전적으로 따른다는(모방한다는) 것을 우려했기 때문이다. 그런데 시인들의 시 또한 모방(mimesis)이다. 잘 알려진 대로 플라톤의 예술론은 모방설이다. 모방에 대해서 플라톤은 침상 만드는 일을 예로 들어 설명했다(『국가』, 10권).

---

9) Nietzsche, *Jenseits von Gut und Böse*, Vorrede.

목수가 대패와 망치를 사용하여 침상을 만들기 위해서 먼저 설계도가 있어야 하듯이 침상의 이데아가 먼저 있어야 하며 목수는 그것을 보고 저마다 침상을 만들고 화가는 그렇게 만들어진 침상을 채색하며 그린다. 시인은 낱말과 구(句)를 이용해 채색하는 화가와 같은 일을 하며, 비극작가를 포함한 모든 모방자가 그러하다. 그림은 시각적 모방이고 시는 청각적 모방이다(『국가』, 603b).[10] 시를 짓는 것은 보이는 현상들에 대해서지 실재가 아니며, 시는 실재에서 세 단계나 떨어져 있는 것이다(『국가』, 599a). 현상계가 이미 이데아들의 모방인데, 그것을 그려내는 것은 그림자이며 모방의 모방이다.

플라톤의 모방론은 그의 형이상학에 바탕을 두고 있다. 보이는 세상의 궁극적인 근거를 찾고자 한 것은 신화와 같지만 철학은 신화의 신들과는 다른 것을 찾고자 했다. 플라톤은 신화의 신들은 물론 이전의 자연철학자들이 말한 물, 불, 공기, 흙 등과도 다른, 우리가 사는 세상과 멀리 떨어진 곳에 근거를 두었다. 먼 곳의 이데아는 중간 매개자인 제작자 데미우르고스에 의해 이 세상에 모방된다. 모방된 세상은 원상인 이데아와 차원이 다르다. 그리고 이 세상에서 우리가 무엇을 만드는(시를 칭하는 Poesie는 원래 '만든다'는 의미의 단어다) 것은 모방된 것을 다시 모방하는 것이며, 그것은 이데아에서 점점 멀어지는 행위가 된다. 신화에서는 인간 이상의 신들을 내세워 세상을 주관하게 하지만 플라톤에게 그 신들은 이데아적이지 못하다. 시인들은 신의 참모습을 보지 못하고 현실에서 보이는 인간들의 모습

---

10) 오늘날의 시는 눈으로 읽는 시각적인 것인데, 당시에는 낭송하는 시여서 듣는 것이었다. 극시는 극의 요소가 있어서 시각적인 면도 있지만 무대장치나 연기보다는 대사와 합창을 주된 것으로 보아 듣는 것이라고 할 수 있다.

으로 그려내기(모방하기) 때문이다.

플라톤이 예술 중에서 특히 시에 주목하는 것은 그 영향 때문이다. 시인이 모방하는 점에선 채색하는 화가와 같은데 운율, 리듬에 맞추어 말하면 그 말이 큰 마력을 갖는다(『국가』, 601a). 맥박, 걸음의 리듬 등은 삶의 원초적 리듬이다. 삶의 이야기가 리듬을 가지면 색이나 몸짓보다 흡입력이 커서 혼을 사로잡는다. "사람들의 마음이 한결 쏠리는 노래는 가인들한테서 가장 새로이 흘러나온다."(『국가』, 424b)[11]

플라톤이 비극을 우려한 것은 그 영향력이 시 중에서도 가장 크기 때문이다. 시의 내용 면에서는 서정시보다 구체적인 이야기가 있는 서사시나 극시가 교육적인 영향력이 크고, 일인의 음유시인이 낭송하는 서사시보다 비극은 시청각적으로 영향력이 클 수밖에 없다. 플라톤은 사람들에게 불운에 처했을 때 실컷 울고 비탄하기를 갈망하는 성향이 있고 저속한 농담을 하고 웃고 싶어 하는 성향이 있는데 평소에는 억제되다가 극장에서 시인들에 의해 충족되어 즐거워하고 그러다가 자신도 시인이 되려고 한다고 생각했다(『국가』, 606c). 이성과 에토스에 의해 충분히 훈련되지 않으면 희극, 비극을 볼 때만 그러는 것이 아니라 실제 자기가 그런 일을 당했을 때 절제되지 않으며, 모방이 젊은 시절부터 오래 계속되면 몸가짐이나 사고가 습관이 되고 그런 성향으로 굳어진다는 것이다(『국가』, 395d). 그런데 시의 영향력이 크다면 역으로 시를 잘 이용할 수도 있을 것이다.

플라톤은 시를 비판했지만 모든 시를 비판한 것은 아니다. 그는 신을 찬미하는 송가나 훌륭한 사람에 대한 찬가는 좋다고 했다. 그

---

11) 플라톤이 『오디세이아』에서 인용한 것이다. 여기서 가인(singer)은 시인(poet)과 같은 뜻이다.

런 시로 교육을 잘 받은 사람은 아름답고 참된 것을 좋아하고 추한 것을 미워하고 비난하게 되어 나이가 들어 로고스를 접하게 되면 그 친근성을 알아보고 반길 것이라는 것이다(『국가』, 401d). 오늘날의 입장에서 보면 플라톤의 염려는 사실 지나치다고 할 수 있다. 제자인 아리스토텔레스는 비극에서 카타르시스라는 긍정적 기능을 인정했고 도덕군자인 칸트도 일체의 쾌락이 동물적 감각, 신체적 감각이라고 해도 도덕적 이념에 대한 외경의 정신적 감정이 손상되지는 않는다고 보았다.[12] 칸트와 시대가 다르다고 해도 일 년에 몇 번의 연극관람이 개인의 도덕성이나 사회의 기강을 해친다고 할 수 없기 때문이다.

아테네 시민으로 태어난 것을 자랑스럽게 여긴 소크라테스가 살았던 시대는 페리클레스가 다스리던, 아테네의 전성기였다. 페르시아 전쟁 승리 후 페리클레스는 전쟁으로 폐허가 된 파르테논 신전을 다시 짓게 했고 유명한 조각가 피디아스에게 신상을 조각하게 해 아테네의 영광을 드러나게 했다. 또한 그가 실시한 민주주의 정치제도는 토론 문화를 형성했고 자유의 분위기는 예술을 꽃피웠다. 그러나 소크라테스가 임종하기 몇 년 전 아테네는 스파르타에게 함락되었는데, 스파르타 또한 얼마 못 가 테베에게 무너져 아테네와 스파르타의 두 축으로 이루어졌던 그리스는 혼란을 거듭하다가 마케도니아에게 정복되었다. 플라톤은 아테네의 격변기, 혼란기를 살면서 아테네의 정치제도를 비롯한 사회 전체에 대해 나름대로 비판적인 생각을 갖게 되었을 것이다.

---

12) 칸트, 『판단력비판』, §54.

롱기누스는 "민주주의는 위대한 인물들의 유모이고, 위대한 작가들은 민주주의와 함께 번영을 구가하다 민주주의와 함께 죽었다. 자유는 고상한 인간들의 희망을 키워 줄 뿐 아니라 상호 경쟁심과 상에 대한 야망을 불러일으킬 능력이 있다"[13]고 했다. 플라톤은 시상 제도가 있는 국가적 행사가 국민을 타락시킨다고 보았는데, 롱기누스는 자유와 상호 경쟁이 예술의 발달에 필요하다는 것이다. 일반적으로는 롱기누스의 견해가 옳다고 할 수 있다. 그러나 플라톤이 민주주의를 비판하고 강력한 군주제를 원했던 것은 당시의 혼란상을 비판적으로 보았기 때문이다.

플라톤에게 민주주의는 어리석은 대중들의 제도이며 집단적인 디오니소스제는 국민을 감정에 휩쓸리게 하는 제도였다. 아테네 문화의 특징이었던 것을 플라톤은 아테네의 무력함의 한 원인이라고 여겼을 것이다. 민주주의의 문제점을 직접 경험한 플라톤은 그래서 현명하고 강력한 군주제를 원했고 신화적인 체제를 벗어난 이성적인 질서의 새로운 국가를 열망하게 되었다. 플라톤은 기존의 국가와는 다른 방식으로, 즉 이성적인 철학이 주도하는 국가를 이상적으로 그려보았다. 아테네에서는 국민을 하나로 모으는 역할을 종교가 했었고 그런 생각을 국민에게 심어 준 사람은 국가가 정책적으로 양성한 시인들이었다. 시의 영향력을 알고 있는 플라톤은 그래서 시를 잘 이용하고자 했다.

플라톤은 국가가 올바르기 위해서는 올바른 교육이 이루어져야 하며, 궁극적인 철학교육이 잘 이루어지기 위해서는 어릴 때 시 교

---

13) 롱기누스, 『숭고에 관하여』, 44장.

육이 잘 이루어져야 하는데, 기존의 시인들은 그에 합당한 시를 쓴다고 여기지 않았다. 플라톤은 호메로스의 모방적 활동이 사람들을 더 낫게 만들거나 나라를 잘 경영하게 하지 못했으며(『국가』, 599)[14] 또한 후세에 피타고라스의 삶의 방식이 돋보이는 것처럼 그의 삶의 방식을 모범 삼아 후세의 사람들이 따르지도 않았다고 한다(『국가』, 600). 플라톤에게 시인들의 모방은 언급할 가치가 있는 것을 알지 못하는 일종의 놀이이지 진지한 것은 아니었다(『국가』, 602b).

요약하자면 시인들이 모방할 가치가 없는 것을 모방하고 아테네 사람들은 또 그들의 삶을 모방하여 국가가 바르지 못하다는 것이다. 그래서 그는 찬가와 송가 같은 시를 쓰도록 시인을 유도하고 그렇지 않은 시는 쓰지 못하도록 국가적 차원에서 법으로 규제해야 한다고 했다. 이것은 오늘날로 치면 표현의 자유를 침해하는 심의제도라고 할 수 있다. 그러나 플라톤의 정치실험 계획은 이루어지지 않았고 시인들을 규제하지 못했다.

역사의 큰 흐름은 동서양이 비슷하다. 플라톤보다 먼저 중국의 공자도 같은 생각을 했었다. 소크라테스보다 조금 앞서 태어난 공자는 이를테면 중국의 소크라테스, 플라톤이었다. 공자는 생각만 한 것이 아니라 실제로 자신의 기준에 맞는 시를 선별하고 나머지는 버렸다. 공자가 전래되던 많은 시들을 추린 것은 천하가 큰 혼란에 빠지고 폭력이 난무하고 음란한 풍조가 횡횡하던 시절 나름대로 백성을 교화하기 위한 방법으로 민요의 힘을 빌려 정책을 민간에게 유포시키기 위한 것이었다. 공자도 플라톤과 비슷하게 시의 기능을 인정한

---

14) 예술의 정치성에 대한 플라톤적인 생각은 실러, 셸링, 하이데거로 이어진다. cf. 실러
   (3) (4), 셸링 (6), 하이데거 (7).

것이다. "정치적 득실을 바로잡고 천지를 움직이며 귀신을 감동시키는 것으로 시보다 가까운 것이 없기"[15] 때문이다.

(3) 시인과 광기

시가 그런 힘을 가질 수 있는 것은 그것이 근본적으로 무사신들(뮤즈)의 영감(inspiration, possession)과 광기(madness)의 산물이기 때문이다. 뮤즈의 영감과 광기는 순수한 영혼을 포착해서 노래와 시로 광분하게 한다. 지식과 기교만 있고 뮤즈가 주는 광기가 없는 작가의 창작력은 광기를 지닌 작가의 창작력 앞에 무색하다(『파이드로스』, 244~245).

플라톤은 시가 광기의 산물이지만 그래서 그것이 해롭다고 하지는 않았다. 다만 광기가 신이 준 선물이기 위해서는 고귀한 영혼의 소유자여야 한다는 것이다. 제우스를 섬기는 사람이 에로스에 사로잡힐 때는 애인도 제우스적이기를 요구하고 그렇게 되게 하지만, 파괴와 전쟁의 신인 알렉스와 함께하는 사람이 에로스에 사로잡히면 사나워져서 애인까지 희생시킨다(『파이드로스』, 252b). 인간은 신에 대한 기억이 있는 한, 신이 들리면 신의 속성을 지닐 수 있는 한도 내에서 성격과 습성을 신으로부터 새로이 받는다(『파이드로스』, 253a).

플라톤은 신성한 영혼과 인간적인 영혼을 비유적으로 구별했다.

---

15) 『모시』는 모공의 『시경』 해설본이다. 전체의 대의를 해설한 '대서'와 각 편의 뜻을 해설한 '소서'가 있는데 인용한 것은 '대서'의 것이다(서정기 역주의 『시경』과 하정옥 역주의 『시경』을 참고).

신들의 말과 마부는 다 고귀한데, 인간의 경우 한 마리는 고귀하고 선하지만 다른 한 마리는 반대의 성질을 가지고 있다. 완전한 날개를 가진 신의 수레는 창공을 향해 험준한 길을 쉽게 올라 신의 영혼들은 정상에서 하늘의 복된 광경을 목격하고 내려와 자기의 직분을 수행한다(『파이드로스』, 246e~247a). 그리고 신을 따르고 신을 닮은 영혼은 하늘 밖으로 달려가지만 말의 시달림을 받으면서 간신히 실재를 목격한다. 신을 뒤쫓아 진리를 목격한 영혼이 날개를 잃고 지상에 떨어질 경우 인간으로 태어나게 되는데 진리를 목격한 정도에 따라 ① 지혜와 미를 찾는 자, 뮤즈의 추종자 ② 법에 따라 행하는 왕 또는 전사나 통치자 ③ 정치가, 실업가, 상인 ④ 체육교사, 의사 ⑤ 예언자, 신비가 ⑥ 시인, 모방하는 자 ⑦ 기술자, 농민 ⑧ 소피스트, 선동자 ⑨ 폭군의 순서로 태어나게 된다(『파이드로스』, 248d~e).

플라톤은 우리가 사는 경험세계 너머에 색깔도 형체도 없고 만질 수 없는 실재가 존재하는데 그것을 에워싸고 참된 지식이 자리하며 그것은 영혼의 선장인 이성에게만 보인다고 한다. 인간적인 것에서 벗어나 신적인 일에 종사하는 것은 일상적인 일이 아니기 때문에 미치광이라는 소리를 듣지만 날아오르려고 날개 치는 이런 광기는 모든 정열 중에 가장 존귀하고 고상한 것이다. 플라톤이 보기에 신이나 위대한 인간에 대해 노래한 당시의 시인들은 하늘 너머의 참된 세계를 보지 못하고 그 아래 세계를 노래한 것이다. 아리스토파네스는 소크라테스가 구름을 타고 하늘을 나는 것을 희화화했지만, 플라톤은 시인들이 그러지 못함을 비판했다. 시와 철학은 광기의 산물이지만 그 광기가 참다운 신적인 것일 때, 현실을 모방하는 것이 아니라 높은 곳에서 실재의 세계를 직접 보는 것이다. 플라톤에게 철학

자는 신이 아닌 인간으로서 신을 향한 대열을 따르고 순수한 빛 속
에서 사물을 보는 자다.[16)

플라톤이 '하늘 저편에 대해 노래한 시인이 이 나라엔 없다'(『파
이드로스』, 247c)고 하는 것은 그의 철학과 시의 차이를 잘 나타내
주는 말이다. 너무 높이 있어 시인들이 보지 못하는 곳을 철학자들
은 이성의 눈으로 보는 사람들이다. 플라톤에게는 하늘 높은 곳을
보고 날아오르려는 참다운 광기의 정도에서 철학자가 시인보다 높
다. 그에게는 훌륭한 시인 호메로스도 시인인 한, 철학자에 비해 영
혼이 몇 단계나 낮으며 또한 소피스트는 시인보다 영혼이 더 낮다.
왜 그런가? 시인들은 올림포스 산의 높이까지 날아오른 사람들이다.
그에 비해 소피스트는 인간 세상의 자잘한 일들을 놓고 겨루면서 그
방법 또한 옳지 않았기 때문이다.

(4) 변론술과 변증론

철학자, 시인, 소피스트는 모두 말로써 자기주장을 하는 사람들이
다. 그들에겐 그래서 말을 잘하는 기술이 필요하다. 플라톤은 변론
술(art of speech, art of rethoric)을 '말을 통해서 영혼을 유도하는 기
술'이라고 정의했다(『파이드로스』, 271d). 그런데 제논과 같이 같은

---

16) 이론, theorie는 본다는 뜻을 가진 데서 유래한다. 플라톤적으로는 이성의 눈으로 실재
   를 본다는 것이다. 그런데 가다머에 의하면 Theoria는 원래 축제에 참가한다는 뜻, 즉
   주체의 자기규정이 아니라 현실적인 참여로서 보이는 것에 마음을 빼앗겨 빠져들어
   가는 것이었는데 그리스 형이상학에 의해 테오리아와 누스의 본질이 참된 존재자에
   순수하게 참가하는 것으로 파악되었다고 한다(*Wahrheit und Methode*, S.118).

문제를 때에 따라 다르게 생각하여, 때로는 하나 때로는 여럿으로, 때로는 움직이는 것 때로는 정지하는 것으로 말하는 논법은 유사성을 매개로 하여 기만을 하는 것이며 사물의 진상을 모르고 비진리를 진리로 여기는 것이라고 한다. 웅변가 또한 대중을 설득하기 위해 변론술을 사용한다. 플라톤에 의하면 그들은 정의나 선을 알 필요가 없는데, 왜냐하면 법정에서는 그럴듯하게 설득하는 것이 문제이기 때문이다.

직접 민주주의 제도를 실시한 아테네에서 대중적인 힘을 가질 수 있는 사람들은 시인, 정치가, 웅변가, 소피스트들이다. 그들은 공통적으로 변론술에 정통한 사람들이며 여러 사람들을 상대로 말하는 일을 하는 사람들이다. 그러나 플라톤이 보기에 그들의 말은 진리로써 영혼을 감동시키지 못했다. 시인, 문장가, 법률저작자는 퇴고와 첨삭으로 글을 쓸 뿐, 그 이상의 존귀한 것을 가지지 못한 사람들이다. 플라톤에게서 수사학, 변론술은 본래의 뜻을 벗어나 진리의 근원적인 방법이 아니라 말의 효과를 내는 부수적인 기술을 뜻하는 것으로 격하되었다.

그에 대해 진리가 무엇인지 알고 글을 쓰고 쓴 것에 대해 논쟁이 생기면 옹호할 수 있는 능력을 가진, 지혜를 사랑하는 자, 즉 철학자는 그와 다른 방식으로 말하고 글을 쓴다. 플라톤은 그것을 변론술과 구별하여 변증론(dialectic)이라고 한다. 그것은 의사소통하는 대화법인데 미혹하는 인간들끼리의 대화나 극의 주인공들의 격정적인 대화가 아니라 나와 순수한 내 영혼과의 대화법이다. 영혼은 전체를 모르고서는 깊이 알 수 없는 것이 그 본성이다. 나누어 분류할 줄 알고 전체를 개괄할 줄 아는 것, 그것을 플라톤은 변증론적이라고 한다(『파이드로스』, 266b). 변증론은 영혼의 본질을 깊이 규명하기 때문에 그것을 통해 영혼을 유도할 수 있다.

참된 내용을 상대방에게 설득력 있게 전달하려면 그에 맞는 형식을 가져야 한다. 플라톤은 소피스트인 파이드로스가 소크라테스에게 읽어 준 글을 예로 들어, 그것은 문장의 서두를 이끌고 나가는 것이 아니라 결론에서 서두로 뒷걸음치고 있으며 문구들이 필연성에 의해 배열되지 않았다는 것을 지적했다. 글의 내용과 형식은 생각의 방식을 그대로 나타낸다. 분류하고 전체를 개괄할 줄 안다면 체계적으로 진리를 말할 수 있을 것이다.

플라톤의 모든 대화편이 그렇지만 『향연』에서 특히 변증론적인 내용과 형식의 완성미를 잘 볼 수 있다.[17] 그것은 변론가, 소피스트, 희극시인, 비극시인, 철학자인 대화자들의 논법 차이를 잘 드러내면서 점차 진리에 다가가는 방식으로 그려져 있기 때문이다. 그들은 아가톤의 첫 비극작품이 당선되어 수상한 다음 날 축하하기 위해 모여서 시인에게 영감을 준 에로스 신을 찬양하기로 한다.

변론술을 좋아하는 파이드로스는 헤시오도스의 말을 그대로 빌려 신들 중에서 에로스가 가장 오래되고 위대한 신이며 인간에게 행복을 주는 신인데 에로스 신의 최고 선물은 미소년과의 사랑이라고 한다. 고대 신화를 그대로 받아들이며 당시의 동성애를 무비판적으로 인정하는 것이다. 소피스트의 제자인 파우사니아스는 에로스가 무차별적으로 아름다운 것이 아니라 아름답게 사랑하는 에로스는 아름다우나 세속적인 욕정을 추구하는 에로스는 저속하다고 구분한다.

---

17) 횔덜린이 피히테의 철학 강의를 들으며 변증법을 배울 때, 그는 변증법적 사고방식의 전형을 플라톤의 『향연』에서 찾았다. 변증법적으로 사유가 진행되는 작품이고자 한 그의 소설 『히페리온』의 여주인공인 디오티마는 『향연』에서 소크라테스에게 에로스의 기원을 가르쳐 준 여사제의 이름과 같다.

여자를 사랑하는 것과 영혼보다 몸을 사랑하는 것이 후자에 속한다. 그러나 에로스 신이 왜 양면을 가지는지는 말하지 않았다.

희극시인인 아리스토파네스는 에로스가 신 가운데 가장 인간을 사랑하는 신이며 인간의 온갖 고뇌를 치료해 주는 의사라고 한다. 자연 상태에서 인간에게는 남성과 남성이 결합된 남성, 여성과 여성이 결합된 여성, 남성과 여성이 결합된 남녀성의 세 가지 성이 있었다. 이들의 무서운 생김새처럼 이들은 무서운 힘과 기운을 가지고 신들을 공격하여 제우스에게 벌을 받게 되는데 그것은 인간을 생존하게 하면서도 무력하게 하는 것으로, 몸을 반으로 자르는 것이었다. 그 결과 본래의 몸의 부분을 모아 하나가 되어 인간 본연의 모습을 회복하려는 사랑을 하게 되었다. 그래서 아리스토파네스는 온전한 것에 대한 욕망과 추구를 에로스라고 한다. 에로스 신과 잘 사귀면 자신의 미소년을 발견하게 되어 그와 더불어 즐겁게 지내게 된다. 인간이 행복하게 되는 길은 사랑을 완전하게 하여 자신의 미소년을 얻어 본연의 모습으로 돌아가는 것이며, 그것을 성취시켜 주는 에로스 신을 그래서 찬미해야 한다고 한다. 아리스토파네스는 에로스를 세 유형으로 분류하고서 남자들의 동성애만 찬미했다.

비극시인인 아가톤은 이에 대해 신이 사람에게 준 좋은 것을 보고 찬미하는 방식을 비판하고 먼저 신의 본성을 찬미하고 그가 주는 좋은 것을 찬미해야 한다고 한다. 아가톤에 의하면 에로스는 노년보다는 청년과 사귀니 신들 중 가장 젊고, 그가 길들이는 곳은 마음과 영혼 속이니까 가장 부드럽다. 또한 눈에 띄지 않게 사람의 마음속을 드나드는 것으로 보아 몸맵시가 있고 우아하며, 이 아름다운 신은 공정할 뿐만 아니라 절제심이 많고 용기와 지혜가 있다. 이 신은 현명한 시인으로 그의 손이 닿기만 하면 누구나 시인이 된다. 그러나 아가톤도 아리스토파네스와 그리 다르지 않게 에로스 신을 일방적으로 찬양했다.

아가톤의 이런 말에 대해 소크라테스는 사랑은 언제나 무엇에 대한 사랑이며, 그 무엇에 대한 욕구는 그것이 결여되어 있기 때문이라고 주장한다. 아름다움은 좋은 것이니 앞서 바친 찬사와 다르게 아름다움을 사랑하는 에로스는 아름다움과 좋음을 결여하고 있다는 것이다. 소크라테스는 에로스가 어떤 존재이며 어떤 성질을 가지고 있는가를 말하고, 그 다음에 그가 행하는 여러 일을 설명한다. 에로스는 아프로디테의 잔치 때 풍요의 신 포로스와 빈곤의 여신 페니아 사이에서 태어난, 선하지도 악하지도 않고 아름답지도 추하지도 않고 빈궁하지도 부유하지도 않으며 지혜와 무지의 중간에 있다.

그런데 사랑은 좋은 것을 영원히 가지길 원한다. 그래서 사랑은 정신적으로나 육체적으로나 가사적인 것 속에서 불사적인 것을 얻기 위해 고통을 감수한다. 육체적으로 생식력이 있는 사람은 자식을 낳고 정신적으로 잉태하는 시인과 공예가는 예지와 덕을 낳는데, 가장 아름다운 예지는 가정과 나라의 질서를 바로잡는 것으로 절제와 정의라고 부른다. 아름다움을 향해 가는 데는 단계가 있어 아름다운 몸으로, 아름다운 일과 활동으로, 아름다운 학문으로, 그리고 마지막으로 아름다움 자체를 아는 완전한 학문으로 나아간다.

소크라테스는 사랑에 극단적인 양면과 또한 여러 단계가 있음을 보았다. 그는 사랑을 신의 은총이라는 일방적인 찬양에서 벗어나 사랑의 현상에서 빈곤과 풍요의 대립적인 것을 파악했고 사랑이 인간에 대한 것만이 아니라 사회적인 일과 예술적인 일 그리고 학문적,

철학적인 일까지 포함한다는 것을 통찰했다. 대립적인 것(부정적인 것)을 통해 본질을 사유하는 것은 한 차원 높은 사유다. 작품 속의 소크라테스는 나누어 볼 줄 알고 그것을 종합해서 전체를 보는 것, 즉 변증론적으로 사유하는 철학이 변론술적인 말과 어떻게 다른지를 잘 보여 주었다.

알키비아데스는 이러한 소크라테스의 말이 악기 없이 순전히 언변만으로 능숙한 피리군의 곡처럼 황홀하다(『향연』, 215c)고 하며 또한 말로 그치는 것이 아니라 실제로 그렇게 행한다는 점을 찬양한다. 그것은 시와 철학, 시인과 철학자의 차이를 잘 보여 주는 말이다. 음유시인들이 주는 감동과는 다른, 악기 없이, 리듬 없이 언변만으로 황홀할 수 있는 것이 철학자의 진리 말이다.[18] 더욱 중요한 것은 소크라테스는 말과 행동이, 앎과 삶이 일치한다는 것이다. 플라톤은 호메로스의 작품은 위대하지만 그의 삶이 존경받지는 못했다고 했다.

악기 없이, 언변만으로 남을 설득시키는 것은 소피스트의 방법이기도 하다. 그러나 같은 문제에 대해 때때로 다르게 말하며 정의나 선에 관계없이 그럴듯하게 설득하는 소피스트는 그 영혼의 정도가 시인보다 못하다. 그러므로 악기 없이 말한다는 것이 진리를 위한 충분한 조건은 아니다. 그런데 소크라테스의 말이 악기연주나 노래와 같은 것을 동반하지 않는 것은 영혼을 감동시키는 데 감각적인

---

18) 이날 향연에서는 피리 부는 여자를 내보내고 술을 강권하지 않으면서 대화를 즐기기로 했다. 악기 없이도 황홀하게 말한다고 한 것은 일반적으로 시인들이 시낭송, 공연에서 악기, 노래, 동작을 수반한 것과 비교해서 한 말이다. 술을 강권하지 않았다는 것도 디오니소스제와 다른 분위기를 나타낸다. 니체는 철학자가 비극을 비판한 것을 술 취한 시인들을 안 취한 자가 단죄한 것이라고 표현했다(*Die Geburt der Tragödie*, 12).

것은 필요치 않기 때문이다.

플라톤에 의하면 영혼과 몸은 이 세상에서 잠시 결합되어 있을 뿐 짧은 삶이 끝난 후엔 제각기 자기 고향으로 돌아간다. 그러나 몸에 갇혀 몸과 결합되었던 영혼이 자기 고향으로 돌아가는 것은 쉽지 않다. 영혼이 본래의 모습을 간직하고 있어야 하기 때문이다. 영혼이 본래의 모습을 잊지 않고 기억하는 것이 사유다. 플라톤에게서 사유한다는 것은 정신이 자기 자신으로 돌아갔을 때, 즉 청각, 시각이나 고통, 쾌락이 정신을 괴롭히는 일이 전혀 없을 때 가장 잘 된다. 영혼이 몸을 떠나서 될 수 있는 한 그것과 상관하지 않을 때, 영혼이 몸의 감각이나 욕망을 갖지 않고 참으로 존재하는 것을 추구할 때 잘 사유한다고 한다(『파이돈』, 65c).[19]

당시 학교에서는 체육교육의 비중이 컸다고 한다. 그런데 플라톤은 체육교육도 몸을 위해서 하는 것이 아니라 영혼의 기개를 위해서 해야 한다고 여겼다(『국가』, 411e). 건강한 몸이 영혼을 훌륭하게 하는 것이 아니라 훌륭한 영혼이 자신의 훌륭함을 위해 몸을 최대한 훌륭한 것이게 하는 것이다. 플라톤은 체육교육만 받은 사람은 필요 이상으로 사나워지기 때문에 부드러워지기 위해 시 교육이 필요하다고 보았다. 시를 통해 부드러워진 영혼이 이르러야 하는 궁극의 곳은 지상의 나라보다 더 높은 곳이다. 그곳은 너무 높아서 살아서는 갈망할 뿐이며 죽어서나 이를 수 있는 곳이다. 정화는 영혼이 몸의 사슬에서 벗어나는 것이며(『파이돈』, 67c)[20] 몸의 사슬에서 벗어

---

19) 플라톤에게 철학자는 몸에서 해탈할 것을 일생 동안 수련하는 영혼이다(『파이돈』, 80e). 반플라톤자인 니체는 영혼과 몸에 대해서도 가장 대립적이다. 니체는 '몸을 경멸하는 자'에 대해 이성보다 더 큰 이성을 몸이라고 하며 이로써 이성적 주체의 철학 전통을 해체시키고자 했다.

나기 위해서는 몸에 의하지 않아야 한다. 플라톤에게 철학은 몸을 벗어나는 것, 즉 죽음을 연습하는 것이다(『파이돈』, 81a).

말을 통해서 영혼을 유도하는 것이 변론술인데, 플라톤에 의하면 당시의 변론술에 의해서는 영혼을 본래적인 곳으로 인도할 수 없다. 변론술과는 달리 감각을 자극하는 요소를 배제하고 이성적인 말로써 진리에 이르는 것 그것이 변증론의 철학이다.

(5) 시와 철학

플라톤의 글 속에서 소크라테스는 여러 차례 꿈에서 시가(詩歌, mousiké, art)를 지어야 한다는 속삭임을 들었고 그것을 철학 연구의 권고로 받아들였는데 말년에 생각해 보니 그것이 같은 것인지 아닌지 몰라서 이솝 우화를 운문으로 만들고 아폴로 찬가 등의 시(lylic)를 썼다고 했다(『파이돈』, 60~61).

mousiké는 무사(Mousa) 여신들이 관장하는 기예로 고대 그리스인들은 이 여신들이 시, 음악, 무용 그리고 나중에는 지적 탐구도 관장한다고 믿었다.[21] 소크라테스가 철학을 가장 고상한 최선의 시가라고(『파이돈』, 61a) 여기면서도 그 생각이 옳은 것인지 확신할 수 없어서 말년에 시를 쓴 것은 시와 철학이 넓은 의미의 시가에 속한다는 것을 보여 주는 것이기도 하지만 여전히 시가 대표적인 시가라는 것을 인정하는 것이기도 하다.

---

20) cf. 아리스토텔레스의 카타르시스(아리스토텔레스 (2)).

21) art는 지금도 '예술'이 대표적인 뜻이지만 교양과목, 인문학을 뜻하기도 한다.

니체의 말대로 플라톤은 소크라테스를 따라 철학을 했지만 본래 비극시인이었고 시인의 본성은 버릴 수 없어서 비극의 형식을 따라 글을 썼을지 모른다.[22] 시에 대한 플라톤의 비판은 시 자체에 대한 비판이 아니라 당시 시인들의 사고방식을 비판한 것이며, 시를 비판했지만 모든 시를 비판한 것은 아니다. 신과 훌륭한 사람에 대한 찬가와 같이 영혼을 위한 시는 그 필요성을 인정했다. 나아가 플라톤은 시와 철학을 구별했지만 철학도 일종의 시라고 여겼고 철학이라는 시, 격정을 불러일으키는 디오니소스적인 극시가 아니라 아폴로적인 시를 쓰고자 했다. 하늘 너머의 곳을 노래하는 시인이 아테네에 없다고 한 것은 자신이 그런 시인이 되겠다는 뜻을 함축하고 있다.

플라톤은 당시에 최상의 시를 쓰고자 한 시인이다. 그리고 소크라테스의 입을 빌려 말한, 참시인은 사실만을 이야기하는 것이 아니라 이야기를 상상해야(imagine) 한다는 것은(『파이돈』, 61b) 우리 눈에 보이지 않는 실재를 말하는 것은 현상세계에서 볼 때 없는 것을 꾸며 말하는 것과 같아서이며 시는 포에지, 즉 만드는 것이기 때문이다. 이것은 모방설과 모순되지 않는다. 현상계의 것이 아니라 이데아의 세계를 모방(기억)하는 것이 참다운 시이며 그것이 철학이다. 예술적 상상이란 가공의 것을 표현하는 것이 아니라 본래는 있으나 일상의 눈으로는 볼 수 없는 것을 예술가의 다른 눈으로 보고 그려내는 것을 말한다. 평지에서 인간들의 일상적인 싸움을 이기기 위해서 술수를 쓰는 소피스트보다는 올림포스 산의 높이에서 신의 세계를 보는 시인들이 낫지만, 플라톤은 진정한 시인이라면 하늘 너머의

---

22) Nietzsche, *Die Geburt der Tragödie*, 14.

실재를 보고 그려내야 한다는 것이다. 플라톤에게 철학은 시 중의 시, 가장 높은 차원의 시인 것이다.

고대 사회에서는 시와 철학을 구분하더라도 넓은 의미의 문학에 함께 속하는 것으로 보았다는 것을 롱기누스를 통해서도 알 수 있다. 시인으로서의 플라톤은 그의 제자인 아리스토텔레스보다 훗날의 롱기누스가 더 정확히 파악하고 있다. (넓은 의미의) 문학은 숭고함으로 감동을 주는 것임을 전제로 해서 롱기누스는 호메로스와 플라톤을 그 대표적인 사람으로 꼽았다.

플라톤은 호메로스를 최고의 비극시인으로서 존경하지만 진리가 더 중요하다며 호메로스를 비판했다. 플라톤의 철학은 호메로스를 능가하기 위한 시를 쓴 것이라 할 수 있다. 롱기누스가 정확히 보았듯이 플라톤은 호메로스가 있어서 가능했다. 비극을 비판하면서도 당시의 대표적인 비극시인들보다 호메로스를 상대한 것은 그가 원조라고 보기 때문이다. 롱기누스적으로 표현하면, 플라톤은 호메로스라는 최고의 시인을 라이벌로 택해 그와 시를 겨룬 것이다.

"플라톤은 숭고에 이르는 길이 과거의 위대한 산문작가들과 시인들을 열심히 모방하는 것임을 보여 준다. 다른 사람들의 입김에서 영감을 받기 때문이며 가장 호메로스적인 사람은 누구보다 플라톤이다……. 플라톤은 젊은 전사가 만인이 경탄하는 경쟁자와 싸우듯이 호메로스와 온 마음을 다해 다투지 않았더라면 자신의 철학 이론들을 그렇게까지 꽃피우지 못했을 것이고 시의 주제와 언어에 그렇게 함께 승선하지 못했을 것이다. 그는 경쟁심에서 지나치게 투지에 넘쳐 있지만 그런 다툼은 무익한 것이 아니다"[23]

호메로스가 쓴 『일리아스』는 전쟁 서사시이기 때문에 작품 전체가 극적인 행동과 투쟁으로 가득 차 있다. 롱기누스는 호메로스가 신들을 사실대로 위대하고 순수하게 묘사하여 숭고함을 나타내는 데 비해, 플라톤은 격렬하게 쓰지 않으면서도 당당함과 위엄을 지키며 차가운 느낌을 주지 않으면서 소리 없는 강물처럼 흐르는데도 숭고에 도달하고 있다고 비교했다.[24] 호메로스를 비판하면서 플라톤은 호메로스만큼의 위대한 수준에 올랐다는 것이다.

플라톤은 비극시인의 원조이며 최고의 비극시인으로서 호메로스를 비판했지만 자신의 작품도 극의 형식을 취했다. 플라톤은 희극과 비극의 모방을 전적으로 부정하지는 않았다. 그는 이상적인 국가에서 그것을 인정해야 하는지 아닌지는 결정하지 못했다고 말했다. 신을 신답게 묘사하지 못하는 것이 문제라면 신답게 묘사함으로써 해결할 수 있고 대중적으로 공연되는 것이 문제라면 읽는 극의 방식으로 해결할 수 있기 때문이다. 플라톤의 대화편은 극의 형식을 취하고 있지만 비극이 아니며 (우스꽝스러움으로 세태를 풍자하는 희극도 물론 아니며) 공연을 위한 것도 아니다. 전형적인 비극이라면 주인공이 영웅이거나 왕족이어야 하는데 평민인 소크라테스가 주인공이며 이야기도 운명적 갈등을 겪는 내용이 아니다.

자신의 철학서이면서도 주인공이 소크라테스인 것은 플라톤의 글이 스승을 존경하고 찬양하는 소크라테스 찬가이기도 하기 때문이다. 플라톤은 당시의 시(극시)를 비판하면서도 훌륭한 사람에 대한 송가와 찬가는 권장했다. 소크라테스는 아폴로의 찬가를 썼는데 플라톤은 인간 소크라테스의 찬가를 썼으며 소크라테스가 서정시로

---

23) 롱기누스, 『숭고에 관하여』, 13장.
24) 같은 책, 12, 13장.

쓴 것과 달리 플라톤은 극의 형식으로 썼다. 그리고 플라톤은 자신의 사상을 철저히 소크라테스를 통해서만 말했다. 그것은 또한 이야기 진행이 발언을 이야기할 때와 발언 사이의 것을 이야기하는 것을 구분하려는 것, 즉 저자와 화자가 혼동되지 않게 해야 한다는 원칙을 위해서이기도 하다.

시인과 배우가 동일인이어서는 안 된다고 한 플라톤은 호메로스가 작품 속에서 때로는 자기가 주인공처럼 말하는 우를 범하고 있다는 것을 지적했다. 예를 들면 『일리아스』에서 호메로스가 이야기를 진행하는 것과 크리세스의 말이 구분되지 않고 계속 호메로스의 말로 진행되고 있다는 것이다(『국가』, 393d). 아리스토텔레스는 호메로스가 시인의 역할이 무엇인지 잘 알고 있다는 점에서 칭찬받을 만하다고 했는데 그것은 시인 자신이 작품 속에 나타나서 말하는 것이 다른 시인에 비해 적었다는 것이다.[25] 플라톤은 시인과 연기자, 저자와 화자를 구별하여 극의 내용뿐만 아니라 형식에서도 완성도를 높이고자 했다.

그러나 극의 형식인 플라톤의 대화편이 또한 극이 아닌 것은 장면 전환, 클라이맥스, 파국이 없을 뿐 아니라 무엇보다 극의 중요한 부분인 합창이 없기 때문이다. 희비극 모두 극은 12명에서 15명으로 이루어진 합창단의 합창과 몇 명의 주인공들의 대화로 이루어진다. 사건의 진행은 주인공들의 대화로 이루어지며 신탁이나 지혜의 말은 합창단이 한다. 극을 극시라고 할 때 시의 성격을 가지는 것은 서정시로 분류되는 합창이다.

니체가 구분한 대로 합창이 디오니소스적(시적)이라면 대화는 아

---

25) 아리스토텔레스, 『시학』, 24장.

폴로적(산문적)이다. 그런데 플라톤의 극은 아폴로적인, 변증론적인 대화만으로 되어 있다. 영혼을 감동시키는 것은 음악, 율동이 아니라고 보기 때문에 운율이 있는 서정시의 합창이 없다. 노래는 가사(speech)와 리듬, 하모니로 되어 있는데(『국가』, 398d) 가사는 로고스에 해당하는 단어다. 운율과 리듬을 뺀 시는 로고스적인 말이다.

물론 플라톤은 모든 시가 그래야 한다고 본 것은 아니다. 플라톤이 인정하는 송가와 찬가는 서정시 형식이며 서정시는 가장 운율적인 시이다. 플라톤이 훌륭한 삶에 대한 시로 인용한 것은 서정시인인 핀다로스의 시였다(『국가』, 331a). 플라톤은 그래도 가사에 선율(tune)이 따라야지 가사가 선율을 따라서는 안 된다고 보았다(『국가』, 400a). 훗날 니체는 이것을 강하게 비판했다. 니체는 플라톤과 정반대로 비극은 음악이 근원적인 것이며 가사는 음악에 부수적인 것이라고 보았다. 플라톤의 로고스적인 시는 시이며 철학이지만 또한 시가 아닌 철학이라고 해야 한다.

아리스토텔레스도 플라톤의 영향으로 노래(Melody)를 비극의 쾌감을 위한 액세서리라고 여겼다. 아리스토텔레스 이후 그 전통은 근대까지 그대로 이어져서 극은 대사 위주로 되어 음악적인 시의 성격을 갖지 않는다. 극시는 근대에 시와 극으로 구분되었다. 플라톤에 의해 철학과 (극)시가 구분되고 극시는 무대예술인 극과 언어예술인 시로 분리되는 단초가 시작된 것이다.

니체는 플라톤이 변증술의 채찍으로 음악을 추방했고 그것이 비극의 본질을 무너뜨렸다고 보았다.[26] 플라톤과 달리 니체는 비극의,

---

26) Nietzsche, *Die Geburt der Tragödie*, 14.

나아가 예술의 근원적인 것은 음악이며 미래의 예술은 비극의 음악을 부활시킴으로써 근원적인 것을 회복할 수 있다고 보았다. 그래서 니체는 언어시인이 아니라 음악가 시인을 찾았다. 니체에 의하면 플라톤은 당시의 음악시인이었던 비극시인과 달리 언어시인이었다. Poesie의 원의미에 따르면 플라톤의 글도 시이지만 운문으로 글을 쓰는 사람을 시인이라고 한다면 플라톤은 시인이 아니다. 또한 플라톤이 운문으로 글을 썼다 하더라도 아리스토텔레스의 의미에서는 시인이 아니다.

아리스토텔레스는 운문으로 글을 쓰는 사람을 일단은 시인이라고 부를 수 있는데 운문으로 썼다고 모두 시라고 할 수 없는 것을 엠페도클레스의 예로써 설명했다. 아리스토텔레스는 호메로스와 엠페도클레스의 글은 운율이 있다는 것을 제외하면 공통적인 것이 없으며 엠페도클레스는 자연철학자(physicist)로 부르는 것이 옳다고 했다.[27] 아리스토텔레스는 시와 철학을 구분하는 기준을 언어형식이 아닌 내용에서 찾았기 때문에 그에게 엠페도클레스는 운문으로 글을 썼어도 시인이 아니라 철학자다. 그는 철학이냐 시이냐는 운문이냐 산문이냐에 의하는 것이 아니라고 보는 것이다. 그것은 철학을 운문으로도 쓸 수 있다는 것이 아니라 운문으로 써도 내용상 철학은 시와 다르다는 것이다.

운문과 산문에 우열이 있는 것은 아니지만 발생적으로는 운문이 먼저다. 역사적으로 볼 때 문명 초기에 예술은 종합적인 형태의 것이었다. 음악과 율동에 맞는 언어는 리듬이 있는 운문이었을 것이다.

---

27) 아리스토텔레스, 『시학』, 1장.

인간의 사고가 점차 발달하면서 종합적인 것은 분화되어 독자적으로 발달하게 되었고 운율과 분리된 산문이 등장한 것은 나중의 일이다. 소크라테스가 악기 연주 없이도 황홀한 감동을 주었다고 칭송을 받은 것은 정신적인 것을 말하는 데는 감각적인 요소가 없어도 되며 나아가서는 그런 요소를 배제하려고 한 것이다.

플라톤은 악기와 율동을 배제한 것은 물론, 엠페도클레스와 같은 운문도 아닌 산문으로 글을 썼다. 신화와 달리 이성적으로 세계를 사유하려는 철학은 새로운 방식의 언어가 필요했고 플라톤은 감각적인 요소를 배제한 언어(산문)만의 힘으로 정신적인 것을 그려 보려고 했다. (『베다』의 본집은 시이지만, 이후에 형성된 우파니샤드는 산문이며, 공자의 가르침을 기록한 『논어』도 산문이다.)

글의 내용은 형식을 규정한다. 새로운 사상은 새로운 형식을 필요로 한다. 그러나 그것이 갑자기 형성되는 것은 아니다. 소크라테스 이전, 철학의 초창기엔 운문과 산문이 두루 쓰여서 초기의 철학자 가운데 파르메니데스와 엠페도클레스는 전형적인 운문으로 글을 썼으며 소피스트인 프로디코스는 헤라클레스 찬가를 산문으로 쓰기도 했다(『향연』, 177b). 아리스토텔레스가 소프론과 크센아르코스의 笑劇과 소크라테스의 대화를 함께 묶어 그것에 공통된 명칭을 붙일 수 없다고 한 것은 운문으로 소극을 쓰는 것과 달리 그들은 산문으로 썼으며 플라톤의 대화편도 산문이기 때문이다.

아리스토텔레스는 극의 형식이면서 산문인 것은 이전의 어떤 형식을 모방한 것이 아니어서 스승의 글에 기존의 공통된 명칭을 붙일 수 없다고 했다.[28] 니체도 플라톤의 대화편이 이야기, 서정시, 극의 기존 형식들을 혼합하고 운문과 산문사이에서 통일된 언어형식을 깨뜨렸다고 하며 그것은 소설(Roman)이라는 새로운 예술형식의 모범이 되었다고 혹평했다.29) 니체는 비판적으로 평가했지만 역으로 플라톤은 철학자로서뿐 아니라 문학의 새로운 형식을 탄생시킨 역할을 했다고 할 수 있다. 시적인 사유에서 산문적 사유로의 길을 확실하게 열었다고 볼 수 있기 때문이다.

시와 철학이 다르다고 해서 시는 운문으로, 철학은 산문으로 써야 하는 것은 아니다. 그러나 서양 철학의 전통을 확립한 플라톤은 시인들과의 대결에서 운문시가 아닌 산문으로 글을 썼다. 소크라테스 이전 초기 철학자들 중에는 시로 철학을 쓴 사람도 있지만 플라톤 이후로는 분리되었다. 플라톤의 제자인 아리스토텔레스는 운문도 아니고 극의 형식도 배제한 논리적인 산문으로 글을 썼다.30) 그 전통은 이어져서 헤겔도 예술 중의 최고는 시이지만 시(예술)보다 높은 철학은 산문이어야 한다고 보았다.

시인으로서의 플라톤을 니체는 가상의 세계를 모방한다고 예술을 비판하고 이데아의 세계를 표현하고자 애를 썼지만 먼 길을 우회하여 결국 그의 고향으로 돌아왔다고31) 표현했다. 하지만 다시 돌아온 고향은 처음과 같지 않았다. 철학적 시는 결국 시와 철학을 구분하는 결과를 가져왔다. 소크라테스를 주인공으로 하는 극의 형식인 플라톤의 대화편은 자신의 철학서다. 플라톤은 새로운 시를 쓴 철학자이지만 또한 그로 인해 시와 철학은 분리되었다.

---

28) 아리스토텔레스, 『시학』, 1장.

29) Nietzsche, *Die Geburt der Tragödie*, 14.

30) 지금 전하는 것은 강의용으로 저술된 것이고 그보다 먼저 독자들을 위해 공개용으로 저술된 것은 대화형식으로 되었다고 하는데, 그것은 소실되었다.

31) Nietzsche, *Die Geburt der Tragödie*, 14.

아리스토텔레스: 시는 역사보다 더 철학적이고 중요하다 **3**

(1) 시와 시학

호메로스적인 신화의 세계관을 벗어나기 위해서 소크라테스는 기꺼이 희생양이 되었고 플라톤은 시인들과 대결하여 철학의 체계를 세우고 새로운 형식의 글을 썼다. 시와 철학은 일단 분리되어 시인은 예술작품으로서 시를 창작하고 철학자는 시(예술)에 관해서 학문적으로 논하게 되었다. 아리스토텔레스는 시가 아니라 『시학』을 썼다.

『시학』에서 시의 개념은 플라톤과 다르지 않다. 아리스토텔레스에게도 시는 플라톤과 같이 서사시, 서정시, 극시를 포함하는 개념이며 예술을 대표하는 개념이다. 그리고 시 중에서 비극이 대표적이며 최고의 시인은 호메로스다. 아리스토텔레스는 호메로스가 시를 잘 썼다는 점에서도 훌륭하지만 모방이 드라마적(극적)이라는 점에서 독보적이라고 하는데(『시학』, 4장) 그것은 호메로스를 서사시인이며 극시인으로 본다는 것을 말한다. 그런데 아리스토텔레스는 플라톤과 달리 호메로스가 비극에서뿐 아니라 희극에서도 맨 처음 윤곽을 보여 주었다고 한다.[32]

아리스토텔레스에 의하면 호메로스 이전의 옛 시인들 중 일부는 영웅시 작가이고 일부는 풍자시 작가들이었는데 호메로스에 의해서 희극, 비극이 등장하면서 풍자시 작가들은 희극 작가가 되었고 영웅시 작가들은 서사시 대신 비극 작가가 되었다. 그것은 새로 등장한 형식이 옛것보다 더 위대하기 때문이라고 한다(『시학』, 4장). 극시가 발생적으로 서사시, 서정시보다 나중의 것이면서 가장 발전된 형식이라고 보는 아리스토텔레스의 견해는 근대의 셸링, 헤겔, 니체로 이어진다.

아리스토텔레스에 의하면, 호메로스는 서사시인이며 희비극 시인이다. 아리스토텔레스는 서사시보다 극시가 형식 면에서나 효과 면에서 우수하기 때문에 아테네 시인들이 주로 희비극 시인이 된 것으로 보았다. 그런데 호메로스에 의해 희비극이 시작되었고 이후의 시인들이 그 형식을 따랐다면 희비극이 동등한 자격의 형식이랄 수 있는데 『시학』의 내용은 대부분 비극에 관한 것이다. 희비극의 유래와 성격을 분명히 밝히고 있지만 비극에 더 중심을 두고 있으며 그 점은 플라톤과 같다.

---

32) 플라톤은 호메로스를 비극시인이라고 한다. 아리스토텔레스의 말대로 호메로스가 희비극 모두를 썼다 해도 플라톤은 그것을 인정하지 않을 것이다. 플라톤은 동시에 많은 것을 모방하는 것, 즉 동시에 희극, 비극작가가 되는 것은 불가능하다고 한다. 또한 한 사람이 희비극 배우가 되는 것도 그렇고 남자가 여자 역할을 연기하는 것도 그렇다고 한다. 플라톤이 그려보는 나라에서는 각자 한 가지 일을 하게 하는데, 그것은 양면적인 사람도 다방면적인 사람도 없기 때문이라고 한다(『국가』, 395~397).

움베르토 에코는 희극에 관한 부분이 원래 있었는데 중세 수도원에서 소실되었을 거라고 상상력을 발휘해『장미의 이름』이라는 소설을 썼다. 희비극을 구분해 놓고 비극만 언급되었으니 그렇게 추정할 수도 있지만 처음부터 희극 부분이 없었다고 볼 수도 있다. 플라톤처럼 아리스토텔레스도 비극에 비해 희극을 따로 논할 가치를 느끼지 않은 것으로 볼 수 있기 때문이다.

아리스토텔레스는 비극의 발전과정과 창안자는 잘 기억되고 있지만 희극이 그렇지 못한 것은 초기에 희극이 중시되지 않았기 때문이라고 하는데(『시학』, 5장) 디오니소스제에서 공연되는 연극은 비극이 주를 이루었기 때문에 희극이 일정한 형태를 갖춘 후에도 비극만큼 주목되지 않았을 것으로 보인다. 우선 공연 수가 비극에 비해 적었다. 그런 사실에 의해서뿐만 아니라 아리스토텔레스가 비극의 주인공을 선인(good men), 희극의 주인공을 악인(bad men)이라고 구분하는 것을 보면(『시학』, 2장) 선을 추구하는 철학자로서 희극에 관심을 두지 않았다고 볼 수 있다.

물론 선악이 도덕적인 구분은 아니다. 그러나 평범 이상의 왕족과 영웅을 선인이라 하고, 평범 이하의 우스꽝스러운 사람을 악인이라고 하는 것은 아리스토텔레스의 계급의식을 보여 주는 것이며 그의 작품 선호의 성향을 보인 것이라고 할 수 있다. 우스꽝스러운(ridiculous) 것이 추하다(ugly)면(『시학』, 5장) 그는 희극을 예술로서 가치 있는 것으로 여기기 않았을 것이며 그것을 잘 쓸 수 있는 작시술을 논할 필요가 없었을 것이다.

아리스토텔레스는 등장인물뿐만 아니라 시인도 그렇게 구별했다. 그에 의하면 시는 고귀한 인물의 행동을 모방하는 고귀한 시인들이 쓰는 찬가와 비열한 자의 행동을 모방하는 저속한 시인이 쓰는 풍자시로 구분된다(『시학』, 4장). 풍자시가 희극으로 변한 것이니 풍자시인을 저속하다고 한다면 희극시인 또한 고귀한 시인이라 할 수 없고 그로 인해 그는 희극을 중요하게 생각하지 않았다고 볼 수 있다. 풍자적인 희극에서는 비극시인과 철학자도 조롱의 대상이 되었다. 스승의 스승인 소크라테스를 조롱하는 희극(예를 들면, 아리스토파네스의 『구름』)을 그는 가치 있는 것으로 다루고 싶지 않았을 것이다. (그들의 작품을 인정한다면 소크라테스는 악인이다)[33] 그래도 저술된 희극 부분이 있었는데 소실되었다고 보는 움베르토 에코의 작품은 역사적 기록이 아닌 소설로서 가치가 있다. 믿어지지 않는 가능사보다 믿어지는 불가능사가 시의 목적을 위해서는 더 좋다고 한 아리스토텔레스 입장에서도 『장미의 이름』은 훌륭한 작품이다.

아리스토텔레스는 비극에 비해 희극은 창안자와 발전과정이 잘 기억되지 않았다고 했는데, 그래도 그에 의하면 희극은 남근찬가의 지휘자로부터 유래했다(『시학』, 4장). komedia는 komos(주연)와 oide(노래)의 합성어로서, 디오니소스제 때 술 취한 사람이 남근 모양의 것을 장대에 걸고 다니며 우스꽝스런 말을 한 데서 시작되었고 이후로는 우스꽝스러움으로 풍자하는 모든 것을 가리키게 되었다.

움베르토 에코는 웃음이 두려움을 몰아내는 힘을 가지고 있기 때문에 신을 두려워하고 경배해야 하는 중세 기독교 분위기에 맞지 않았고, 그래서 수도원에서 『시학』의 '희극론'을 금서로 정했다는 것

---

33) 아리스토텔레스는 플라톤과 마찬가지로 그 당시 철학의 입장에서 시(예술)를 보았다. 극시에 대해서 특히 희극에 대해서 그랬다. 그러나 근대에 오면 희극도 비극과 동등한 장르로 인정되었고 헤겔은 희극을 시 예술의 정점으로 평가한다(cf. 헤겔 (6) 3) 2).

을 전제로 사건을 엮었다. 『장미의 이름』의 시대적 배경이 되는 중세 말기에 기독교 문학의 백미로 꼽히는 단테의 작품은 제목이 komedia였다(divina라는 형용사가 붙어 『신곡(divina komedia)』이 된 것은 몇 세기 후다). '지옥을 거쳐 천국에 이르는, 슬픔을 통해 기쁨에 이르는 가곡'이라는 의미의 단테적인 komedia는 단테만의 것이었을까? 엄숙한 종교의 시대에 코미디조차 우스꽝스런 것이 아니라 종교적인 희열을 표현하는 것으로 보았으니 『시학』에 희극론이 있었다면 금서로 정했을 것이라는 상상도 가능하다. 그러나 이미 아리스토텔레스도 당시의 희극이 우스꽝스러운 유희거나 철학까지 풍자의 대상으로 삼는 것이어서 예술로서 가치를 인정하지 않았을 것이다.

아리스토텔레스가 희극과 달리 비극에 주목한 것은 플라톤과 같다. 그러나 그는 플라톤과 달리 비극에 우호적이었으며 그것에 대해 비교적 객관적인 사실을 고찰하고 있다. 그에 의하면 비극은 디오니소스 찬가인 디티람보스의 지휘자로부터 유래했으며[34] 비극은 처음 디오니소스 시종인 사티로스의 복장을 한 사람들의 무용적 요소가 많았는데 대화가 도입되면서 이에 적합한 운율을 갖추게 되었다(『시학』, 4장). 그리고 배우가 한 사람이고 합창 중심이었던 데서 아이스킬로스가 합창을 줄이고 배우 둘이 대화하는 형식을 처음 시도했고, 이후 소포클레스에 의해 무대 배경이 도입되고 배우가 세 명인 형식으로 변화해 갔다.

---

34) Tragedy(비극)는 tragoidia에서 유래되었다고 하는데 그것은 양(羊)을 뜻한다고 한다. 동물을 정령으로 여기던 시대에 신과 동물은 동일시되었다. 제우스의 독수리, 아테네의 부엉이처럼 디오니소스의 동물은 양이었다. 호라티우스의 『시학』에 의하면 양을 상으로 얻기 위해 부르던 노래가 비극이며(호라티우스의 『시학』, 220행) 비극의 시를 창안한 사람은 테스피스다(같은 책, 275행). 테스피스가 기원전 530년경에 활동한 인물이라고 하니 디오니소스제가 기원전 550년경에 시작되었다는 설과 거의 일치한다.

아리스토텔레스는 이렇게 비극이 여러 요소를 개량하면서 점진적으로 발전하여 본연의 형식을 갖추게 되었고, 대화가 중심이 되고 무대 배경이 도입되고 길이가 길어져 짧은 스토리와 우스꽝스러운 말을 버리게 되어 위엄을 갖추게 되었다고 한다.[35](이렇게 보면 플라톤처럼 비극이 대중을 미혹한다고 볼 수 없게 된다) 훗날 근대 미학에서 언어예술의 최고 형식으로 인정하는 극시(그중에서도 비극시)는 아리스토텔레스가 그 위상을 확립해 놓았다고 할 수 있다.

(2) 모방과 카타르시스

아리스토텔레스도 시(예술)는 플라톤과 같이 모방행위라고 보았다. 시인은 화가나 조각가와 같이 모방자다. 서사시, 희극, 비극, 디티람보스 등은 모두 모방의 양식이며 언어, 율동, 화성을 단독으로 사용하든가 혼합하여 사용하는 모방의 양식인데 그중 희극, 비극은 율동, 노래, 운문을 모두 사용하는 예술이다.

비극이 이런 모방의 수단으로 모방하는 것은 선하거나 악한 행동을 하는 인간이다. 서사시는 선인을 모방하는 점에서 비극과 같지만, 비극은 등장인물을 실제로 행동하는 자로서 모방한다는 점이 다르다. 사실을 모방하더라도 정지해 있는 그림보다는, 또는 서사시처럼

---

35) 호라티우스에 의하면 비극의 창안자인 테스피스는 시를 수레에 싣고 다녔다고 하는데, 그것은 시인들이 수레를 타고 다니며 이동하고 그것을 무대 삼아 공연했다는 의미로 해석할 수 있다. 그리고 그 뒤를 이어 아이스킬로스가 나무로 소박한 무대를 만들었다고 한다. 그리고 그는 가면과 긴 의상을 도입했고 고상한 언어를 가르쳐 주었다고 한다(같은 책, 275~280행). 비극이 내용이나 형식 면에서 잘 갖추어진 것을 아이스킬로스에 의한 것으로 보는 것이다. 그것은 아리스토텔레스의 견해와 다르지 않다.

그 내용을 낭송하는 것보다 동작을 연기하는 것이 더 잘 모방하는 것이 된다. 예술을 모방이라고 할 때 인간을 실제로 행동하는 자로 모방하는 것이 모방의 정도에서 더 우월하다고 할 수 있다. 예술이 모방이라면 더 잘 모방한 것이 더욱 예술적이라고 할 수 있으며 그 효과도 클 것이다. 감정의 효과 면에서도 극이 서사시보다 나을 것이며 그런 면에서도 비극이 서사시보다 우월하다.

아리스토텔레스는 비극에서 무엇을 모방하는가뿐만 아니라 어떻게 모방하는가와 얼마나 사람들이 감동하는가에 중점을 두었다. 비극이 서사시와 다른 것은 직접 행동을 보여 준다는 것인데 그 행동은 내용에 충실한 것이어야 하고, 그래서 듣기만 하는 것보다 더 감동을 받게 해야 한다. 그렇지 않다면 그것은 오히려 역효과를 내게 될 것이다. 그런데 당시에도 행동의 모방에서 과장되게 또는 저속하게 모방하는 경향이 있어서 제스처가 없는 서사시는 교양 있는 관객을 상대로 하고 비극은 교양 없는 관객을 상대로 한다는 비판이 있었다고 한다. 이에 대해 아리스토텔레스는 지나친 제스처는 서사시 낭독에서도 가능하고 그런 제스처는 시인의 작시술에 관한 것이 아니라 배우의 연기에 관련된 것이며 시인의 문제가 아니라고 했다(『시학』, 26장).

그런데 왜 모방하려고 하며 모방하는 것을 보고 좋아하는가? 모방하는 것이 인간의 본성이기 때문이다. 아리스토텔레스는 인간이 다른 동물들과 다른 점은 모방을 가장 잘하는 것이라고 한다. 인간은 또한 모방된 것에 대해 쾌감을 느끼는데 흉한 동물이나 시체처럼 실물을 보면 불쾌감을 주는 것도 정확히 그려놓을 땐 쾌감을 느낀다. 지식의 습득도 처음엔 모방에 의한 것이며 배움의 즐거움도 일단은 모방의 즐거움이다.

모든 모방은 인간의 본성이고 쾌감을 주는데 그중에서 시는 모방의 방식이나 내용에서 그 단계가 높다. 시인들의 모방은 실제 일어난 일을 그대로 이야기하는 것이 아니라 일어날 수 있는 일, 즉 개연성 또는 필연성의 법칙에 따라 가능한 일을 말한다는 데 특징이 있다(『시학』, 9장).

아리스토텔레스는 플라톤과 달리 이데아인 형상이 질료 속에 내재해 있고 그것이 실현되는 쪽으로 세계가 변화해 간다고 생각했다. 큰 나무가 될 가능성이 도토리 속에 있으며 그것이 땅에 묻히고 햇빛과 물이 주어지면 가능성이 점차 실현된다. 세계가 그렇게 변화해 간다면 장차 가능할 것을 그리는 것은 세계를 더 전체적으로 보는 것이 된다. 시가 가능의 영역까지 확장되면 경험적 사실보다 더 보편적인 것을 말할 수 있게 되며, 그래서 가장 보편적 학문인 철학과 시는 가까운 사이가 될 수 있다. 아리스토텔레스가 시가 역사보다 더 철학적이고 중요하다고(『시학』, 9장) 말한 것은 이 때문이다. 시와 역사의 차이는 글이 운문인가 산문인가에 있는 것이 아니고 내용이 일어난 일인가 일어날 수 있는 일인가에 있다.

호메로스는 트로이 전쟁에 대해 후세의 역사가들이 보는 것과 달리 그것이 인간들의 전쟁이지만 신이 의도하고 개입한 것으로 이야기했다. 그것은 경험적 사실은 아니지만 그럴 것이라고 상상한 것이며 또한 고대인들은 그럴 것이라고 믿었다. 플라톤이 호메로스를 비판한 것은 신을 이야기해서가 아니라 신을 신답게 그리지 못했다는 것이었다. 신을 신답게 그리더라도 아리스토텔레스에게서 예술(시)은 철학과 가깝기는 해도 철학은 아니다.

시와 철학은 다르다. 시인은 불가능한 것도 말할 수 있다. 아리스 토텔레스는 불가능을 그렸다면 과오를 범한 것이지만 시의 목적을 달성하는 데 이바지한다면 정당화될 수 있다고 보았다(『시학』, 25장). 논리적으로 불가능한 것은 철학적으로 옳지 않고 그래서 인정 되지 않지만 시에서는 허용된다는 것이다. 그러므로 시에서는 믿어 지지 않는 가능사보다 믿어지는 불가능사를 택하는 것이 작품으로 서는 좋다고 할 수 있다. 있음직하지 않은 일이 일어나는 것도 있음 직하기 때문이다.

불가능한 일이란 과거에 존재하지 않았고 가능하지 않아 장차 실 제로 일어나지 않을 일이다. 시인은 그런데 그런 것을 말할 수 있다. 말하자면 시인은 오류추리(paralogism)인 거짓말(lies)도 할 수 있는 것이다. 아리스토텔레스는 호메로스가 거짓말을 하되 제대로 조작하 는 사람이라고 하는데, 그것은 있음직하지 않은 일을 그리면서도 그 불합리한 점이 눈에 띄지 않게 다른 장점으로 가린다는 것이다(『시 학』, 24장). 그래서 극의 효과 면에서는 가능하지만 있음직하지 않은 것보다 불가능하지만 있음직한 것을 택하는 것이 좋다고 한다.

그러나 새롭게 꾸며 내는 것이 능사는 아니다. 플라톤은 비극시인 들이 호메로스를 또 모방한다는 것을 비판했는데 아리스토텔레스는 그래서 그것이 예술적으로 문제되는 것은 아니라고 보았다. 아리스 토텔레스는 시의 기능을 중시하여 비극시인들이 호메로스나 이전 작가들의 이야기를 반복하는 것, 이전의 작품에 나오는 기존 인명을 쓰는 것은 가능성에서 더 설득력이 있기 때문이라고 한다. 등장인물 이나 사건이 모두 창작인 경우도 있으며 그렇다고 물론 쾌감이 덜한 것은 아니다. 모방하는 것은 현실이냐 아니냐가 중요한 것이 아니며 불가능한 것이라도 그것이 시의 목적에 이바지하거나 세인들의 견해일 경우 정당화될 수 있다고 한다(『시학』, 24장). 불가능한 것을 모방하는 것은 논리적으로 인정될 수 없지만 예술에서는 허용된다고 보는 것이다. 아리스토텔레스는 시와 철학을 다른 영역으로 여기기 때문에 플라톤과 같은 불화가 그에겐 없다.

모방의 측면에서 비극은 서사시보다 우수한 형식이다. 스토리가 있다는 점에선 같지만 이야기를 낭송하는 것보다 행동을 재현하는 것은 실재의 모방에 더 가깝다. 그리고 비극이 서사시보다 짧고 간결한 점에서 더 효과적이다. 격렬한 감정을 불러일으키는 것이 철학과 다른 시의 기능이라면 서사시보다 비극이 더 우수하다. 비극은 완결된 행동의 모방일 뿐만 아니라 공포와 연민의 감정을 불러일으키는 사건의 모방이다. 연민의 감정은 부당하게 불행에 빠지는 것을 볼 때 환기되며 공포의 감정은 우리와 유사한 자가 불행에 빠지는 것을 볼 때 환기된다(『시학』, 6장, 13장). 그리고 그것은 감정을 정화하는 작용(카타르시스)을 한다(『시학』, 6장).

비극은 어떻게 감정을 정화하는가? 비극적 사건이 결말에 가서는 어떤 방식으로든 해결되기 때문에 작품 자체 안에서 정화가 이루어진다고 할 수도 있고 모방이 일종의 정화라고 할 수도 있다. 아리스토텔레스는 무서운 짐승이나 끔찍한 시체 같은 것을 실제로 보면 불쾌하지만 그것을 잘 그린 것을 볼 때는 즐거움을 느낀다고 했다. 마찬가지로 불행한 사건을 잘 모방한 것을 볼 때 오히려 불행의 감정을 느끼는 것이 아니며, 공포와 연민은 실재 사건에서 느낄 수 있는 고통과는 다른 것이다. 플라톤은 비극 작품을 보면서 비탄의 감정에 빠지는 것은 극을 볼 때만이 아니라 현실에서도 그럴 수 있기 때문에 그것 자체의 나쁨보다도 거기서 벗어나 이성의 차원으로 가기 힘들다고 보아서 부정적인 입장이었다. 플라톤은 현상계에서의 일은 반복될수록 현상에 더 얽매이기 때문에 정화는 영혼이 몸으로부터 벗어날 때 가능하다고 했다.

아리스토텔레스는 사실『시학』에서 카타르시스에 대해 한 마디밖에 말하지 않았다. 그것이 도덕적으로 좋은 것인지 아닌지도 말하지 않았지만 전체적으로 보아 긍정적인 기능으로 말했다고 할 수 있다. 배설작용(카타르시스)이 몸을 정화시키는 것처럼 감정의 분출이 감정을 정화시킨다고 볼 수 있기 때문이다. 비극을 보는 동안 감정이 정화된다면 플라톤이 우려한 것과 같이 현실에서 옳지 않은 감정에 빠지는 일은 일어나지 않을 것이다.

두 사람의 견해 중 어느 것이 더 옳은가를 말하기는 어렵다. 그런데 우리와 유사한 사람이 개인의 부도덕함 때문이 아니라 운명적으로 어쩔 수 없이 불행에 빠져드는 것을 보았을 때 느끼는 공포와 연민의 감정은 자신도 그와 같을지 모른다는 두려움도 생기게 하지만 삶을 돌아보고 그에 대해 깊이 생각하게도 한다. 아리스토텔레스가 말한 대로 배움의 즐거움을 얻는 것이다(『시학』, 4장).

모방하는 것이 인간의 본성인 것처럼 알고자 하는 욕구도 인간의 본성이다. 현재 일어난 일뿐 아니라 개연적이거나 필연적으로 가능한 일을 모방하는 것은 더 넓은 세계를 알게 하는 즐거움을 준다. 시가 역사보다 철학적이라고 한 아리스토텔레스는 시의 그러한 적극적인 기능을 인정하는 것이다. 그러므로 시인은 추방되어야 하는 것이 아니다. 보다 감동을 주는 시를 쓰는 것은 장려되어야 하는 시인들의 임무인 것이다.

(3) 작시술

　『시학』이라고 번역되는 원래 제목은 작시술이다. 『시학』은 시의 성격과 함께 작시원리를 체계적으로 정립한 것이다. 아리스토텔레스는 현실의 시를 인정하고 시가 앞서와 같은 적극적인 기능이 있다면 그런 기능을 더 잘할 수 있도록 만들어져야 한다고 보았다. 플라톤이 예술(시, 더 구체적으로는 비극)의 본질적 속성에 관해 말했다면 아리스토텔레스는 구체적인 비극 작품의 성격과 요소들, 그리고 그것들을 잘 표현할 수 있는 기술에 대해 논했다.

　아리스토텔레스는 비극을 완결되고 일정한 크기를 가진 전체적인 행동의 모방이라고 규정했다(『시학』, 6장). 비극작품은 시작과 종말이 분명하고 여러 부분의 배열이 일정한 질서를 가져야 한다. 아름다움은 너무 크거나 작지 않은 일정한 크기와 부분들의 질서 속에 있다. 그것은 작품이 완결되고 통일성을 가져야 한다는 것과 같다. 플롯은 기억할 수 있는 정도의 길이가 좋으며 무대의 크기도 한눈에 들어올 수 있는 정도여야 한다. 전체를 통관할 수 있는 한에서는 스토리가 길수록 그 크기 때문에 아름답다. 그러니까 급전이나 발견을 통해서 플롯을 복잡하게 해야 한다. 실제 연극경연에서는 여러 편의 작품이 하루에 공연돼야 하니까 시간이 제한되는데 작품상으로는 완결성과 통일성을 갖는 한의 긴 길이를 가질 수 있다. 그것은 무대배경 크기에도 적용되는데 장엄한 대형 배경이 감동적이겠지만 한눈에 들어올 수 있는 정도의 크기여야 하며 작품 내용의 시간도 하루 안에 일어나는 것이어야 한다. 아름다움은 일정한 시간 공간적 크기 속에 있기 때문이다(『시학』, 7장).

극이 보다 효과적이기 위해서 가장 중요한 것은 플롯(Plot)이다. 시인은 행동을 모방하는 것이므로 운문(verse)보다 플롯의 창작자가 되어야 한다(『시학』, 9장). 더욱이 극이 공연되지 않고 읽어도 같은 효과를 얻을 수 있다면(『시학』, 26장) 이야기로만 전개시킬 수 있고 그 경우엔 플롯이 더욱 중요하게 된다. 시와 소설, 연극이 구별되는 오늘날은 시에서 서정성을 중시하지만 고대 사회에서 시는 사회관습, 역사, 그리고 모든 규범적 내용을 다루고 그것이 교육의 역할을 했다는 것을 생각하면 내용인 이야기가 중요했을 것은 짐작할 수 있다. 이야기가 효과적이기 위해서는 이야기의 구성이 잘 되어야 할 것이다.

비극의 두 번째 원리는 성격(Character)이다. 현대극, 현대소설에서는 성격이 더 중요한데 아리스토텔레스는 행동 없는 비극은 불가능하지만 성격 없는 비극은 가능하다고 한다(『시학』, 6장). 그래서 극에서 행동은 성격을 묘사하기 위한 것이 아니라 성격이 행동을 위해서 포함된다. 그림으로 보자면 플롯은 밑그림에, 성격은 색채에 해당한다. 아리스토텔레스는 여러 가지 색을 잘못 칠하면 흑백화만 못하지만 색을 잘 칠하더라도 밑그림이 잘못되어 있으면 그림으로서 쾌감을 주지 못한다고 한다.

세 번째로 중요한 것은 사상(Thought)이다. 그것은 상황에 따라 해야 할 말을 할 수 있는 능력으로서 무엇을 증명하거나 논박하거나 보편적 명제를 말할 때 대화 속에 나타난다. 아리스토텔레스는 대사에 관한 한 이것은 시학보다 정치학과 수사학의 연구 분야에 속한다고 하는데 그것은 옛 시인은 등장인물을 정치가처럼 말하게 했고 당시의 시인은 수사학자처럼 말하게 했기 때문이라고 한다(『시학』, 6

장). 이것은 비극이 정치적 연설이나 수사학적인 변론과 같은 면이 있는 것임을 말하기도 하지만 그것들과 다르다는 것을 말하는 것이기도 하다. 처음에 디오니소스제의 비극은 종교, 정치적인 것이었는데 점차 작품 발표의 기회로 여겨지면서 대중의 인기를 얻으려는 수사학적 기술이 요구되었다는 것으로 해석할 수 있다. 그러나 정치적인 연설이나 수사학적인 변론과 달리 비극에서 사상이 가장 중요한 것은 아니라는 것이다. 사상은 플라톤이라면 중요시했을 것인데 시적인 감동을 중요시하는 아리스토텔레스에게 있어서는 세 번째다.

다음 네 번째가 조사(Diction)인데 그것은 사상을 표현하는 어법, 어조를 뜻한다. 일반적인 시에서는 매우 중요한 요소지만 아리스토텔레스에게는 네 번째다. 더욱이 다섯 번째로 꼽은 노래(Melody)는 비극의 쾌감을 산출하는 액세서리 정도다. 에우리피데스에 이르면 소포클레스와 달리 합창은 비극의 플롯과 무관했고 아가톤에서는 막간가 정도였다고 한다.[36] 그러나 아리스토텔레스는 합창단도 배우로 간주되어야 하고 합창이 전체의 한 부분으로 극의 행동에 참가해야 한다고 보았다. 합창이 비극의 핵심적인 것은 아니지만 극의 한 요소이므로 극 전체와 어울려야 한다는 것이다. 마지막으로 장경(Spectacle)은 예술성이 가장 적으며 작시술과 가장 인연이 없는 것으로 보았다(『시학』, 6장).

아리스토텔레스는 음악과 장경을 비극에서 덜 중요한 요소로 보았지만 비극이 서사시보다 더 우수한 형식인 것은 비극은 서사시가 가지고 있는 것을 가지고 있으면서 음악과 장경을 가지고 직접 행동

---

36) 비극은 대사와 합창으로 이루어지는 형식이기 때문에 합창에 대한 성격 규정은 비극에 대한 규정과 밀접한 관계가 있다. cf. 헤겔 (5) 3) 1, 니체 (2) 1) 4, 하이데거 (7).

함으로써 쾌감을 생생하게 산출하기 때문이다. 감동의 효과 면에서는 비극이 서사시보다 길이가 짧다는 것도 유리한 요소다. 작품의 길이로 보아서 비극은 짧은 시간에 목적을 달성한다. 많은 에피소드가 들어 있는 서사시의 모방은 규모가 너무 크고 그런 점에서 통일성이 적다. 서사시는 많은 행위로 구성되어 있어 그것을 가지고 여러 개의 비극이 만들어질 수 있기 때문에 하나의 행위로 완전한 구성을 하는 데는, 그래서 시적 효과를 산출하는 데는 비극이 더 우수하다(『시학』, 26장).

비극시인은 무대에서 공연되는 시를 쓰는 것이므로 플롯을 구성하고 언어로 표현할 때 가능한 장면을 눈앞에 그려 보고 작중인물의 제스처로 실연해 볼 필요가 있다. 표현되어야 할 감정을 실제로 느끼는 사람이 더 생생하고 절실하게 그릴 수 있기 때문이다. 그러므로 비극시인은 극에 필요한 기분으로 빨리 전환할 수 있는 남다른 재능이나 정상에서 벗어나게 하는 광기가 있어야 한다(『시학』, 17장). 그 영향이 긍정적이든 부정적이든 시인이 영감과 광기로 글을 쓴다는 것을 아리스토텔레스는 플라톤과 마찬가지로 인정한다.

시인이 탁월한 작품을 썼더라도 비극은 서사시, 서정시와 달리 시인이 아닌 연기자가 필요하다. 아리스토텔레스는 저속한 연기는 시인의 작시술과 관계가 없다고 했지만 디오니소스제에서 공연되는 극은 시인이 제작, 연출을 겸하는 것이므로 시인에게 책임이 없다고 할 수 없다. 플라톤은 시인에게 그런 책임까지 물을 것이다. 플라톤은 그래서 공연되지 않는 극을 써 보인 것이다. 아리스토텔레스도 비극이 서사시처럼 동작이 없이도 그 효과를 낼 수 있다(『시학』, 26장)고 했는데 비극이 서사시와 근본적으로 다른 것이 행동의 모방이라면 동작이 없이도 그 효과를 낼 수 있다는 것은 이미 극(드라마)의 가장 근본적인 것을 벗어난 것이다. 나아가 읽는 것만으로도 관람하는 것과 같이 생생하게 실감할 수 있다면 음악, 장경도 비극의 부수적인 요소가 될 것이다. 이러한 생각은 플라톤과 근본적으로 같다고 할 수 있으며, 이로부터 종합예술이었던 시가 언어예술이 될 수 있었고 언어예술을 조형예술보다 높은 것으로 보는 예술철학의 전통이 시작되었다. 제작한다는 의미의 '포에지'는 오늘날 언어예술인 시를 뜻한다.

아리스토텔레스는 『시학』에서 시, 비극의 본질에 대한 것보다는 존재하는 시의 객관적 요소를 분석하고 비극을 더 잘 쓸 수 있는, 더 효과적일 수 있는 작시술을 논했다. 그러나 시의 존재를 인정하고 그 효과를 긍정적으로 인정했지만 비극의 카타르시스 역할은 시의 역할이며 그것이 삶의 궁극적인 단계에 이르게 하는 것은 아니다. 아리스토텔레스는 『니코마코스 윤리학』에서 삶의 최상은 철학자와 같은 관조적인 삶이라고 했다. 심한 감정의 기복이나 광기는 시인에게 필요한 것이지 철학자에게 요구되는 덕목은 아니다. 아리스토텔레스는 철학자로서 시를 학문적으로 논한 것이다.

아리스토텔레스의 『시학』은 이후 모든 예술론의 토대가 되었다. 이것과 함께 고대의 3대 시학이라 불리는 호라티우스의 『시학』과 롱기누스의 『숭고에 관하여』는 내용이나 형식 면에서 아리스토텔레스의 『시학』을 모범으로 하고 있다.

인류가 세계를 총체적으로 사유하기 시작한 것의 최초 표현은 신화다. 각 민족들은 각기 다른 신들을 창조해 내고 그것을 믿었다. 호메로스적인 신화를 비판한 플라톤의 철학은 신 자체를 벗어난 것이 아니라 더 높은 신을 추구한 것이며 그것은 절대적인 유일신 종교를 위한 길을 놓은 것이 되었다. 신플라톤주의는 기독교가 수용될 수 있는 사상적인 토대를 놓았고 기독교의 교리를 해석하고 체계화한 교부철학은 플라톤 철학에 기반을 둔 것이었다.

플라톤이 바라던 대로 기독교의 신은 땅의 세계와는 아주 다른, 하늘 너머에 있고 그 신에 대한 예배는 경건했다. 고대가 감성적인 다신 신화의 시대라고 한다면 중세는 이성적인 유일신 신화의 시대인 것이다. 기독교가 공인되고(313년) 국교로 정해진(381년) 후 그리스의 전통적인 신제들은 금지되었다. 초월적인 신은 인간의 몸을 갖지 않으므로 신상을 만들 수 없으며 감각적인 노래와 춤으로 찬양해서도 안 되었다. 자유로운 예술종교는 이제 경건한 사유종교가 되었다.

보이지 않는 신은 그 위력이 더 막강해졌고 그 강력한 신은 인간에게 더 큰 힘을 행사하게 되었다. 그것은 신의 이름을 빌려 인간이 그 힘을 행사하는 것이었다. 중세의 봉건제적 질서 속에서 기독교는 오히려 인간의 이성을 억압하게 되었고 자유로운 감성 또한 억제되어 과학과 예술은 종교에 종속되었다. 천 년쯤 지속된 중세의 종교는 그러나 인간의 이성의 힘을 더 이상 억제할 수 없었다. 인간의 차원을 벗어난 지고한 신을 찾았던 이성은 이제 인간을 속박하는 신의 힘과 사회질서를 벗어나고자 했다. 그러면서 다시 지상의 신들과 함께 살았던 옛날을 되돌아보게 되었다. 중세에서 근대로 이행하는 과도기인 15, 16세기를 르네상스 시대라고 한다. 부활, 재생의 뜻을 가진 르네상스란 기독교가 들어오기 이전의 고대 그리스, 로마시대의 부활을 뜻하며 그때의 인간중심적인 정신의 복원을 의미했다.

그러나 그 시대로 돌아갈 수는 없는 것이며 그럴 필요도 없다. 그때도 신의 시대였기 때문이다. 다만 신의 위엄이 덜했던 것, 인간이 신과 더불어 공존했던 것을 거쳐서 근대인들은 나아가 그보다 더한 자유를 요구하게 되었다. 그들은 신을 중심에 놓았던 세계에서 벗어나 인간이 신을 대신해 중심에 서고자 했다.

가장 근대인이었던 칸트는 종래의 신 개념을 인간의 도덕 영역으로 끌어 들여 행위의 궁극 목적으로 최고선을 설정했다. 근대의 완성자인 헤겔은 신 자체는 죽었지만 신이라는 이름 아래 추구해 온 무한하고 절대적인 것을 향한 인간의 노력은 계속 추구될 수 있으며 신 대신 인간 정신이 종교적 편견을 떠나서 자유롭게 그 완전성을 성취할 수 있다고 보았다.

근대인들은 세계의 중심에서 신과 인간과 자연의 세계에 대해서 이성적으로 사유하고자 했다. 그 결과물이 학문(과학)이다. 인간이 신을 대신해 세계의 중심이 될 수 있는 힘은 세계를 사유하여 아는 힘이다. 세계를 창조하지는 못했어도 창조된 세계를 앎으로써 인간은 신에 버금가는 존재가 되며, 창조가 아니라 인식을 중시함으로써 인간을 세계의 중심에 놓을 수 있었다. 18세기에 수립된 뉴턴의 물리학은 인간의 경험과 이성의 힘으로 자연에 대한 진리체계를 확립한 것이다. 신의 창조물인 자연에 대해 인간은 부여받은 이성의 힘으로 그 비밀을 알게 된 것이다. 그것은 근대인의 개가였다.

종교가 막강한 힘을 가졌던 중세에 과학과 예술이 종교에 예속되었듯이 근대 학문의 시대엔 학문이 종교와 예술을 학문의 영역으로 끌어들였다. 이성의 영역이 아니라 감성의 영역으로 여겨졌던 예술이 이제 학문적인 인식의 영역으로 들어오게 되었다. 신의 창조물인 자연에 대해 학문(물리학)이 성립될 수 있다면 인간의 창조물인 예술에 대한 학문도 성립될 수 있을 것이다.

1735년 바움가르텐은 처음으로 미학(Ästhetik)이라는 용어를 사용했다. 조어상으로 보면 그것은 아이스테시스, 즉 감성에 대한 학문이라는 뜻이다. 개인적이고 개별적이라고 생각해 온 감각, 감성에 대한 학문이 성립된다는 것은 감각에서도 보편성을 찾을 수 있다고 보는 것이다. 이것은 감성도 일종의 인식능력으로 보는 것인데 물론 이성적 인식보다는 하위의 인식능력이며 이성을 보완하는 역할을 한다. 감성에서 보편성을 확보할 수 있다면 논리의 영역은 확장되며 학문 영역이 확장되는 것이다. 미학은 철저히 근대정신의 산물이다.

감성적 인식작용은 예술이며, 그러므로 미학의 대상은 예술이다. 감성이 이성을 보완하는 하위의 인식능력이라 할 때 감성적 인식물인 예술 중 완전한 형태는 이성적 인식에 가장 가까운 언어예술이어야 할 것이다. 바움가르텐은 그것을 '시'라고 했다.

플라톤에 의해 시와 철학은 분리되었지만 시와 철학이 가까운 것은 플라톤 자신도 그리고 아리스토텔레스도 인정한 것이다. 바움가르텐은 철학의 영역을 확장함으로써, 달리 말하면 예술을 학문의 영역에 포섭함으로써 철학과 시를 다시 만날 수 있게 했다. 철학에서 예술의 위상은 달라도 예술 중 최고의 형식을 시라고 보는 이 견해는 이후 칸트, 셸링, 헤겔로 이어졌다.

칸트: 미감적 이념의 능력이 유감없이 발휘될 수 있는 것은 시예술이다 **4**

(1) 미학과 판단력 비판

바움가르텐에 의해 처음 쓰인 Ästhetik이라는 용어를, 그리고 감성이 인식 능력이라는 것을 비슷한 시대의 칸트도 받아들였다. 그러나 칸트는 감성의 보편성을 예술적 인식이 아니라 자연 대상에 대한 이론적 인식의 보편성에 관련시켜서 Ästhetik을 미학이 아니라 『순수이성비판』에서 '감성론'의 의미로 썼다.

칸트는 학적 인식이 지성(Verstand)에 의해서만 이루어지는 것이 아니라 감성(Sinnlichkeit)의 대상 수용 작용이 먼저 있어야 한다고 보았다. 즉, 인식은 대상이 우리에게 주어지는 한에서 발생하는데 직관에 의해서만 대상이 주어지기 때문에 인식은 지성의 사유에서만 이루어지는 것이 아니라 감성의 직관과 사유가 통일됨으로써 가능하다.

진리 인식에서 감성이 중요한 역할을 하는 것은 합리론의 전통에서는 새로운 것으로, 칸트는 경험론의 입장을 수용한 것이다. 감성에 의해 경험대상으로 주어지지 않은 것을 인식할 수 없다는 것은 감성의 역할을 중요하게 여긴 것이다. 그러나 감성이 본질을 인식하는 것이 아닌 점에서 한계가 있다. 바움가르텐이 감성을 이성보다 하위의 능력이라고 한 것과 달리 칸트는 감성을 수동적이며 지성을 능동적이라고 구분하지만 감성과 지성은 그 능력에 우열이 없고 서로의 능력을 교환할 수 없으며 서로 결합되어 있음으로써만 대상을 규정할 수 있다고 보았다(『순수이성비판』, B. 75).[37]

직관적 표상의 특성은 수용적인 데 비해서 지성적 사유의 개념적 표상작용은 다양하게 주어진 것들을 스스로 비교하고 확정하는 자발성의 특성을 가진다. 사고의 자발성은 다양함이 어떤 방식에서 받아들여지고 결합될 것을 요구한다. 즉, 지성의 선천적 형식인 범주에 다양하게 주어진 것들이 포섭되어야 한다. 감성의 표상들만으로는 인식될 수 없기 때문에 나에 대한 대상이기 위해서는 그것들이 의식 중에서 결합되어야 한다. 지성의 범주는 직관의 다양을 결합하여 하나의 의식이 될 수 있게 하는 유일한 조건이다.

그런데 감성의 다양을 지성의 범주에 포섭시키는 자발적인 능력은 양자의 매개적인 성격을 지녀야 한다. 그것을 구상력(Einbildungskraft)[38]이라고 하며 구상력의 일면 감성적이고 일면 지성적인 표상을 선험적 도식(Schema)이라고 한다(『순수이성』 B. 177). 칸트에

---

37) 이후 인용되는 칸트의 3대 비판서의 명칭은 공통적으로 '비판'을 생략하고 『순수이성』, 『판단력』 등으로 표기할 것이다.

38) Einbildung은 일반적으로는 상상이라고 번역하는데 여기서 그것을 구상이라고 하는 것은 예술적 상상과 구별하기 위해서다.

게서 인식은 감성이 대상을 수용하고 그것을 구상력이 매개하여 지성의 범주 작용에 포섭됨으로써 이루어진다. 지성의 작용이 감성의 작용을 떠나서 성립되지 않으므로 논리학이 감성론에 토대하고 있는 것인데, 감성이 수용한 것을 지성이 포섭하니까 논리학이 감성론 영역까지 포섭하는 것으로 보아야 할 것이다. 칸트는 경험론을 수용하되 합리론자로서 수용한 것이다.

감성이 수용할 수 없는 것에 대해 사유하고자 하는 이성은 이율배반에 빠지게 되고 신, 자유의지, 영혼과 같은 물자체는 인식될 수 없는 영역으로 남는다. 그리고 그것은 실천이성의 영역에서 도덕법칙의 근거로서 요청된다. 칸트에게는 이론적 인식보다 실천적 영역이, 학적 인식보다 도덕의 차원이 더 높다. 칸트는『순수이성비판』을 통해 자연법칙에 따른 경험세계를, 그리고『실천이성비판』을 통해 도덕성의 영역을 구축해 놓았다.

그런데 자연 개념의 감성적 영역과 자유 개념의 초감성적 영역 사이에는 거대한 심연이 있어서 이론적 사용을 매개로 해서는 이행이 불가능하다. 그 연결을 위해서는 자유 개념은 자기의 법칙에 의해 부과된 목적을 감성계에 실현해야 하며, 자연도 그 형식의 합목적성이 자유의 법칙에 따라 자연에서 실현되어야 할 목적들의 가능성과 합치되어야 한다(『판단력』, 서론 Ⅱ).

칸트는 지성의 인식능력과 이성의 욕구능력을 매개하는 것으로서 판단력(Urteilskraft)이란 개념을 제시한다. 3대 비판서 중 제일 나중 나온『판단력비판』은 사물을 선천적으로 인식하는『순수이성비판』의 인식능력과『실천이성비판』의 욕구능력 사이의 간극을 연결하여 메우고, 그래서 인간이성의 영역을 통일하려는 건축술적 체계를 위해 구상된 것이다.

칸트는 주어진 특수한 개별적 표상에 대해 가능한 보편적 개념을 찾는 능력을 판단력이라고 한다. 그리고 보편이 주어져 있는 경우 특수한 표상을 보편 아래 포섭하는 판단력을 규정적(bestimmend)이라 하고, 특수만이 주어져 있어 그에 대한 보편을 찾아내는 판단력을 반성적(reflektierend)이라고 한다(『판단력』, 서론 Ⅱ). 규정적 판단에 대해서는 『순수이성비판』에서 다루었다. 감성과 지성의 다른 두 기능이 조화되어 인식할 수 있으려면 감성과 지성을 연결하는 매개자가 있어야 하는데, 대상을 지성의 범주에 포섭하는 능력이 규정적 판단력인 구상력이다. 『순수이성비판』에서 감성은 인식 대상을 수용하는 능력이며, 미적인 능력이 아니다. 미적인 판단은 규정적 판단력과는 다른 반성적 판단력의 작용에 속한다.

반성적 판단력의 선험적 원리는 자연의 합목적성이다. 자연의 경험적 법칙들에 따라 자연을 반성하기 위해서 판단력은 자연이 우리 인식능력에 합치한다는 것을 전제한다. 이 합목적성을 전제하지 않고는 경험적 법칙에 따르는 어떤 질서도 파악할 수 없기 때문이다. 이것은 선천적으로 인식하는 것이 아니라 판단력이 자연의 보편적 법칙들을 분류하고 다양한 특수한 법칙들을 보편적 법칙 아래 종속시키고자 할 때 자연의 질서를 찾기 위해 이 법칙을 가정하는 것이다(『판단력』, 서론 Ⅴ).

인식능력이 고차적인 법칙과 합치될 때 칸트는 거기서 쾌감(Lust)을 느낀다고 한다. 쾌, 불쾌의 감정은 인식능력이나 욕구능력이 아닌, 지성과 이성의 중간적인 판단력에 의한 것으로 합목적성의 원리에 따른다. 쾌, 불쾌는 인식의 결과일 수 있지만 표상의 대상에 대해 인식하지는 못하는 주관적인 요소다(『판단력』, 서론 Ⅳ). 쾌의 근거는 반성 일반에 대한 대상의 형식 속에 있는 것이지 대상의 감각에 있는 것도 아니며 어떤 의도를 가지는 개념에 관계하는 것도 아니다. 반성에서 객체의 표상과 일치하는 것은 주관에서 판단력 일반이 경험적으로 사용될 때의 합목적성뿐이다.

합법칙성의 원리에 따르는 지성의 인식능력이 자연에 적용되고, 궁극목적의 선천적 원리에 따르는 이성의 욕구능력이 자유에 적용된다면, 합목적성의 원리에 따르는 판단력의 쾌, 불쾌의 감정은 예술에 적용된다. 칸트에게서 예술은 자연에 대한 이론적 인식에서 최고선에 이르는 도덕적 완성단계로 나가는 중간단계에 해당된다. 근대적 의미의 '미학'이란 용어를 쓴다면 칸트의 미학 사상을 볼 수 있는 저서는 Ästhetik를 다룬『순수이성비판』이 아니라 미감적(ästhetische) 판단을 다룬『판단력비판』이다.

칸트의 3대 비판서는 근대라는 시대의 근거인 사유하는 이성적 주체로서의 인간을 3측면으로 나누어 살펴본 것이다. 인간은 지, 의, 정의 심적 요소를 가지고 있으며 그래서 지식의 욕구, 행위의 욕구, 미에 대한 욕구를 가지고 있다. 그렇다면 3대 비판서는『순수이성비판』, 『실천이성비판』, 그리고『미적이성비판』이어야 할 텐데, 그렇게 명명하지 않은 것은『판단력비판』이 미적 판단만을 다루는 것이 아니기 때문이다.

일반적인 용어로 '판단력'이란 판단하는 능력을 뜻하며, 그런 점에서는 지성과 이성도 판단력이라고 할 수 있다. 그런데 18세기에 '판단력'은 오늘날과는 다른 의미로 쓰였다. 그것은 18세기 영국의 도덕철학자들이 도덕적인 판단과 미감적인 판단은 이성을 따르는 것이 아니라 감성의 성격을 가진다는 것을 강조하기 위해서 사용하던 용어였다. 그들은 특수자를 보편자 아래 포섭시키는 것, 즉 어떤 것을 규칙의 한 경우로 인식하는 판단력의 활동은 논리적으로 증명할 수 없는, 그래서 배울 수 있는 것이 아니라 훈련될 수 있는 감성의 능력이라고 보았다.[39]

그런데 독일의 계몽철학은 그러한 판단력을 낮은 인식능력으로 보았고, 바움가르텐은 판단력이 인식하는 것은 감각적 개체여서 이성적 인식보다 하위의 것이라고 하였다. 칸트는 영국철학에서 발전한 '도덕감(moral sense)'과는 달리 도덕적 명령의 무조건성은 감성에 기초하는 것이 아니라 실천이성의 자기입법에 근거하는 것이라고 보았기 때문에 판단력에는 미감적인 판단만 남게 되었다.

그러나 칸트의 '판단력'은 미감적 판단력만이 아니다. 판단력 중 규정적 판단력은『순수이성비판』에서 다루었고 그와 다른 반성적 판단력은『판단력비판』에서 미감적 판단력과 목적론적 판단력으로 다루고 있다. 미감적 판단력은 판단력의 한 능력이다.『판단력비판』에서 칸트의 미학 사상을 볼 수 있지만 그것은 반성적 판단력, 그중에서도 미감적(ästhetische) 판단을 다룬 부분에 국한된다.

---

39) Gadamer, *Wahrheit und Methode*, S.27~28.

(2) 미감적 판단(미와 숭고)

1) 미의 분석

규정적 판단력은 객관적, 필연적 인식을 규정하는 데 쓰이는 것으로 『순수이성비판』에서 다루어졌다. 『판단력비판』에서는 그러니까 반성적 판단력을 다루는데, 그것은 자연 또는 예술의 형식적 합목적성을 주관적으로 평가하는 능력인 미감적(ästhetische) 판단력과 자연의 실재적 합목적성을 객관적으로 판단하는 목적론적 판단력으로 나뉜다. 그리고 미감적 판단론에서는 미(Schöne)와 숭고(Erhabene)를 다룬다.

'미감적'은 ästhetische, '미적'은 schöne에 해당하는 용어다.[40] 예술이 추구하는 미(Schöne)는 미감적인 것에 속한다. 칸트에게서 미적인 것은 미감적이지만 미감적인 것이 다 미적인 것은 아니다. '미감적'(ästhetische)은 『순수이성비판』의 감성론(Ästhetik)에서 다룬 감성의 감각(Empfindung)작용과 구별되는 것으로, 수준 높은 쾌, 불쾌의 감정(Gefühl)의 작용을 일컫는다. 아름답다는 것은 주어진 모든 것들에 무차별적으로 작용하는 것이 아니라 많은 것 중에서 선별하는 높은 안목을 필요로 한다. 그것은 직접적인 것이 아니라 반성적인 것이다. 칸트는 바움가르텐보다 예술의 위상을 한층 높였다.

칸트는 감정에 의해 미를 판정하는 능력을 취미(Geschmack)라고

---

40) Schöne는 문맥의 흐름에 따라서 때로는 '미'로, 때로는 '아름다움'으로 번역했다. 그리고 schöne도 마찬가지로 '미적인'과 '아름다운'을 함께 사용했다.

한다.[41] 취미판단은 그 표상을 지성에 의해 객체에 관련시키는 것이 아니라 표상을 구상력에 의해서 주관의 쾌, 불쾌의 감정과 관련시킨 다(『판단력』, §1). 칸트는 어떤 것이 아름다운가에 대한 판단(취미판 단)도 판단이기 때문에 『순수이성비판』에서와 같이 성질, 분량, 관 계, 양태의 네 가지 판단 계기에 따라 분석한다.

칸트는 미에 대한 판단에 관심이 섞이면 그것은 편파적이며 순수 하지 않다고 한다. 쾌적한 것에 대한 만족과 선에 대한 만족은 관심 과 결합되어 있는데, 미에 대한 만족은 무관심적이고 자유로운 만족 이다. 그래서 취미판단의 제1계기인 성질로부터 취미는 어떤 대상 또는 어떤 표상방식을 일체의 관심을 떠나서 만족 또는 불만족에 의 해 판정하는 능력이며 그와 같은 만족의 대상이 아름답다고 추론한 다(『판단력』, §5).

그리고 취미는 개인의 감정에 근거하는 것이지만 다른 사람의 판 단도 나와 같아야 한다는 공통감에 기초한다. 이것은 객관적으로 존 재하는 것이 아니라 요청되는 것이다. 아름다운 것은 그때그때 어떤 개별적인 것에 대해 그렇게 느끼는 것이다. 그러므로 "모든 튤립은 아름답다"는 전칭판단은 취미판단이 아니다. 그러나 무엇이 아름답 다고 할 경우 그것은 나에게만 그러한 것이 아니다. 하나의 튤립을 아 름답다고 생각하는 판단, 즉 튤립에서 느끼는 나의 만족을 보편타당

---

41) 가다머의 연구에 의하면 '취미'는 원래 미학적 개념이 아니라 도덕적 개념이었다. 취 미의 식별은 감각적 본능과 정신적 자유의 중간에 있는 것으로서 일종의 인식방식이 다. 그것은 근거로부터 나온 지식을 사용하지는 않는, 개별자가 전체와 조화를 이루 는지를 평가하는 것으로 감각과 같은 것이다. 옳지 않은 것이 취미에 거슬리는 사람 은 선을 받아들이고 악을 버릴 확률이 높기 때문에 취미는 도덕적 판단의 근거는 아 니지만 그것의 최고 완성이라고 할 수 있다. 칸트는 그러나 취미를 미에 관한 판단에 제한시켰고 법과 도덕의 영역에서 수행되는 미적 판단력의 활동은 제외했다(*Wahrheit und Methode*, S.31~38 참조).

하다고 생각하게 하는 것이 취미판단이다. 취미판단은 주관적 타당성만을 가지면서도 마치 객관적 판단의 경우처럼 모든 주관에 대해 그 권리를 요구한다. 이로써 취미판단의 제2계기인 분량에서 미는 개념을 떠나서 보편적으로 만족을 주는 것이라고 추론한다(『판단력』, §9).

세 번째 계기인 목적의 관계에서 볼 때, 일체의 목적을 떠나 대상을 표상할 때의 주관적 합목적성만이, 그것도 합목적성의 형식만이 취미판단을 규정하는 근거가 될 수 있다. 취미판단의 기초는 대상의 합목적성의 형식뿐이다(『판단력』, §11). 그래서 조형, 건축, 원예가 미적인 예술인 한에서 본질적인 것은 도안(圖案)이다. 도안에서 취미에 맞는 구도의 기초를 결정하는 것은 단지 형식에 의해서 만족을 주는 것이다(『판단력』, §14). 이로써 미는 합목적성이 목적의 표상을 떠나 어떤 대상에서 지각되는 한에서 그 대상의 합목적성의 형식이라고 규정한다(『판단력』, §17).

네 번째 계기인 양태의 면에서 볼 때 순수한 취미판단은 필연적이다. 취미판단에 부여하는 주관적 필연성은 제약된 필연성인데(『판단력』, §19) 필연성의 조건은 공통감의 이념이다(『판단력』, §20). 보편적 동의의 필연성은 주관적 필연성이지만 공통감의 전제하에서는 객관적 필연성으로 표상된다는 것에서 미는 개념을 떠나서 필연적 만족의 대상으로서 인식된다고 규정한다.

칸트는 이러한 분석을 통해 취미는 대상을 구상력의 자유로운 합법칙성과 관련하여 판정하는 능력이라고 결론을 지었다. 구상력이 자유로우면서도 합법칙적이라고 하는 것은 일견 모순되는 것처럼 보인다. 법칙을 부여하는 것은 지성이기 때문이다. 기하학적 도형은 그 형태에 규칙을 지정하는 일정한 개념이 현시된 것이다. 그러나 사각형의 방을 만들려고 하는 경우, 그 목적에 달성했을 때의 만족은 취미판단의 경우가 아니다.

취미판단은 자유롭게 무규정적-합목적적으로 어떤 것을 아름답다고 하는 것이다. 그런데 이것은 지성이 구상력에 봉사하는 것이지 구상력이 지성에 봉사하는 것이 아니다. 지성의 합규칙성에 의해서 지성이 필요로 하는 질서에 합치하고 나면 이 대상은 구상력에 속박을 가한다. 그래서 칸트는 규칙에 맞추어 부르는 인간의 노래보다 새소리가 더 자유롭고 취미에 대해 더 많은 것을 내포하고 있다고 한다. 인위적 속박을 받지 않는 자연이 인위적인 예술보다 취미판단에 더 해당된다는 것이다(『판단력』, 분석론 1장 총론).

2) 숭고의 분석

쾌, 불쾌의 감정과 관련되면서 아름다움과 다른 것이 숭고함이다. 아름다운 것과 숭고한 것은 모두 그 자체로서 만족을 준다는 점과 반성판단을 전제한다는 점에서 일치한다. 그러나 자연의 미는 대상의 형식에 관계하며 대상의 형식은 한정에서 성립하는 반면, 숭고는 몰형식적 대상에서도 찾을 수 있다. 또한 만족은 미에서 성질의 표상과 결부되는데 숭고는 분량과 결부되어 있다. 그리고 미는 생을 촉진하는 감정을 직접 지니고 있지만 숭고의 감정은 간접적으로만 일어나는 쾌감이다. 자연미는 형식상 일종의 합목적성을 지니고, 그것으로써 대상이 우리의 판단력에 알맞게 미리 규정된 듯이 보인다. 그러나 숭고는 형식상 반목적적이며 우리의 현시능력에는 부적합하며 구상력에 대하여는 파괴적인 것처럼 보이는데 그 때문에 더 숭고

하다고 판단된다(『판단력』, §23).

숭고에는 수학적인 숭고가 있고 역학적인 숭고가 있다. 수학적으로는 단적으로 큰 것, 비교적으로가 아니라 절대적으로 큰 것을 숭고하다고 한다. 절대적으로 큰 것이란 무엇과도 비교할 수 없는 그 자신에만 동일한 크기다. 자연의 진정한 불변적 기본 척도는 자연의 절대적 전체이며 이 전체는 현상으로서의 자연에서는 총괄된 무한성이다(『판단력』, §26). 우리에게 주어질 수 있는 모든 현상을 하나의 전체적인 직관 속에 총괄하는 이념은 이성의 법칙에 의해 부과된 이념이며 이성은 절대적 전체 이외의 어떤 척도를 인정하지 않는다.

구상력이 이성의 이념들에 적합하지 못함을 발견하게 될 때, 즉 이념에 도달하는 데 우리 능력이 부적합하다고 느낄 때 우리는 오히려 이념에 적합해야 한다는 사명감으로 심정(Gemut)이 고양됨을 느낀다. 숭고의 감정은 우리들 자신의 사명에 대한 경외심이다. 그러므로 숭고의 감정은 부적합하다는 데서 일어나는 불쾌인 동시에 그 부적합하다는 판단이 이성이념들과 일치하는 데서 일어나는 쾌감이기도 하다. 초감성적 사명에서 보면 감성의 모든 척도가 이성의 이념에 부적합하다는 것을 발견하는 것은 곧 합목적적인 일이며 쾌감을 느끼게 하는 것이다(『판단력』, §27).

수학적 숭고와 함께 역학적 숭고가 있다. 위력(Macht)이란 큰 장애를 압도하는 능력인데 자연이 우리에게 강제력을 가지지 않은 위력으로 고찰될 때 역학적으로 숭고하다. 상상력이 지성과의 유희 차원을 넘어설 때, 즉 대상이 압도적인 크기로 다가올 때 우선은 질서 있고 조화로운 형상이 아니라 혼란과 무질서에서, 즉 무제한성에서 그것을 체험하게 된다. 아름다움은 쾌감이 따르지만 숭고함은 거대한 것 앞에서 위압감과 두려움인 불쾌를 느낀다. 그러나 역설적으로 불쾌감이 클수록 쾌감도 크다.

칸트는 아름다움은 자연이나 예술에서 찾을 수 있지만 숭고함은 자연에서만, 그것도 현실적인 위험을 느끼지 않는 것에서 찾을 수 있다고 한다. 예를 들면 위협적으로 높이 솟은 암석이나 폭발하는 화산, 거대한 폭포 등을 볼 때 자연의 위력을 느끼는데 생명의 위협을 느끼지 않을 때 숭고의 감정이 생긴다. 안전한 곳에서 바라볼 때는 그 광경이 두려울수록 더 마음이 끌리게 된다. 그것은 우리의 정신력을 평범한 일상의 상태에서 벗어나게 하며 그것에 도전하고 싶은 용기를 불러일으킨다. 그 도전의 과정에서 위험에 처했을 때 자연에 굴복하는 것은 인격에 손상을 주지 않는다. 우리의 심정에는 광대한 자연을 능가하는 우월성이 있기 때문이다.

자연의 위력에 저항이 불가함은 육체적으로는 무력함을 알게 하지만 동시에 우리를 그 위력에서 독립된 것으로 판정하는 능력과 자연을 능가하는 우월성을 알려 준다. 주관의 무능력은 동일한 주관의 무제한한 능력의 의식을 나타내는 것이며 심정은 그 무제한한 능력을 자신의 무능력에 의해서만 미감적으로 판단하는 것이다.

숭고의 체험은 어떤 방식이든 총체성의 표상에 매개된 심미적 체험이다. 절대적 크기는 일단 규정될 수 없는 위축감을 느끼게 하지만 그것을 하나의 총괄된 표상 속에 포섭할 때 더 큰 쾌감을 느끼게 된다. 그것은 이성이 상상력을 움직여 감성적 크기에서 총체성을 추구하도록 자극하기 때문이다. 이성에 있는 총체성의 이념이 숭고 체험의 가능근거다. 대상을 단적으로 크다고 느끼는 것은 나 자신의 정신 크기에 의한다. 숭고 체험이란 순수한 이성 능력이 자연 속에서 심미적으로 자기를 반성하는 것이다. 즉, 자연적 대상을 매개로 이성이 자기 자신에게로 복귀하는 것이다.

자연을 직관하기 위해서 경험적 표상 능력을 확장하게 되면 거기에는 절대적 총체성의 능력인 이성이 불가피하게 개입해서 감관의 표상을 이 이념들에 적합하게 하려는 심정의 노력을 불러일으킨다. 그런 미감적 판정은 자연의 영역을 넘어선 심정의 사명에 관한 도덕적 감정에 기초를 둔 것이다. 자연의 숭고에 대한 감정은 도덕적인 것에 대한 심정의 상태와 비슷한 심정 상태가 감정과 결합하지 않으면 생각할 수 없는 것이다(『판단력』, §29).

칸트에게서 숭고의 판단은 실천적 이념들에 대한 감정의 소질, 도덕적 감정의 소질에 기초한다. 이 점이 숭고에 관한 타인의 판단이 우리의 판단에 합치하는 필연성의 근거가 된다. 그렇기 때문에 숭고함을 넘어 단적으로 선(善)함은 모든 사람의 동의뿐만 아니라 명령도 내포한다. 그러나 선함은 미감적 판단력에 속하는 것이 아니라 지적 판단력에 속하며, 자연이 아니라 자유에 귀속된다.

숭고와는 다르지만 미도 합목적성에 주의할 것을 가르침으로써 심정을 도야한다. 미에 관한 쾌감은 단순히 받아 누리는 쾌감이 아니고 반성된 쾌감이기 때문이다(『판단력』, §39). 칸트는 미도 도덕성을 목적으로 하지는 않지만 도덕적인 것을 전제한다고 보며, 나아가 미를 윤리성의 상징(Symbol der Sittlichkeit)이라고 한다(『판단력』 §59). 그렇더라도 미와 숭고는 다르다.

칸트에게서 숭고와 미는 미감적이지만 '숭고미'란 것은 성립되지 않는다.[42] 숭고는 취미의 대상이 아니다. 그러므로 미적인 예술은 있어도 숭고한 예술이란 것도 성립되지 않는다. 예술에서 숭고한 것은 자연과 합치한다는 조건에 국한된다.[43] 바움가르텐은 Ästhetik에서 미를 대상으로 하는 예술을 다루었는데, 칸트에게는 ästhetische한 것 중에서 숭고와는 구별되는 미에 대해서만 예술이 성립된다. 그러나 미는 예술에 한정되는 것이 아니라 자연에도 적용되며 오히려 칸트는 자연미가 예술미보다 우월한 것으로 여긴다.

(3) 자연미와 예술미

미가 심정을 고양시킨다면 취미가 있는 사람은 도덕적이라고 할 수 있을 것이다. 그런데 과연 그런가? 고상한 취미를 가진 사람도 허영심이 있고 도덕적으로 다른 사람보다 못한 경우가 있다. 칸트는 예술미에 대한 관심이 도덕적 선에 충실하다든가 도덕적 선을 애호하는 것의 증거가 아님을 인정하지만, 자연미에 대한 직접적 관심은 선한 심정의 표지이며 적어도 도덕적 감정에 호감을 가지는 심적 상태를 나타낸다고 주장한다. 칸트에 의하면, 자연의 아름다운 형태를 무심히 바라보면서 감탄하고 사랑하는 사람은 자연의 미에 대해서 직접적이며 지적인 관심을 가진 사람이다. 자연의 산물은 형식의 면에서만 만족을 줄 뿐 아니라 그 현존재도 만족을 주는 것이며, 이때 감관적 자극이 거기에 참여한다든가 어떤 목적을 그것과 결부시키지 않는다.

---

42) cf. 실러 (3), 셸링 (5).

43) 칸트는 파라미드나 바티칸의 베드로 대성당에서 놀라움을 느끼는 것은 그 건축물의 기하학적으로 규정된 크기를 주목하는 것이 아니라 순수하게 관조적인 태도로 보는 것이라고 한다(『판단력비판』, §26).

칸트는 형식의 면에서는 예술미가 자연미를 능가하는 경우가 있지만 자연미만이 직접적인 관심을 환기할 수 있다는 점에서 자연미가 예술미보다 우월하다고 한다. 그것을 위해 그는 조화(造花)를 땅에 꽂아 생화처럼 보이게 하거나 조각한 새를 나뭇가지 위에 놓아 진짜 새처럼 보였다는 것을 후에 알아차리면 그것에 대해 전에 가졌던 직접적인 관심은 사라지고 기분이 좋지 않을 것이라는 예를 들었다. 그래서 그는 미적 예술의 산물을 판단할 수 있는 취미를 가진 사람이 허식적인 사교의 장을 떠나 자연의 미에서 사유하는 정신을 위한 기쁨을 발견한다면 그의 내부에 아름다운 영혼이 있는 것이라고 한다(『판단력』, §42).

이것은 적절한 예라고 여겨지지 않는다. 조화를 일부러 생화처럼 보이게 하려 했다면 기분 나쁘겠지만 작품으로서 만들었다면 그렇게 생각하지 않을 것이다. 생화처럼 만든 조화나 진짜 새처럼 보이게 하려고 만든 새를 가지고 자연과 예술을 비교한다는 것은 적절하지 않다. 그런 것이라면 예술이 아니라 잘 모방한 기술이라고 해야 할 것이다. 칸트는 루소의 영향으로 문명적인 도시보다는 자연을 선호하는데 자연미가 예술미보다 항상 우월하다고 할 수는 없는 것이다. 헤겔이 말한 것처럼 자연에는 추한 자연도 있기 때문이다. 그리고 훌륭한 작품을 읽거나 보고 들으면서 자연에서보다 더 감동을 느끼는 경우는 어떻게 설명할 것인가?

칸트의 미감적 판단 분석에 의하면 이해관계에 의한 관심에 따른 것이 아니라 그 자체의 미를 지닌 것은 자연이다. 이념은 객관적 실체성도 가진다. 자연은 적어도 자연의 산물이 일체의 관심에서 독립된 우리의 만족과 합법칙적으로 일치한다고 여길 만한 어떤 근거를 자기 속에 가지고 있다는 흔적을 보이거나 암시를 주며, 이성은 자연이 나타내는 그와 유사한 일치에 관심을 가진다. 그런데 칸트는 먼저 도덕적 선에 대한 관심의 기초를 충분히 확립한 한에서만 이 관심을 가질 수 있다고 한다. 그러므로 미가 직접적인 관심사인 사람에게는 적어도 선한 도덕적 심성이 있다고 칸트는 추정하는 것이다.

그런데 미감적 판단을 도덕적 감정과의 친근 관계에서 해석하는 것은 너무 현학적이라고 생각할 수 있다. 칸트도 그것을 알고 이에 대해 나름대로 두 가지로 대답했다. 첫째는 자연의 미에 대한 직접적 관심은 실제로 누구에게나 있는 일이 아니라 그 심적 태도가 선에 대하여 이미 수련을 쌓았거나 이러한 수련을 잘 받을 수 있는 사람들에게만 특유하다. 둘째는 순수한 취미판단은 어떤 관심에 의존함이 없이 만족을 느끼는 것이며 동시에 그 만족을 일반에 상응하는 것으로서 선천적인 것으로 표상하는 것인데 도덕적 판단도 그와 동일한 일을 개념에 의해서 하는 것이다. 다만 전자는 자유로운 관심이고 후자는 객관적 법칙에 기초를 둔 관심이라는 것이 다를 뿐이다(『판단력』, §42).

판단의 유사성이 있다는 것에 근거한 주장은 수긍할 수 있지만 선에 대한 수련을 쌓은 사람만이 자연에 직접적 관심을 가진다는 것은 왜 자연에 대한 관심이 도덕적인 것과 관계가 있는가에 대해서는 순환논증일 뿐 근거를 설명하지 못한다. 그러나 칸트는 자연의 아름다운 산물은 우연적으로가 아니라 의도적으로, 합법칙적 질서에 따라서 자신을 예술로서 그리고 목적 없는 합목적성으로서 나타내는 것이라고 하며 이 목적을 우리가 외부에서는 찾을 수 없기 때문에 우리 자신 안에서, 그것도 우리 현존재의 최종 목적이 되는 도덕적 사명에서 찾는 것이라고 한다.

또한 자연의 미가 도덕적 이념이 가담되는 한에서만 관심을 끈다는 것에 대해서도 칸트는 직접적으로 관심을 끄는 것은 도덕적 이념이 가담된다는 사실이 아니라 오히려 자연의 미가 그러한 가담의 자격을 가진다는 성질 자체, 미에 내면적으로 속하는 성질 자체라고 한다(『판단력』, §42). 그래서 칸트는 우리가 미에 대해서 관심을 가지는 것은 이 관심이 자연의 미일 것을 요구한다고 단언한다. 흉내 낸 밤꾀꼬리 소리는 그것이 기만임을 알면 전에는 매혹적이라고 생각했던 소리를 더 참고 듣지 못할 것이기 때문에 우리가 미 자체에 대해서 직접적 관심을 가질 수 있으려면 그것은 자연 그대로이거나 자연 그대로라고 생각되는 것이어야 한다는 것이다. 칸트는 이러한 요구는 우리가 아름다운 자연에 대하여 아무런 감정도 가지지 않고 감각적인 향락에만 몰두하는 사람들의 심적 태도를 조야하고 비천하다고 생각할 때 실제로 일어나고 있는 일이라고 한다. 이것은 칸트뿐 아니라 일반적으로 누구나 그렇게 생각할 것이다. 그런데 왜 비교의 대상이 감각적 향락에 빠진 사람인가?

칸트는 자연미에 대해 예술미를 소극적으로 평가한다. 나무 사이에 꾀꼬리 소리를 내는 장치를 하는 경우처럼 칸트는 미적 예술은 우리를 기만하는 데까지 이르는 자연의 모방이거나 그렇지 않으면 우리의 만족을 의도하는 기술이라고 보았다. 물론 자연의 모방이라는 것도 그렇게 간주된 자연미로서의 효과를 가질 수 있다. 그러나 칸트에게서 미적 예술의 산물에 대한 만족은 직접 취미를 통해서 생겨나더라도 이 만족은 자기의 목적에 의해서만 관심을 일으킬 뿐이며 그 자체에서 관심을 일으킬 수 없는 기술에 대한 간접적 관심만을 환기할 뿐이다(『판단력』, §42).

영어나 독일어에서 예술을 뜻하는 art, kunst는 기술의 뜻도 가진다. 그것은 희랍어 어원에 기인하며 지금도 그렇게 쓰인다. 칸트는 먼저 가능적 대상의 인식에 적합하도록 대상을 현실화하는 행위인 기계적인 기술과 쾌의 감정을 의도하는 미감적 기술을 구별하고, 미감적 기술은 다시 쾌가 감각으로서의 표상에 수반되어야 함을 목적으로 하는 쾌적한(angenehme) 기술과 쾌가 인식으로서 표상에 수반되어야 하는 것이 목적인 미적인(schöne) 기술로 나눈다(『판단력』, §44). 보통 기술과 구별되는 예술은 칸트에게는 미적인 기술이다. 아름다움을 구현하는 기술은 감각적으로 쾌적함만을 주는 것과 구별되는 상위의 기술, 즉 예술이다.

쾌적한 기술이란 식탁에서 사람들을 즐겁게 하는 이야기를 한다든가 분위기를 흥겹게 하는 것, 식탁을 잘 꾸미는 것, 연회 중의 음악 같은 것이다. 이에 대해 미적인 예술이란 하나의 표상방식이며 그것은 그 자체만으로 합목적적이어서 목적은 없지만 심정을 도야한다. 쾌의 보편적 전달 가능성은 이미 그 개념 속에 감각으로 인한 향락적 쾌가 아니라 반성의 쾌임을 함축한다. 미적인 기술(예술)로서의 미감적 기술은 감관의 감각을 규준으로 삼는 것이 아니라 반성적 판단력을 규준으로 삼는 기술이다.

그런데 칸트는 자연미가 예술미보다 우월하다고 했지만 추한 것도 아름답게 묘사한다는 것에 예술의 장점이 있다고 보았다(『판단력』, §48).[44] 그러나 그것이 임의적인 행위여서는 안 된다. 미적 기술의

산물은 자연이 아니라 예술이지만, 예술의 합목적성은 임의의 규칙
들의 속박을 벗어나 있어 자연의 산물처럼 보여야 한다. 미적 예술
은 우리가 그것을 예술로서 의식하고 있다 할지라도 자연으로 간주
되어야 한다. 그것은 예술의 산물이 규칙에 의거함으로써만 가능한
데 그 규칙이 예술가의 심정을 구속했다는 흔적을 보여서는 안 된다
는 것이다. 자연은 예술처럼 보일 때 아름다운 것이며, 예술은 자연
처럼 보일 때 아름답다(『판단력』, §45).

예술미가 지닌 합목적성의 근거는 예술작품이 지니는 규칙에 있
다. 그러나 규칙에 맞추려 한 흔적이 보이지 않게 하는 것, 그것은
천재다. 예술에 규칙을 부여할 수 있는 재능은 생산적 능력으로서
자연에 속하는 것이며 자연이 누군가에게 그런 능력을 부여한다. 천
재란 후천적으로 연마되는 것이 아니라 타고나는 것이며, 천재를 통
해서 자연은 예술에 규칙을 부여한다.

(4) 천재

천재는 전적으로 모방(Nachahmung) 정신에 대립된다. 칸트는 학
습은 모방이므로 학문의 위대한 것을 발견한 사람은 위대한 두뇌라
고는 해도 천재라고 하지는 않는다고 한다(아리스토텔레스는 예술은
모방이며 학문도 모방에 의한다고 했다. 헤겔은 학문, 예술뿐 아니

---

44) 칸트는 광포함, 질병, 전쟁의 재난 등이 그 자체로는 아름답지 않아도 아름답게 묘사
　　할 수는 있다고 하는데, 그것을 허용하면 일체의 예술미가 무너지게 되는 구토를 일
　　으키는 추함을 인정해서는 안 된다고 한다. 그런데 구토를 일으키는 추가 무엇인지는
　　구체적으로 예를 들지 않았다.

라 제왕이나 장수의 탁월한 능력도 천재라고 칭했다). 뉴턴이 불후의 저술을 하는 데는 위대한 두뇌가 필요했지만 우리는 그것을 따라서 모두 학습할 수 있다. 그러나 시예술을 위한 준칙은 아무리 상세하고 그 모범이 훌륭해도 재기발랄하게 시작하는 것을 학습할 수는 없다. 뉴턴은 기하학의 기초 원리로부터 위대한 발견에 이르기까지 밟아가야 하는 모든 단계를 자신에게뿐 아니라 다른 모든 사람에게도 명확하게 보여 줄 수 있지만, 호메로스 같은 시인은 상상이 넘치며 사상이 풍부한 그의 이념이 어떻게 머리에 떠올라 정리되었는지 밝힐 수 없다. 그것은 시인 자신도 모르며 그래서 다른 사람에게 가르쳐 줄 수 없다.

그렇다고 해서 학자들이 시인보다 폄하되는 것은 아니다. 학자의 재능은 인식이 진보하여 더 큰 완성을 이루도록 다른 사람에게 가르칠 수 있기 때문에 천재의 명예를 갖는 사람보다 더 우월한 장점이 있다(근대 학문의 시대에 근대인으로서의 면모를 볼 수 있다). 반면에 천재의 예술은 어딘가에서 정지한다. 예술의 한계는 그 이상 넘어갈 수 없으며 그 한계는 이미 오래전에 도달되었다(『판단력』, §47). 자연이 한 개인에게 직접 부여하는 기예는 개인과 더불어 사멸하며 자연이 누군가에게 똑같은 능력을 부여할 때까지 기다려야 한다.

이런 칸트의 생각은 빈켈만에게 영향을 받은 것이다. 빈켈만은 『회화 및 조각에서의 그리스 예술품 모방에 관한 고찰』(1755), 『고대예술사』(1764)를 통해서 그리스 예술을 발굴하고 소개했으며 로마의 것은 그것을 모방한 것에 불과하다고 보았다. 그리고 나아가 그리스 예술은 더할 수 없는 예술의 아름다움을 보여 주었으며 그래서 거기서 예술은 끝났다고 평했다. 빈켈만은 고대 그리스적인 것을 추구하는 고전주의(classicism) 사상의 선구자 역할을 했으며 칸트는 예술에서 그러한 빈켈만의 입장을 따르고 있다.

천재는 모방하지 않지만 천재의 산물은 규범적이고 전형적이어야 한다. 어떤 미적 예술도 규칙에 따라 파악될 수 있고 준수될 수 있는 기계적인 요소가 있다. 왜냐하면 예술은 목적으로서 고려되어야 하기 때문이다. 어떤 목적을 실현하기 위해서는 일정한 규칙이 필요하며 그 규칙에서 벗어나서는 안 된다. 그러나 독창성이 천재의 본질적 요건이므로 규칙의 속박에서 벗어날 때 천재를 잘 나타낼 수 있다(『판단력』, §47).

천재는 목적으로서의 산물에 관한 일정한 개념을, 따라서 지성을 전제하지만 이 개념을 드러내기 위한 소재, 즉 직관에 관한 표상도 전제한다. 천재는 개념을 현시하여 목적을 실현하는 데보다는 미감적 이념을 제시하고 표현하는 데서 발휘된다. 천재에게 구상력은 규칙들의 지도를 벗어나 있지만 주어진 개념을 현시하는 데서는 합목적적인 것으로 표상된다. 구상력이 지성의 법칙성과 자유롭게 화합할 때 이루어지는 무의도적인 주관적 합목적성은 두 능력의 균형과 조화를 전제한다. 그것은 규칙을 준수함으로써 성취되는 것이 아니라 주관의 자연적 본성만이 산출할 수 있다.

구상력의 표상은 개념을 드러내게 되지만 또한 개념 속에 총괄될 수 없는 것을 사유하게 하여 미감적으로 확장시킨다. 그때 구상력은 창조적이고 지적 이념의 능력을 활동시켜서 그 표상에서 포착될 수 있는 것 이상을 사고하게 한다. 주어진 개념 자체를 현시하는 것이 아니라 이 개념과 결부되어 있는 결과 및 이 개념과 다른 개념과의 친근성을 표현하는 형식을 대상의 미감적 상징속성들(Attribute)이라고 한다. 제우스의 독수리는 위력 있는 하늘의 왕의 상징속성이며, 헤라의 공작은 화려한 왕비의 상징속성이다(『판단력』, §49).

이러한 미감적 상징속성은 우리의 개념 속에 들어 있는 것을 나타내는 것이 아니라 구상력이 유사한 표상들을 넘어 확장해 간 것이다. 구상력은 한편으론 경험의 한계를 넘어서 이성 개념들을 드러내는 데 접근하며, 또 한편으론 이성 개념이 객관적 실재성을 가진 것처럼 보이게 한다. 시인은 눈에 보이지 않는 존재자의 이성 이념들, 즉 천국, 지옥, 영원, 창조 등을 감성화하려고 하며 또한 경험에서 실례를 찾을 수 있는 죽음과 질투와 모든 죄악, 사랑 같은 것들도 경험의 제한을 넘어서 감성화하려고 시도한다.

천재는 학문적으로 가르치고 배울 수 없는 것, 즉 주어진 개념에 대하여 이념을 찾아내고 이 이념들을 적절히 표현하는 관계에서 성립한다. 천재가 지닌 창조적 생산능력, 미적 이념을 창안해 내는 능력을 칸트는 정신이라고 부른다. 미감적 의미로 심정에 생기를 넣어주는 원리는 정신이다(『판단력』, §49). 그 원리는 이성 이념과 다른 구상력의 표상인 미감적 이념을 드러내는 능력이다.

학문은 대상을 지성의 범주에 포섭하는 규정적 판단력에 의하며, 예술은 지성의 규칙을 벗어나 자유로운 이념을 표현한다. 그러나 예술에 무제한의 자유가 주어지는 것은 아니다. 칸트는 미를 위해서 필수적으로 요구되는 것은 이념이 풍부하고 독창적인 것보다 구상력이 자유롭게 활동하는 가운데 지성의 합법칙성에 합치되는 것이라고 보았다. 구상력이 아무리 풍부하더라도 무법칙적으로 자유롭다면 무의미한 것밖에 산출하지 못하는데 판단력은 구상력을 지성에

순응시키는 능력이다. 취미는 천재가 합목적적이기 위해서 어디까지 자기를 확장시켜야 옳은지 천재를 지도한다.

아름다운 대상을 그것으로서 판정하기 위해서는 취미가 필요하고 아름다운 대상을 산출하기 위해서는 천재가 필요하다(『판단력』, §48). 어떤 대상의 아름다운 표현이란 원래 개념을 현시하는 형식이며 개념은 이 형식에 의해서 보편적으로 전달된다. 취미는 판정능력이지 생산능력은 아니다. 그러나 예술가는 취미에 비추어 자기 작품을 검토하고 취미를 만족시키기 위한 시도를 하여 그에 맞는 형식을 발견하게 된다. 형식은 영감이나 심정의 자유분방에서 생기는 것이 아니라 사상에 맞추면서 심정의 유희에서 자유를 훼손하는 일이 없도록 만들어 가는 데서 나오는 것이다.

칸트는 천재가 나타나면 재기발랄하고 취미가 나타나면 미적 예술이 되는데, 어떤 작품에서 두 가지 중 하나가 희생되어야 한다면 천재가 희생되는 것이 더 낫다고 보았다. 그래서 미적 예술에는 구상력, 지성, 정신, 취미가 필요하다고 결론지었다(『판단력』, §50). 예술에서 천재보다 취미를 더 근본으로 하는 것은 예술창작보다 미적 판단에 더 중점을 두고 예술을 논하는 것이다. 아니 예술 창작에서도 미적 판단이 중요하다고 보는 것이다. 칸트에게서 예술은 독자적인 영역이지만 자연에 대한 학문과 도덕의 영역을 매개하는 중간적위치를 갖는다. 그래서 칸트는 예술에서 천재도 중요하지만 여전히지성적일 것을 요구한다. 천재에게 부여한 자유는 지성을 아주 벗어나지 않는 범위에서 상상력에 주어진 것이다.

칸트는 우리의 도덕적 규정을 의식하게 할 수 있다는 점에서 자연미를 중요하게 여긴 것은 사실이다. 그러나 천재 개념을 통해서 예술의 자율적인 영역을 열어 놓았다. 바움가르텐이 예술을 하위의 인식영역이라고 한 것과 달리 칸트는 자연과 자유에 대해서 예술의 독자적인 영역을 열어 준 것이다.

가다머는 오히려 칸트에게서 예술미에 비해 자연미가 지니는 우월성은 자연미가 어떤 내용적 의미를 지니지 않기 때문에 취미판단을 지성화하지 않은 순수성에서 보여 준다는 점, 그러니까 특정한 표현력이 결여된 자연미의 이면에 지나지 않는다고 하며 오히려 예술의 우월성을 찾을 수 있다고 본다. 그리고 그것은 예술이 엄격한 언어로 의미심장하게 말을 걸면서도 우리의 감정을 구속하지 않고 자유의 유희공간을 열어 놓는 놀라운 점 때문이라고 한다. 칸트가 추한 것조차도 예술적으로 아름답게 묘사될 수 있다는 것을 가다머는 예술이 사물의 아름다운 표상 이상의 것, 미적 이념의 표현이라는 것을 말하는 것으로 해석한다.[45]

칸트는 바움가르텐의 'Ästhetik(미학)'이란 용어를 예술에 사용하지 않았다. 칸트에게서 예술은 감각의 차원이 아니다. 예술은 과학적 인식의 지성 차원을 넘어 미감적으로 이성의 이념을 나타내고자 한다. 거기에는 다른 감각적 매체보다 언어가 적합할 것이다. 미감적 이념을 드러내는 능력을 정신이라고 한다면 당연히 그럴 것이다. 그래서 칸트는 미감적 이념의 능력이 가장 잘 발휘될 수 있는 것은 언어예술, 그중에도 시예술이라고 보았다(『판단력』, §49).

---

45) Gadamer, *Wahrheit und Methode*, S.47~49.

(5) 미적 예술과 시예술

미는 미감적 이념의 표현이며 미감적 이념이란 주어진 개념에 부수된 구상력의 표현이다. 아름다운 자연에서는 본질에 관한 개념 없이도 주어진 직관에 관한 반성이 있으면 이념을 전달할 수 있는데, 미적 예술에서는 이 이념이 객체에 관한 개념에 의해 유발된다는 데 차이가 있다. 미적 예술은 개념이나 감각에 의해서 자기의 뜻을 전달하기 위해 사용하는 표현의 종류에 따라 나눌 수 있다. 이 원리에 따라 칸트는 미적 예술을 언어예술(die redende Kunst), 조형예술(die bildende Kunst), 감각의 미적 유희의 예술(die Kunst des schönen Spiels der Empfindungen)로 나누었다(『판단력』, §51).

언어예술에는 웅변(Beredsamkeit)과 시예술(Dichtkunst)이 있다. 오늘날은 시와 웅변이 아주 다른 것이지만 시를 낭송하던 시절에는 말로써 사람을 감동시킨다는 점에서 시와 웅변은 같은 범주에 속했다. 시와 웅변을 수사학적 기술에 의한 것으로 보는 플라톤적 전통이 근대까지 이어지고 있는 것이다. 그러나 칸트에게 웅변은 설득하는 기술, 즉 아름다운 가상으로 기만하는 기술이며 일종의 변증론(Dialektik)인데 그것은 웅변가의 이익을 도모하기 위하여 사람들의 마음을 사로잡아 그들로부터 자유를 빼앗는 데 필요한 만큼의 것을 시예술로부터 원용하는 것이다(『판단력』, §53).[46] 말로 사람을 감동시키는 데

---

[46] 플라톤에게서 Dialektik은 Rhetorik과 달리 진리에 이르는 방법이었다. 이 용어가 칸트에게는 경험의 한계를 넘어 외람된 판단을 하려는, 그래서 이율배반에 이르게 되는 방식을 가리킨다. 칸트는 이데아와 같은 물자체는 인식할 수 없는 것으로 보기 때문이다. 칸트에게 부정적인 Dialektik은 헤겔에 의해서 플라톤과 같은, 그러나 새로운 적극적인 의미를 얻는다.

는 웅변과 시가 공통점이 있지만, 칸트는 웅변에 대해 좋은 평가를 하지 않았다. 웅변이 때로는 합법적이고 좋은 의도로 사용된다고 해도 그 행위는 객관적으로는 합법칙적이지만 그로 인해 격률과 심정은 주관적으로 퇴폐된다고 한다. 설득의 책략은 악덕과 오류의 변명이나 은폐에 사용될 수 있다고 보기 때문이다.

칸트의 변증론(Dialektik)은 플라톤과 아주 다르다. 플라톤은 당시의 정치가, 웅변가, 시인들의 방식을 변론술이라고 하고 철학자들의 진리 방식을 변증론이라고 했는데 칸트는 변증론을 기만술로 보고 이에 대해 분석론의 방법을 제안했다. 그러나 웅변을 가상으로 기만하는 기술이라고 하는 것은 플라톤과 같다. 플라톤은 시에 대해서도 그렇게 보는데 칸트는 웅변과 달리 시예술은 성실하고 정직하다고 한다. 시예술은 단지 구상력과의 즐거운 유희만을, 그것도 형식상 지성의 법칙과 일치하도록 하는 행위이기 때문이다(『판단력』, §53). 칸트에게서 웅변술은 지성의 일을 구상력의 자유로운 유희인 것처럼 추진하는 예술이며 시예술은 구상력의 자유로운 유희를 지성의 일인 것처럼 수행하는 예술이다. 이 차이를 칸트는 웅변가는 자기가 약속한 것보다 적은 일을 하고 시인은 자기가 약속하는 것보다 많은 일을 한다고 비교했다(『판단력』, §51).

두 번째 조형예술은 이념을 감관적 직관에서 표현하는 예술이며, 조소(Plastik)와 회화(Malerei)가 여기 속한다. 양자의 공통점은 이념을 공간상의 형태들로 표현한다는 것인데, 조소는 형태를 시각과 촉각에 대해서 인지할 수 있게 하며 회화는 형태를 시각에 대해서만 인지할 수 있게 한다. 조소가 입체적인 대상을 더 현실에 가깝게 표현한다는 점에서 칸트는 조소를 감관적 진실의 예술, 회화를 감관적 가상의 예술이라고 구분한다.

더 세분하면 조소에는 조각예술(Bildhauerkunst)과 건축예술(Baukunst)이 속한다(셸링도 이것을 따르는데 더 세분하여 조소에 얇은 양각을 더 첨가한다). 조각은 자연에 현존하는 그대로의 사물들의 개념을 입체적으로 미감적 합목적성을 고려하면서 나타내는 예술이며, 건축은 인공에 의해서만 가능한 사물들의 개념을 입체적으로 나타내는 것인데 미감적 합목적적으로도 그러한 예술이다. 건축예술에서는 인공적 대상의 사용이 주안점이고 미감적 이념들은 이 주안점에 한정된다. 집은 살기 위해 만들지만 아름다움도 고려하여 짓는다는 것이다. 이에 대해 조각예술에서는 미감적 이념들의 표현만이 주된 의도다. 칸트는 가구류도 예술로 보는데 그것은 조각이 아니라 건축에 속한다고 한다. 그것은 어떤 사용에 적합하다는 것이 건축물의 본질인데 가구도 그렇기 때문이다.

회화예술은 감관적 가상을 인위적으로 이념과 결합시켜서 표현하는 것으로서, 자연의 미적 묘사의 예술과 자연 산물의 미적 배치의 예술로 구분된다. 전자는 본래적인 회화이고 후자에는 원예가 해당한다. 가구도 예술이라고 하면 원예도 예술이랄 수 있겠지만 원예와 회화가 같은 부류에 속한다는 것은 특이하다. 그런데 칸트는 원예는 실재로 자연에서 형식을 가져오기 때문에 인공적인 조소와 다르며, 배치의 조건도 목적이 있는 건축과 달리 관조하려는 구상력의 유희이기 때문에 원예는 특정한 목적을 갖지 않는 미감적 회화와 일치한다고 본다. 이러한 구분은 철저하게 연역된 것이 아니라 여러 미적 예술들을 미감적 이념을 표현하려는 하나의 원리 아래 결합하려는 시도에서 나온 것이다(『판단력』, §51).

세 번째로 감각의 미적 유희의 예술이 있는데 이것은 그 감각이 속하는 감관의 여러 정도의 균형, 즉 감관의 조화된 상태 이외에는 아무것에도 관계할 수 없는 것을 가리킨다. 여기에는 청감각의 유희인 음악과 시감각의 유희인 색채예술(Farbenkunst)[47]이 있다. 그런데 이 두 감관은 인상을 매개로 외적 대상에 대한 개념을 얻기 위해 인상에 대한 수용력뿐 아니라 수용력과 결부된 특수한 감각의 능력도 가지는데, 그 감각이 감관에 기초한 것인지 반성에 기초한 것인지를 정확히 결정할 수 없으며, 또한 감관은 객체의 인식을 위한 사용에서는 예민하지만 감수성은 때로 결여되어 있다는 문제점이 있다. 그래서 칸트는 색채나 음향이 쾌적한 감각에 지나지 않는 것인지 미적 유희로서 미감적 판정에서 형식에 관한 만족을 수반하는 것인지 정확하게 말할 수 없다고 하며, 감각의 미적 유희라면 미적 예술이며 쾌적한 감각의 유희이라면 쾌적한(angenehme) 예술이라고 하였다(『판단력』, §51).

칸트는 미감적 이념에 따라 이러한 세 가지 미적 예술의 종류에 서열을 두었다(『판단력』, §52). 칸트는 특히 음악을 싫어했거나 음악에 대한 조예가 없었던 것으로 생각된다. 그는 음악은 개념을 떠나서 오로지 감각만을 통해서 말하기 때문에 심의의 자극과 감동의 면에서는 시예술 다음의 자리에 놓을 수 있지만, 시와 같이 숙고하기 위한 것을 남겨 놓지 않는다는 점에서 음악은 도야(Kultur)이기보다는 향유(Genuß)이고 이성에 의해서 판정하자면 다른 미적 예술보다

---

47) 회화와 구별되는 색채예술은 이념적 내용이 없이 색의 조화만을 나타낸 것이다. 그런 점에서 칸트는 그것을 비표상예술인 음악과 동일한 차원의 것으로 분류했다.

가치가 적다고 한다. 즉, 미적 예술의 가치를 심정의 계발에 따라 평가하고 인식을 위해서 판단력에서 합쳐져야 하는 여러 능력들의 확장을 척도로 삼는다면 음악은 단지 감각과 더불어 유희하는 것에 지나지 않기 때문에 여러 예술 중 가장 낮은데, 쾌적함에 따라 평가되는 여러 예술 중에서는 가장 높다는 것이다.

음악은 보통 조형예술 속에 회화와 함께 분류된다. 그런데 칸트가 음악을 따로 감각의 유희라고 하는 것은 회화보다 낮은 차원으로 보는 것이다. 칸트는 더 나아가 음악의 인상은 완전히 소멸되거나 구상력에 의해 되풀이되어도 쾌적함을 주는 것이 아니라 오히려 귀찮다는 극단의 표현을 했다. 시각예술의 경우 보고 싶지 않으면 눈을 돌리면 되는데 음악은 향수의 냄새와 같이 피할 수 없어 거슬리게 한다는 것이다. 더구나 악기의 소리는 더 커서 그 영향을 멀리 퍼뜨려 자기를 강요하며 가정 예배 때 찬송가 소리는 합창을 강요하거나 사색을 포기할 것을 강요한다고 한다. 그러나 이것을 가지고 음악의 본질을 말할 수 있는가? 아름답고 감동적인 교회음악도 있고 칸트가 살았던 시절에 바하, 모차르트가 이미 존재했다.

조형예술은 이런 관점에서 음악보다 우월하다. 조형예술은 구상력이 자유로우면서도 오성에 적합한 유희를 함으로써 동시에 하나의 업무를 수행하기 때문이다. 그리고 조형예술은 하나의 작품을 완성하기 때문인데, 이 작품은 (음악이 순간에 사라지는 것에 대해) 영속적이며 그 자신만으로도 하나의 매개물로서 지성 개념에 이바지하며 지성과 감성의 합일을 촉진한다. 음악은 감각에서부터 미규정적인 이념을 향하지만 조형예술은 규정된 이념에서부터 감각을 지향한다. 조형예술은 영속적 인상의 예술이고 음악은 일시적 인상의

예술이다.[48)]

칸트는 조소와 회화가 속하는 조형 예술 가운데 우선권은 회화에 있다고 한다. 감관적 진실과 감관적 가상에서 예술적으로는 감관적 가상을 더 우위에 놓는다. 회화는 소묘술로서 모든 조형예술의 기초가 되며 다른 예술에 허용되는 것보다 훨씬 더 이념의 영역으로 파고들어가 확장될 수 있다고 보기 때문이다(『판단력』, §51).

이런 평가는 칸트의 미 이념에 따른 것이다. 칸트에게서 모든 미적 예술에 본질적인 것은 합목적적인 형식이다. 이 경우에 쾌는 동시에 도야이며 정신을 이념에 맞추어 정신으로 하여금 쾌와 즐거움을 더 많이 느끼게 할 수 있다. 그러므로 미적 예술에 본질적인 것은 감각의 질료에 있는 것이 아니다. 미적 예술이 직접적으로나 간접적으로 도덕적 이념과 결부되지 않는다면 오락을 위해서만 이바지할 뿐이다.

이렇게 해서 칸트는 모든 예술 가운데 시예술을 최상의 위치에 있다고 말할 수 있게 된다. 시예술은 구상력을 자유롭게 함으로써 다양한 방식으로 풍부한 사상과 결합시키는 형식이며, 그래서 이념에로 고양되는 형식을 미감적으로 제시함으로써 심정을 넓혀 준다. 이 심정의 능력은 감관이나 지성이 제시해 주지 않는 어떤 방식으로 자연을 고찰하고 판정하며 그래서 자연을 초감성적인 것을 위하여, 즉 초감성적인 것의 도식으로 사용하는 능력이다. 시예술은 임의로 만

---

48) 셸링도 음악을 회화보다 낮은 것으로 분류했지만 둘 다 조형예술에 속한다(cf. 셸링 (6) 1)). 헤겔은 다른 분류 방식으로 음악을 회화보다 높은 것으로 보았다(cf. 헤겔 (5)). 니체는 음악과 회화를 하나로 묶어 조형예술이라고 하는 것에 반대하는 점에선 칸트와 같지만 음악을 회화뿐 아니라 모든 예술에 가장 근원적이라고 보는 점은 칸트와 아주 다르다(cf. 니체 (2) 1) 3, 4.).

들어 내는 가상과 더불어 유희하지만 가상에 의하여 기만하는 일이 없는데, 그것은 이 유희가 지성에게 지성을 위하여 합목적적으로 사용될 수 있기 때문이다.

시가 예술 중 최상의 것임은 바움가르텐에게서 언급되었다. 그는 예술을 이성의 인식보다는 낮은 것으로 보았지만 인식작용으로 보는 관점에서 언어를 매체로 하는 시를 상위에 놓았다. 칸트도 그와 같이 조형예술보다 언어예술을, 그리고 언어예술에서는 시를 우위에 놓는다. 아리스토텔레스부터 셸링, 헤겔, 니체에 이르기까지 시 중의 최고는 극시, 그중에도 비극이었다. 칸트는 고대 그리스의 예술을 최고로 보는데, 비극에 대한 그의 견해는 아주 예외적이다.

칸트는 비극을 교훈시, 성악극과 같은 부류의 것으로 보고 그것들은 숭고함을 표현하더라도 인위적으로 여러 가지를 결합시키기 때문에 작품을 더 아름답게 하는 것은 아니라고 보았다. 오페라에서 연극적인(무대적인) 것을 회화적이라고 하는 것을 보면(『판단력』, §52) 공연되는 비극도 오페라처럼 시예술이 아니라 조형예술에 가까운 것으로 보는 것이다.[49] 언어예술을 조형예술보다 높은 것으로 보았다면 조형예술적 요소가 들어 있는 비극을 언어예술인 서사시, 서정시보다 낮다고 여기지 않을 것이다. 그런데 공연을 위한 것이 아닌, 읽는 극시라면 칸트는 그것을 인정했을까?

칸트는 구체적으로 시예술 장르들을 다루지 않았지만 헤겔까지 극시로 분류하는 비극을 부정적으로 보았다면 그가 긍정적으로 보

---

49) 헤겔은 칸트와 달리 시 중의 최고는 비극이라고 하지만 오페라는 무대만 현란하게 꾸미고 사람을 현혹시킨다고 혹평했다(cf. 『헤겔미학 Ⅲ』 359, 679쪽). 니체는 비극의 본질에 대해서는 헤겔과 견해가 다르지만 비극에 비해서 오페라를 혹평하는 것은 그와 동일하다(cf. 니체 (2) 3)).

는 시는 서사시, 서정시일 것이다. 천재 예술가로서 예를 든 호메로스는 그러니까 플라톤, 아리스토텔레스와 달리 비극시인이 아닌 서사시인이다. 호메로스와 함께 거명된 빌란트(Wieland)는 소설가이면서 서사시인이다. 그리고 칸트가 시구를 직접 인용한 것은 (시인이 아닌) 프리드리히 2세의 것으로서 서정시였다.

칸트에게서 예술이 추구하는 아름다움은 합목적적 형식에 따른 주관의 감정에 근거한다. 그의 철학이 그러하듯이 그의 '미학'도 근대의 주관주의적 성격을 갖는다. 그러나 주관의 감정에 근거해도 예술은 지성적 인식의 차원을 넘어서는 것이어서 칸트는 바움가르텐보다 예술의 위상을 높여 주었고 예술의 독자적인 영역을 확보해 주었다. 그리고 예술미보다 자연미를 우위에 놓았지만 천재미학의 길을 열어 낭만주의 시대를 열어 주었다.

그는 형식론자답게 아름다움과 예술에 대한 구체적인 내용보다는 미적 판단의 보편적 형식을 확립하는 일을 과제로 삼았으며, 그랬기 때문에 예술장르에서도 크게 형식적인 구분만 하고 구체적인 작품들을 다루지 않았다. 예를 들어 시예술에서 서정시, 서사시, 극시를 구분하여 설명하지 않았고 구체적인 작품들에 대한 언급이 없다. 그리고 예술과 모방적인 기술도 구별하지 않는 경우가 있었다. 예술을 자연의 모조품 정도로 여기는 밤꾀꼬리의 예는 너무 단순하고 소박하다.

칸트는 미감적 판단력으로서의 취미 능력에 관한 연구는 선험적 관점에서 시도된 것이지 취미의 육성과 도야를 목적으로 한 것은 아니라고 했다(『판단력』, 서언). 그래서 그는 적극적으로 예술의 역사적이고 사회적인 작용에 대한 문제를 다루는 데 소홀했다. 개별적인 판단이 공통감을 바탕으로 보편적인 차원에 이르고 그래서 미가 윤리성의 상징으로서 인정되는 것은 단순한 형식미학의 차원을 넘어서는 것이지만 예술의 역사적 작용에 대한 내용을 발전시킬 필요가 있다. 실러(Schiller)가 그 과제를 이어받았다.

예술	언어 예술	웅변술 시예술	
	조형 예술	조소	조각 건축
		회화	본래적인 회화 원예
	감각의 미적인 유희의 예술	음악 색채 예술	

(1) 시대와 예술

『군도』,『빌헬름 텔』 등의 작품으로 유명한 실러는 그의 생 후반에 예술에 관한 이론적 작업에도 몰두했다. 그 작업을 위한 토대는 칸트의『판단력비판』이었다. 그의 예술이론이 잘 담긴『인간의 미감적 교육에 관한 서한』[50]은 전적으로 칸트의 원리에 입각하고 있다(1서한). 그러나 역사적 현실을 비판하고 그것을 극복하려는 방법에서 그는 칸트를 거쳐 또한 칸트를 넘어서고자 했다.

실러에게 이런 동기를 부여한 것은 프랑스 혁명의 좌절이라는 경

---

50) *Über die ästhetische Erziehung des Menschen.* 이것은 실러가 자신에게 경제적인 도움을 준 폰 홀슈타인 아우구스텐부르크 공작에게 써 보낸 편지를 모아 엮은 책이다. 앞으로 이 책의 인용은 서한의 번호만으로 표시할 것이다.

험이었다. 근대의 계몽주의는 이성이 역사 속에서 작용하여 새로운 세계를 건설할 수 있다는 희망과 믿음을 갖게 했다. 그러나 봉건국가를 타파하고 자유, 평등, 박애의 이념에 입각한 새로운 시민 국가를 건설하려는 프랑스 혁명의 뜻은 이루어지지 못했고, 그 과정에서 드러난 인간의 폭력성과 잔인함은 큰 문제로 남게 되었다. 실러는 도덕성을 갖추지 못한 이성은 그 이념을 실현하는 데 미흡하다는 것을 지적하고, 프랑스 혁명에 대해서뿐 아니라 당시의 시대상을 포괄적으로 진단하고 해결책을 모색했다.

실러에 의하면 그 시대는 절대봉건주의 국가의 틀이 흔들리고 새로운 국가의 가능성이 있었지만 도덕성의 결핍으로 기회가 주어졌어도 그것을 이루지 못했고(5서한) 산업화 과정 속에서 물질의 욕구에 굴종함으로써(2서한) 과감한 개혁의지를 가지지 못했다. 그리고 한편에서는 지나치게 자유분방한 상상력이 오성의 땅을 황폐하게 하고 다른 한편에서는 추상 정신이 상상력의 불꽃을 꺼버렸다. 그래서 인간은 전체의 개별적인 부품이 되어 그의 본성 속에 있는 인간성을 발현하지 못하고 단순히 직업이나 전문적 지식의 복제품이 되고 말았다(6서한).

이 모든 시대의 문제들을 실러는 인간이 본연의 총체적인 모습을 잃었기 때문이라고 보았다. 실러는 모든 인간은 천부적인 소질과 규정에 따라 순수한 이상적 인간을 마음속에 지니고 있다는 것을 전제한다. 그래서 이상적 인간의 변화하지 않는 통일성을 여러 형태의 다양성 속에 유지하는 것이 인간존재의 과제라고 보는데(4서한) 문명이 파괴해 버린 인간 본성의 총체성을 회복할 수 있는 것은 보다 높은 예술을 통하는 것이라고 한다(6서한).

인간을 인간답게 하는 것은 자연이 만들어 낸 그 상태에 머물지
않고 그것을 자유로운 선택의 작업으로 변형시켜서 물리적 필연성
을 도덕적 필연성으로 향상시키는 능력을 소유하고 있다는 점이다.
물리적 인간 그리고 도덕적 인간과 친숙해져서 단순한 힘의 지배로
부터 법칙의 지배로 넘어가는 길을 터주는 것이 제3의 성격인 미감
적51) 성격이다(3서한). 칸트의 반성적 판단력이 자연과 자유를 연결
시켜 주는 요체인 것처럼 실러는 미감적인 단계를 물리적 단계에서
도덕적 단계로 나가는 과정으로 보았다.

실러는 고대 그리스를 미적인 국가의 원형으로 여겼다. 실러도 칸
트와 같이 빈켈만에 의한 고대 그리스 예술 연구에 영향을 받았다.
칸트는 예술이 그때 절정에 달했다고 보지만 그때를 이상적인 시대
라고 하지는 않았다. 그런데 실러는 고대 그리스를 자연이 근대의
자연과 달리 희생되지 않았고 예술의 매력과 지혜의 위엄이 잘 배합
되어 있었던, 그리고 시(Poesie)가 재치와 겨루지 않았고 사변이 궤변
에 의해 모욕당하지 않았던 때라고(6서한) 찬양한다. 실러는 고대 그
리스의 예술에서 예술과 인간의 삶과 사회의 이상적인 관계를 본 것
이다.

엄숙한 종교의 등장으로 사라졌던 고대 그리스의 종교행사인 예
술이 중세의 세계관을 비판하고 등장한 근대에 부활되는 것은 어쩌
면 당연한 일일 것이다. 그리고 그것은 옛 그대로가 아니라 새로운
의미를 가지고 등장할 수밖에 없을 것이다. 실러는 그리스 예술을

---

51) 실러는 칸트와 달리 미(Schönheit)를 미감적(ästhetische) 속성으로서 동일시한다(cf. 칸트
   (2)). 실러에게서 ästhetische와 schöne는 동일하지만 칸트와 용어를 통일하기 위해서
   ästhetische는 '미감적', schöne는 '미적'이라고 할 것이다.

통해 계몽적 이성의 불완전함을 극복하고자 했다. 역사는 언제나 새롭게 재해석된다. 플라톤은 당시의 예술이 이성적인 것을 결여하고 있음을 비판했는데, 근대에 실러는 그 예술을 통해 이성의 불완전함을 극복하고자 했다. 실러는 고대 그리스시대를 전형으로 삼았고 그리스인들을 경쟁자이며 모범이라고 보았다(6서한). 고대 그리스의 재현은 불가능하지만 그 정신의 교육을 통해서 당시 상황의 돌파구를 찾을 수 있다고 본 것이다. 그리고 예술가에게 그 임무를 부여했다.

실러는 그래서 자비로운 신이 예술가를 어릴 때 그리스의 하늘 아래서 성장시키고 어른이 되어 자기 시대로 돌아가게 해야 하는데 그것은 시대를 기쁘게 하기 위해서가 아니라 시대를 정화하기 위해서라고 한다. 프랑스 혁명 과정에서 드러난 인간의 폭력성을 치유할 수 있는 것은 미감적인 교육이라고 보기 때문이다. 그런데 과연 고대 그리스 사회는 그렇게 모범적이었나? 그렇다면 플라톤의 비판은 잘못인가? 예술은 과연 실러가 요구하는 그런 능력을 가지고 있는가? 현실에서는 취미가 고상해도 그 사람이 반드시 도덕적이지 않은 경우가 있다고 칸트가 밝혔듯이 실러도 역사적인 사실에 의해 그의 주장이 부정될 수 있음을 인정한다. 실제로 예술이 번창하고 취미가 지배했던 시대에도 인간성의 타락을 볼 수 있다. 실러는 페리클레스와 알렉산더의 치하에서 예술의 황금시대가 도래하고 취미의 지배력이 널리 보급되었을 때 그리스의 힘과 자유는 더 이상 발견되지 않았고, 근대 국가에서도 취미와 자유가 반목하고 미는 단지 영웅적인 미덕의 몰락 위에 그 지배력을 가졌던 사실을 발견하게 된다고 했다(10서한).

그래서 실러는 고대 그리스 예술은 역사적 사실이지만 경험과는 다른 원천을 가진 미의 개념을 전제하고자 했다. 경험에서 아름답다고 불리는 것이 정당하게 그 명칭을 가질 만한 것인지는 미의 순수한 개념에 의해서 판별되어야 한다고 보았기 때문이다. 실러는 칸트의 선험적 정초의 방식을 따라 경험은 인간의 개별적인 상태는 제시할 수 있지만 보편적인 인간성을 제시하지 못하기 때문에 개별적이고 가변적인 현상방식으로부터 모든 우연의 한계를 제거하고 존재의 필연적인 조건을 발견하고자 했다. 그것은 미의 순수 이성 개념을 추상(Abstraktion)의 방법으로 구하고 감성적 – 이성적 본성의 가능성으로부터 추정하는 것이다(10서한).

(2) 유희충동

실러는 우리에게 내부에 있는 필연적인 것을 현실화하고 외부에 있는 현실적인 것을 필연성의 법칙에 종속시키는 이중의 상반된 두 힘, 즉 감성적 충동(sinnliche Trieb)과 형식충동(Formtrieb)이 있다고 한다.

감성적 충동은 인간의 물리적 현존 또는 그의 감성적 본성으로부터 출발하고 시간의 제한 속에서 시간에 따라 변화한다. 인간이 유한한 존재인 한, 이 감성적 충동이 인간을 지배한다. 모든 형식은 물질에 나타나고 모든 절대적인 것은 제한의 매개를 통해서만 나타나기 때문에 인간성의 전 현상이 궁극적으로는 감성적 충동에 매어 있는 것이다. 그러나 이 충동은 인간성의 소질을 환기시키고 신장시키기는 하지만 인간성의 완성을 불가능하게 만들기도 한다.

이에 대해 형식충동은 인간의 절대적 존재 또는 그의 이성적 본성으로부터 출발하는데, 인간의 다양성 속에 조화를 가져오고 상태의 모든 변화에도 불구하고 그의 인격을 추구한다. 그것은 시간과 변화를 지양하면서 시간의 연속 전체를 포괄한다. 이 충동은 현실적인 것이 필연적이고 영원하기를 갈망하고 진리와 정의를 지향한다.

감성적 충동은 여러 가지 경우를 만들며 형식충동은 법칙을 부여한다. 형식충동이 지배하고 내부에서 순수 객관이 활동할 때 존재는 최고도로 확대되고 모든 제한이 사라져 인간은 감각에 의해서 제한되었던 양(量)의 단위를 벗어나 현상의 전 영역을 포괄하는 이념의 단일성(Ideeneinheit)으로 향상된다. 이때 인간은 더 이상 시간 속에 존재하는 것이 아니고 오히려 시간이 끝없이 연속적으로 자신의 내부에 존재하여 더 이상 개체가 아니라 종(種)이 된다(12서한).

두 충동의 경향은 서로 반목하지만 그 둘은 한쪽이 다른 한쪽의 근거가 되는 동시에 제한하는 상호작용 관계에 있다(13서한). 감성적 충동과 형식충동이 자신 속에서 결합해서 작용을 일으키는 것을 실러는 유희충동(Spieltrieb)이라고 한다. 주관적으로도 객관적으로도 우연한 것이 아니며 외적 내적으로도 강요받지 않는 그런 것이 유희다. 그것은 시간 속에서 시간을 지양하고 생성과 절대적 존재, 변화와 동일성의 결합을 지향한다. 두 충동 간의 상호보완 관계는 물론 이성 임무의 하나다. 본질상 완성을 지향하고 모든 한계를 철폐하는 이성은 초월적 근거들로부터 형식충동과 소재충동 사이의 공동체, 즉 유희충동을 요구한다.

실러는 감성적 충동의 대상은 삶(Leben)이고, 형식충동의 대상은 형상(Gestalt)이며, 유희충동의 대상은 양자가 지양된 '살아 있는 형상(lebende Gestalt)'이라고 한다. 형식이 감각 속에 살아 있고 삶이 지성에서 형성될 때 인간은 살아 있는 형상이 된다. '살아 있는 형상'은 모든 미감적(ästhetische) 속성과 미(Schönheit)라고 부르는 것을 나타내는 개념이며 인간을 아름답다고 판단하는 경우가 그러하다.

유희충동의 이상은 이성이 제시하는 미의 이상을 통해서 부여된다. 이성은 인간에게 절대적 형식과 절대적 현실성이라는 이중의 법칙을 부여함으로써 아름다운 것은 단순한 생명, 단순한 형상이 아니라 살아 있는 형상이어야 한다고 요구한다. 이성은 또한 인간은 미와 더불어 유희해야 하며 오직 미를 가지고서만 유희해야 한다고 선언한다. "인간은 인간일 때만 유희하고 유희할 때만 인간이다"(15서한) 미를 통해서 감성적 인간은 형식과 사고로 인도되고, 정신적 인간은 물질로 환원되고 감각세계에 복귀한다(18서한).

(3) 미와 자유

여러 가지 힘들의 전체성에 관련을 맺으면서도 어느 하나의 개별적인 힘에 한정되지 않는 것이 미감적인 속성이다. 미적 상태에 있는 심정은 자유롭게 활동하고 모든 강요로부터 자유롭지만 결코 법칙을 이탈해서 마음대로 활동하지 않는다. 미감적 자유가 사유하는 논리적 필연성이나 의욕하는 도덕적 필연성과 구별되는 것은 심정이 활동할 때 법칙을 표상하지 않고 이 법칙에 저항하지 않으며 법칙이 강제력으로 나타나지 않는다는 점에 있다(20서한).

칸트에게서 미감적인 것은 순수이성적인 것과 실천이성적인 것

양자의 중간에서 매개적인 위치에 있는데, 실러에게는 미적인 것이 도덕적 차원을 넘어서는 위치에 있다. 미적인 판단이 지성과 이성의 연결 요체였던 칸트와 달리 실러에게서 미는 가장 완전한 단계이며 미적 상태는 그 자체만으로 전체다(22서한). 실러는 (셸링과 비슷하게) 미는 이성이 자신의 요구를 감성을 통해 실현시키는 것이며 이성 이념이 현상 속에 출현하는 것이라고 보았다.

도덕의 차원을 넘어서는 미는 따라서 도덕적 기원을 가지지 않는다. 미감적 정서는 자유를 부여하는 것이므로 자유에서 생겨나지 않으며, 그것은 자연의 선물이다(26서한). 미는 자연이면서 자유다. 자유 그 자체는 자연의 작용이며 인간의 작품이 아니다(20서한). 그러나 자연이 인간에게 능력을 제공하지만 그 능력의 사용은 인간의 자유의지에 일임한다. 현실적으로 미를 실현하는 것은 인간의 자유에 의한다. 미는 현상에서 유일하게 가능한 자유의 표현이다(23서한).

미가 자유인 것은 가상[52]에 대한 관심에서 드러난다. 가상에 대한 기쁨, 장식과 유희에 대한 애착은 인간성의 참다운 확장이며 자연 상태에서 문화를 향한 발걸음이다. 그런데 가상은 현실에 대한 요구를 끊는 경우, 그리고 현실의 도움을 받지 않는 독립적인 경우에만 미감적이다. 그래서 살아 있는 여성의 미와 미적으로 그려진 그림의 경우에 보통은 전자를 더 원하지만 실러는 그것이 순수한 미감적 감정에 좋은 느낌을 주는 것은 아니라고 한다. 살아 있는 것이라 하더라도 오직 현상으로서만, 현실적인 것이라 하더라도 오직 이념으로

---

52) 가상(Schein)은 거짓됨이라는 부정적인 의미가 아니라 현실을 벗어남이라는 적극적인 의미이며 예술이 자연 그 자체가 아니라 인간의 자유에 의해 창조된 것임을 이르는 말이다. 헤겔, 하이데거에서도 가상은 적극적인 의미로 쓰였다(cf. 헤겔 (2), 하이데거 (5) 2)).

서만이 순수한 미감적인 감정에 좋은 느낌을 준다고 보기 때문에 실러에게는 살아 있는 여성의 미보다 그 초상화가 더 미감적이다(26서한).

실러도 칸트처럼 미적인 작품은 규칙적이지만 규칙에서 벗어나 있는 것처럼 현상해야 한다고 하는데, 미를 통해 이르는 자유는 칸트의 자유를 넘어선다. 실러는 칸트가 인간이 의무보다 더 많은 일을 할 수 없다고 하는 것은 행동과 도덕 법칙 사이의 관계만을 생각하는 것이며, 목적에 관계하는 행동에서 그 목적을 넘어서 초감성적인 것으로 가는 것은 의무를 넘어서는 것을 의미한다고 한다(23서한).

실러는 미 혹은 미적 통일을 즐기는 데는 물질과 형식, 수동과 능동의 실제적인 결합 및 교체가 일어나기 때문에 두 가지 본성의 결합 가능성, 즉 유한한 것 속에서 무한한 것의 실현성, 따라서 가장 숭고한 인간성의 가능성이 증명된 것이라고 보았다. 실러는 도덕적으로 의무를 능가하는 일은 없으나 미감적으로 의무를 능가하는 일은 있다고 하며 그런 행동을 고귀하다(edel)고 한다. 칸트가 미감적인 것 중에 미보다 더 도덕적인 것으로 여긴 숭고에 대하여 실러는 미가 도덕적인 숭고를 능가한다고 하며 압도적으로 강요되는 숭고에 대해 오히려 도덕적 구속력을 초월하는 것을 고귀하다고 칭했다(23서한).

칸트를 염두에 두고 실러는 이렇게 말했다. 숭고한 행동은 도덕법칙의 이성 개념을 능가하기 때문이 아니라 인간 의지의 선함과 강함에 대한 우리의 지식을 능가하기 때문에 존중하며, 고귀한 행동은 주체의 본성을 능가하기 때문이 아니라 물리적 목적을 능가해서 정신계 속으로 들어가기 때문에 존경한다고. 그리고 고귀한 행동은 도덕적 구속력을 초월하며, 고귀하게 욕구하는 일은 미감적 교육을 통해서 실행된다고(23 서한).

미감적 형성의 충동은 즐거운 유희와 가상이 지배하는 제3의 왕국을 건설한다. 미감적인 국가는 자유를 통해서 자유를 부여하는 것이 기본원칙이다. 미적인 표상만이 인간에게 전체성을 만들어 내며 미만이 우리를 개체인 동시에 인류의 대표자로서 향유하게 한다. 그래서 취미가 지배하고 미적 가상의 왕국이 확장되는 한 어떤 특권도 어떤 독재도 허용되지 않는다. 실러는 미적인 자유를 통해서 유(類)로서의 인간이 형성될 수 있고, 그럴 때 이상적인 사회가 이루어진다고 보았다. 헤겔은 실러가 이렇게 국가를 말하는 것은 진실한 개별적 인간을 대표하는 것이 객관적이고 보편적이며 규범적 형태인 국가이며 국가의 형태 속에서 개별적인 주체의 다양성이 통일되고 결합될 수 있다고 본 것이라고 호평했다.53)

그런데 이런 국가가 실제로 존재할 수 있는가? 실러는 고대 그리스를 이상적인 미적인 국가라고 했지만 미의 이념이 실현된 미적인 가상의 국가는 현실적으로 불가능하다. 그래서 실러는 그런 국가는 필연성으로 보면 섬세한 영혼 속에 존재한다고 할 수 있지만 실제로는 순수한 교회나 순수한 공화국과 같은 소수의 정선된 그룹에서만 발견될 것이라고 했다(27 서한).

그렇다면 실러가 이상적으로 생각하는 고대 그리스는 무엇인가? 실러는 빈켈만의 주장인 위대한 것은 존재한다는 것과 그리스인의 모방이 방법이라는 것을 받아들였다. 그래서 플라톤과는 달리 고대 그리스에서 진보하는 국가와 위대한 인간성의 측면을 보았다. 그는

---

53) 헤겔, 『헤겔미학 Ⅰ』, 109쪽.

예술의 미에서 자유의 필연성이 주어진다고 보고, 고대 그리스 국가를 예술을 통해 자유를 실현한 국가로 규정했다. 그러나 실러가 고대 그리스에서 찾고자 한 것은 그 시대 그대로가 아니라 그때를 전형으로 삼아 거기다 이상적인 것을 부여한 것이다.

실러가 고대 그리스를 모범으로 삼는 것은 솔론의 입법에서 자유의 원리를 자연에 투사하는 예술가의 활동을 보았기 때문이다. 솔론은 시인이며 정치가로, 드라콘의 법을 개혁하여 민주제도의 바탕을 만들었다. 솔론의 입법 활동은 예술가의 활동이며 실러는 그 점을 근대 국가보다 월등한 것으로 보았다. 그런 국가에서 개인은 윤리적 고상함을 지니며 이로부터 선하게 되는 기회를 갖는다는 것이다.

그런 예는 솔론만이 아니다. 그리스 비극의 대표 작가인 소포클레스는 유명한 정치인이었다. 솔론이나 소포클레스와 같은 인물의 존재는 실로 정치, 종교, 예술이 엄밀히 분리되지 않았던 시대에 가능한 것이었다. 근대 국가에서는 그것을 이상적인 것이라 할 수 있지만 고대의 그 무의식적 통일체는 깨질 수밖에 없었다. 고대 그리스, 특히 아테네가 문화, 정치적으로 매우 발달한 곳이기는 했지만 플라톤, 아리스토텔레스가 지적한 문제를 안고 있는 사회였다.

실러도 예술의 측면에서 고대 그리스가 근대 국가보다 낫다 하더라도 완전한 것은 아니었다고 한다. 그리스인들도 완전한 이성에 적합한 것은 아닌, 단순한 자연적 윤리성으로서의 미적 영혼을 지녔던 것이어서 그들 역시 정치적으로는 소년기를 넘어서지 못했다. 우리의 어린 시절, 인류의 에덴동산과 같이 고대 그리스는 돌아갈 수 없는 유년기, 고향과 같은 것으로서 이상적으로 존재하며 예술 속에서 제시되는 자유의 이상에 상응할 뿐이다. 고대 그리스 문화를 통해

소망스런 미래를 예견할 수는 있지만 그곳은 근대인에게는 돌아갈 수 없는 곳이다. 그리스의 행복했던 과거는 사실적으로는 재현 가능성이 없지만 원리적으로는 개방되어 있다.

(4) 예술작품

칸트는 미적 예술에서 미의 창조보다는 미의 판단을 중요하게 여겼다. 미를 위해서 필수적으로 요구되는 것은 이념이 풍부하고 독창적인 것보다 구상력이 자유롭게 활동하면서 지성의 합법칙성에 합치되는 것이었다. 그래서 칸트는 어떤 작품에서 두 가지 중 하나가 희생되어야 한다면 천재가 희생되는 것이 더 낫다고 보았다. 실러는 가상을 즐기는 것은 수동적으로 받아들이는 것을 즐기는 것이 아니라 능동적으로 창작하는 것을 즐기는 것이라고 한다(26서한). 실러는 칸트와 달리 창작하는 작가의 입장을 더 고려했던 것이다.[54] 고대 그리스 예술에 대한 관심도 자신이 그와 같은 영향력 있는 작품을 쓰고자 한 것이라고 할 수 있다.

실러는 예술작품의 탁월성은 미적 순수성이라는 이상을 향해 그 작품이 얼마나 가깝게 접근하느냐에 달려 있다고 보았다. 어떤 예술이건 완전한 양식에 이르는 길은 각자의 특성을 잘 살려서 그 예술에 더 보편적인 성격을 부여하는 데 달려 있다. 예술작품의 미적 진

---

54) 나아가서는 "학문과 예술이 시대정신에 굴종하고 창작의 취미가 비판의 취미로부터 지배받는 것보다 더 비열한 것은 없다"(9서한)고까지 말했다. 미적 판단의 비판을 의도했던 칸트와 전혀 다른 입장이다.

가를 판가름하는 확실한 시금석은 미감적 기분(ästhetische Stimmung)
이다. 예술의 어떤 특정한 장르를 통해서 그리고 그 장르의 특정한
작품을 통해서 우리의 심정에 주어지는 기분이 보편적일수록 그 작
품은 고귀하고 우수한 것이다.

철학자들은 자신의 이론에 입각해서 장르의 우열을 논했는데 실
러는 장르의 특성은 있지만 우열이 있다고 하지는 않았다. 실러에
의하면 음악은 그 매체의 물질성이(소리가) 감각에 친화력을 주기
때문에 아무리 정신적인 음악이라도 음악은 다른 예술보다 생생한
감동을 준다. 또한 아름다운 시는 왕성한 상상력을 불러일으키며,
아름다운 조각품이나 건축물을 감상하면 활발한 지성을 지니게 된
다. 그렇게 각각의 장르는 특성이 있지만 그 작품의 수준이 높아질
수록 심정에 미치는 작용은 서로 비슷해져서, 최고로 고귀한 음악은
고요한 힘으로 작용하고, 최고도로 완성된 조형예술은 음악이 되어
직접적으로 감동을 주며, 발달된 시는 음악처럼 감동을 주는 동시에
조형미술처럼 우리를 고요하고 청명하게 한다(22서한).

완전한 예술은 보편적인 미의 이념을 잘 구현하는 데 있으며 장르
에 크게 구애받지 않는다고 하지만, 실러는 형식미학자인 칸트의 영
향으로 예술의 보편성은 소재보다 형식에 있다고 보았다. 인간성 개
개의 힘들에 작용하는 것은 내용이지만 인간성 전체에 작용하는 것
은 형식이라는 것이다. 실러에 의하면 내용은 고상하고 포괄적이라
도 정신에 대해서는 제한적이며, 참다운 미감적 자유는 형식으로부
터만 기대할 수 있다. 그러므로 훌륭한 예술가의 예술적 비밀은 그
가 형식을 통해서 소재를 다룬다는 점에 있다. 실러의 입장에서는
소재가 유혹적일수록, 소재가 작용을 강요할수록 그것을 물리치고

지배하는 예술이 좋은 것이다(22서한).

실러가 예술가들이 그리스 정신의 세례를 받아야 한다는 것은 소재는 현대에서 택해도 형식은 고귀한 시대에서 얻어야 한다는 것이었다. 일시적인 변화에 의해서 소재는 고귀해질 수도 타락할 수도 있지만 순수한 형식은 그러한 변화를 능가한다고 보기 때문이다(10서한). 참다운 자유는 형식에서 나온다. 그러나 실러는 고대 그리스의 비극과 같은 격정(Affekt)의 예술은 특정한 목적에 예속되어 있으므로 자유로운 예술이 아니라고 보았다. 진정한 예술가는 격정의 폭풍 속에서 심정의 자유를 잘 보호하기 때문이다. 실러는 비극의 격정적인 내용에 대해서는 플라톤과 같이 생각했지만 그 형식에 대해서는 그렇지 않았다. 실러가 보는 고대 그리스 예술의 전형성은 형식이지 소재가 아니다. 그러므로 실러는 비극 형식의 작품을 썼지만 내용은 플라톤이 우려한 것과 같은 것이 아니었다.

실러는 열정(Leidenschaft)의 '미적인 예술'은 존재해도 미적인 '열정적인 예술'이란 개념은 모순이라고 한다. 미의 필연적인 작용은 열정으로부터의 자유이기 때문이다. 또한 실러에게는 '미적인 교훈적 예술', '도덕적인 예술'이라는 개념도 모순이다. 심정에 특정한 경향을 부여하는 것은 미의 개념에 어긋나기 때문이다(22서한). 실러의 미적인 자유는 도덕적 자유를 목적으로 하는 것이 아니라 도덕적 자유를 포괄하며 그것을 넘어선다.

칸트는 여러 요소가 결합된 비극이 더 미적인가에 회의적이었지만 실러는 극작가로서, 그리고 고대 그리스 예술의 이상을 따르려는 입장에서 비극에 주목했다. 근대에 극과 시는 구분되었지만 실러는 고대 그리스의 극시를 모범으로 보아 완전한 극은 운문으로 써야 한다고 생각했고 작가로서 고전극의 형식을 따르는 시도를 했다. 그러나 그 형식은 따르더라도 내용은 격정적이지 않아야 비극은 그 목적을 더 잘 실행할 수 있다고 여겼다.

아리스토텔레스는 공포와 연민의 감정을 통한 카타르시스가 비극의 효과라고 했다. 실러는 비극에서 연민은 단순한 고통이 아닌, 도덕적 행위에 의한 고통의 극복 가능성을 포함하는 감정이라고 보았다. 자유로운 쾌감은 이성이나 상상력 같은 정신적 기능이 작용하는 것이며 감각적이며 관능적인 쾌감과 다르다. 예술에서 얻는 자유로운 쾌감은 인간의 저열한 기능을 억압하고 고통을 줌으로써 고귀한 기능에 의해 높은 차원에서 얻는 쾌감이다. 온갖 역경 속에서 도덕적 반목적성, 불합리에 저항해 승리를 거둘 때 그 고통과 기쁨은 보는 사람을 감동하게 한다. 이런 예술의 목적을 가장 잘 수행하는 것을 실러는 비극이라고 보았다.

오늘날과 같이 대중매체가 발달하지 않은 때, 많은 사람을 대상으로 할 수 있고 큰 영향을 끼칠 수 있는 것은 극장에서의 공연이었다. 문자로만 보거나 이야기만 듣는 것보다 실제로 움직임을 눈으로 보고 듣는 무대예술은 확실히 영향력이 크다. 당시의 연극은 인간을 교화하는 것이며 연극은 직접 도덕성에 작용해야 한다는 견해가 지배적이었고 실러도 그런 입장에 앞장섰다. 실러는 고대 그리스에서 무대공연이 분열된 그리스 민족을 하나로 단결시켰다고 보며 그와 같이 범민족적 무대를 통해 독일도 통일국가가 될 수 있다는 생각을 가졌다. 미적 형태의 이상 속에서 이념을 실재화하며 투사하는 예술은 가능적인 완전성을 그려 보여 준다. 실러는 비판과 유토피아를 제시하는 예술의 기능을 작가로서 몸소 실천하려고 했다.

실러는 극작가이며 또한 시인이었다. 그의 예술론은 비극작품은 물론 시를 통해 구체화되었다. 미는 자유이며 자연이라는 사상은 그의 전원시로 표현되었다. 실러에게 자연과 인간의 조화와 평화의 전원적인 상태는 문화의 최종 목적이다. 이러한 상태의 예견은 현실에서가 아니라 시지음(Dichtung)에서 가능하다. 그는 소박한 전원시가 아니라 행복한 미래의 가능성을 위해서 그리스적 삶의 부활이라는 이상향적인 전원시를 썼다.

실러는 시를, 넓게는 문학을 소박한(naiv) 것과 감상적인(sentimental) 것으로 구분했다.[55] 그에 의하면 고대인은 본 대로 느낀 대로 소박하게 자연을 모방하고 재현했는데 문명화된 근대인은 형상을 의식적으로 감상적으로 이상을 가지고 측정한다. 실러에게 소박한 시인은 현실주의자로서 고대 시인이며 감상적 시인은 이상주의자로서 근대 시인이다.

실러에 의하면 고대의 소박한 시인들이 자연미를 관조할 때 희열을 느끼는 것은 자연 자체가 쾌감을 주는 것이 아니라 거기 나타난 창조적 생명, 자주적 활동, 내적 필연성, 자신과의 영원한 통일의 이념이 그렇게 하는 것인데, 오늘날 문명세계에서는 그 감성적 조화, 본능과 이성의 일치를 상실했다. 그래서 자연 상태에서는 현실의 완전한 모방이 시인의 과업이었지만 문명 상태에서는 이상을 향해서 현실을 향상시키는 일, 이상의 묘사가 시인의 과업이다. 소박한 시인은 목가(Idylle)를 쓰고 감상적 시인은 애가(Elegie)를 쓴다. 애가시

---

55) 「소박문학과 감상문학」, 『쉴러의 예술과 사상』, 357쪽.

인은 유순한 자연을 찾는 것이 아니라 이념과 일치한 자연을 찾는다. 옛날의 전원세계(Arkadien)로 돌아갈 수 없는 문명인을 이상향(Elysium)으로 인도하는 것이 근대 시인의 사명이다. 시인은 그 본질상 자연의 수호자다. 시인은 소박한 시인이든가 감상적 시인으로서 자연 자체이거나 잃어버린 자연을 찾는 자다.

헤겔은 실러를 칸트의 주관적인 사유가 지닌 추상성을 깨뜨리고 극복하여 통일성과 화해를 진정한 예술미로 이해하고 이를 예술적으로 실현시키려고 노력한 사람으로 평가한다. 실러는 예술미에 대한 관심을 철학적 원리들과 비교하고 미의 본질과 개념 속으로 파고들어 그의 작품에는 추상적 반성의 의도와 철학적인 개념들에 대한 관심이 드러나 있다. 그것을 당시 사람들은 사상가로서가 아니라 작가로서 충실했던 괴테와 비교하여 실러를 괴테보다 열등한 시인으로 비판했다. 그러나 괴테도 시예술에 대한 학문적인 관심이 많았고 지질학, 식물학 등을 연구했다. 헤겔은 이에 대해 실러는 정신의 내적인 심오함을 고찰하는 것에 몰입했고 괴테는 외적인 자연이나 동식물의 유기조직, 구름의 형태와 색채에 더 관심을 가졌다고 비교했다. 그리고 실러를 시인으로서 괴테보다 열등하다는 것에 대해 그 비난은 그의 고귀한 정신과 심원한 영혼에게는 오히려 명예가 되고 학문적 인식에 도움이 되었다고 평가했다.[56] 예술보다 철학을 더 높이 보는 헤겔은 그렇게 평가할 수 있겠다.

근대 미학에 전적으로 비판적이었던 니체도 실러의 예술에 대한

---

56) 헤겔, 『헤겔미학 Ⅰ』, 108쪽.

견해는 다른 사람들의 견해보다 우호적으로 보았다. 그러나 실러가 예술에서 찾는 것은 니체가 보기에 여전히 '소박하다'. 반(反)도덕적일 것을 요구하는 니체에게 실러는 너무나 도덕적이었기 때문이다.

실러는 작가로서 문학사에 길이 남을 작품을 썼고 또한 사상가로서 미학사에서도 중요한 위치를 차지한다. 예술이 현존하는 현실성에 대한 비판으로 유토피아를 형상화한다는 실러의 뜻은 고귀하다. 예술이 현실적인 것을 넘어 순수하게 이상적이 될 것을 요구하는 것은 예술의 위상을 한층 높인 것이다. 바움가르텐의 감성학으로서의 미학을 칸트는 감성의 차원을 넘어 이성의 이념으로 나가는 교량으로 보았고, 실러는 예술을 이성의 도덕적 영역도 넘어서는 것으로 자리매김했다. 그러한 실러의 사상은 셸링에게서 가장 이상적으로 완성된다.

(1) 자연철학

　보통 셸링의 전체 철학은 자연철학, 예술철학, 종교철학으로 구분
한다. 셸링의 예술철학 사상은 1799~1804년 사이에 행한 예술철학
강의에서 찾아볼 수 있다. 칸트의 『판단력 비판』이 자연의 영역을
다룬 『순수이성비판』, 자유의 영역을 다룬 『실천이성비판』 다음에
그 둘을 연결시키려는 의도에서 나왔다면, 셸링의 예술철학은 그의
자연철학에서 자연스럽게 연결되어 나온 것이며 그것은 또한 자연
스럽게 종교철학에 연결된다.

　누구나 처음 철학의 단초는 그 시대에서 찾는다. 셸링은 당시 피
히테의 지식학의 문제에서 철학을 시작하게 되었는데, 그것은 칸트
와도 연결된다. 선험철학의 완전한 체계를 구성하고자 한 칸트의 철

학은 그의 뜻대로 받아들여지지 않았다. 칸트는 이론 이성과 실천 이성의 간극을 판단력으로 연결시키려고 했지만 판단력은 쾌, 불쾌의 느낌일 뿐, 있는 그대로의 대상을 다루지 못했으며 인식될 수 없는 물자체를 설정함으로써 이론이성과 실천이성이 통일되지 못했다고 평가되었다. 피히테는 그래서 최후의 무제약적 근거를 자아 밖에 두지 않고 자아에서 찾고자 했다. 그것을 위해 피히테는 활동적이고 자유로운 절대적인 자아를 발견했다. 자아의 직접적 확실성의 원리에서 지식은 통일적인 체계로 전개될 수 있다고 본 것이다.

동일성의 원리를 토대로 하는 직접적인 확실성은 '자아는 자아'라는 것이다. 자아의 활동에서는 능동적으로 산출하는 주관과 수동적으로 산출되는 객관이 완전히 일치된다. 스스로와 동일하게 되는 원리, 스스로를 통해 스스로 규정되는 원리는 자유다. 자아의 동일성은 자유로운 행위에서 오는 산물이다. 이성적인 존재는 자유로운 인간이며 모든 이성적인 것의 최후 규정은 자기 자신과의 완전한 일치다.

자아는 스스로의 활동을 통해 극복해 나갈 어떤 제약을 자신에게 스스로 가한다. 이것이 비아(非我)다. 비아는 자아가 촉발되는 한에서만 실재성을 가지기 때문에 능동적인 실재가 아니다. 여기에 피히테 철학의 문제점이 있다. 그는 아와 비아의 체계를 구성하기는 했지만 자아의 활동만이 적극적 의미를 가지며 대상세계, 즉 자연은 자아활동의 조건으로서만 인정되고 적극적 실재로서 인정될 수 없었다.

칸트에 의하면 『순수이성비판』에서의 자연은 지성의 법칙 아래 있다. 인간은 그것을 넘어서 자연의 합목적성을 느낄 수 있지만 칸트는 자연의 능동적 작용을 언급하지는 않았다. 피히테에서는 자아의 자발적인 활동이 자연을 산출하므로 자연은 자아의 직접적인 산물이다. 셸링은 자아의 관념론에 의해서 독립성을 인정받지 못한 자연에 적극성을 부여하고자 했다. 자연이 자아와 다른 것은 자신의 활동에 대한 의식적인 반성작용이 없다고 보기 때문인데 셸링은 그래서 자연에 무의식적 지성의 창조 활동을 부여했다.

셸링에 의하면 자연은 일관되게 유기적으로 구성되었다. 그 구성은 어떤 원리를 필요로 하는데, 그것이 합목적성을 산출한다. 이 원리는 우리의 정신 밖에 있는 어떤 정신이어야 한다. 그러나 자아 밖에 어떤 의식을 인정해서는 안 되기 때문에 그것을 무의식적 정신이라고 한다. 우리의 외부에 동일한 정신이 지배하고 우리의 내부에도 동일한 자연이 지배한다고 보는 것이다.

셸링은 피히테의 아와 비아의 대립을 넘어 그것의 동일성, 즉 정신과 자연의 동일성을 주장한다. 셸링에 의하면 유기체의 여러 형태의 다양성은 많은 유형을 통해 전개되는 하나의 통일적 원리가 지배한다. 자연 속의 정신은 창조하기는 하지만 반성하지는 않는 무의식적 정신이며 자연적 산물의 모든 단계 연속은 이 정신이 자기의식으로 향해 가는 과정이다.

자연의 전개되는 모든 상이 셸링에게는 절대자의 이데아들이며 무의식적 정신의 자기직관 형식들이다. 절대자는 모든 실재성을 자신 안에 포괄하는 무한한 이상성이며 모든 이상성을 자신 안에 포괄하는 무한한 실재성이다(*Philosophie der Kunst*, S.18. 이하 『PK』로 약칭). 절대자의 이념을 통해 가능한 모든 것은 현실적이며 또한 전체다. 절대자는 절대적 동일성이며 총체성이다. 주관 자체나 객관 자체는 존재하지 않으며 양자는 그 동일성 안에 있다. 절대자 속에서 동일자인 것은 시간상으로 무한히 이 세계 속에서 다양하게 전개된다.

그런데 절대자에서 어떻게 유한한 객관의 세계가 나올 수 있는가? 절대적 주관은 단지 그 자신일 뿐이다. 그래서 절대자는 스스로 자신을 끌어들임으로써 더 이상 무가 아닌 것이 된다. 그렇게 자기견인에서 주관은 자신을 어떤 것으로 만든다. 자기 견인에서 생겨난 객관은 절대적 주관이 자기 스스로를 바라보는 데서 생겨난 산물, 즉 자신을 밖으로 드러낸 것이라 할 수 있다.[57]

무였던 주관이 스스로에 관계하고 붙잡혀서 된 어떤 존재가 물질(Materie)이다. 모든 물질에 빛은 고루 비춘다. 빛(Licht)은 물질에 대하여 자유롭고 공정하게 정립된 주관의 표현이다. 물질과 빛의 긴장은 세계를 체계적으로 만드는 유기체화의 원동력이 되어 더 높은 차원의 주관인 유기체(Organismus)를 만들어 낸다. 유기체는 '살아 있는 것(Lebendigen)'으로서 좁은 의미로는 동물과 인간에 국한되지만 여기서는 자연 전체를 가리키는 넓은 의미이다. 그러나 인간의 태어남으로 자연은 그 자체로 완전해지며 새로운 발전을 계속한다.

절대자는 자신이 아닌 것으로 자기를 전개시킨 후 다시 자신으로 돌아간다. 자기귀환에서는 역으로 구체적 자연대상에 대한 이상적 요소가 삶의 원리가 된다. 전체 존재에 대해 더 높은 것으로 존재하는 것은 존재 전체를 파악한 것이며, 그것이 지식(Wissen)이다. 주관

---

57) 이상성을 실재성으로 구상하는 실재적 통일성의 계기는 절대자의 자기전개에 해당하며, 실재성을 이상성으로 구상하는 이상적 통일성의 계기는 절대자의 자기귀환에 해당한다. 그리고 자기전개와 자기귀환은 각각 실재적 계기, 이상적 계기, 양자의 무차별자의 변증법적인 세 단계들로 이루어진다. 절대자가 변증법적으로 자기를 전개하는 것은 기독교의 창조과정과 유사하다. 셸링의 자연철학은 변증법적, 기독교적인 관념론이다. 기독교적인 신의 창조는 두 번의 과정을 거친다. 어둠이 물 위에 덮여 있고 그 물 위에 하나님의 기운이 감도는, 모양이 갖춰지지 않은 땅은 하나님의 처음 창조물이다. 어떻게 창조했다는 말이 없는 처음 창조는 셸링의 무의식적 창조에 해당한다.

의 존재는 순수 지식이며 순수 지식은 순수 정신이라 할 수 있다. 자신의 직접적인 관련을 인간과 맺고 있는 순수 지식은 인간적 지식이다. 순수 지식이 순수 정신이듯이 인간적 지식은 인간정신, 즉 이성이다. 이성은 신의 완전한 사본이며 신에 대응하는 것이다.

즉자적으로 자유롭고 무한한 지식이 실재세계로 하강함으로써 필연성과 관계 맺고 이제 스스로가 필연적이고 속박된 지식으로 나타나는데 이것은 또한 새로운 상승의 근거가 된다. 주관은 이 속박에서 다시 자신의 본질로 되돌아가려 하기 때문이다. 필연성과 관계 맺었던 주관은 속박에서 벗어나려고, 속박을 제어하는 것으로 스스로를 정립한다. 여기서 필연성과 자유의 대립이 나타난다. 필연성이 인식에 관계하는 것이라면 자유는 행위(Handeln)의 자유다. 인간은 행위함으로써 자신이 갖고 있는 인식을 객관적으로 대상적으로 만든다. 인식 속에서 주관이었던 것이 행위 속에서는 객관이 된다.

이제 주관은 한갓된 주관도 객관도 아니고 스스로를 계시한다. 자유와 필연성의 절대적 종합을 셸링은 예술(Kunst)이라고 한다.[58] 예술은 단순히 지식도 아니고 행위인 것도 아니고 학문에 의해 일관된 행위이거나 행위로 일관된 지식이다. 예술은 절대자의 자기 전개 발전의 최상 위치에 있다. 셸링은 이론과 실천의 종합이 예술을 통해서 가능하다고 보고 철학은 예술을 통해 객관적이게 된다고 한다.[59]

선험철학의 완전한 체계를 세우려는 것은 칸트에서부터 시도되었다. 이론적인 것과 실천적인 것의 완성을 위해서 칸트가 그 연결부

---

58) cf. 칸트 (1), 실러 (3).

59) 이상의 내용은 *Zur Geschichte der neueren Philosophie*, Schriften 1813~1830에 있는 「Die Naturphilosophie」 참조.

로서의 예술을 생각했다면 셸링은 두 영역을 포괄적으로 통일하는 예술을 생각했다(이 점에서 셸링은 실러와 유사하다). 예술 속에서 자유와 필연, 의식적 활동과 무의식적 활동이 통일되고 자아는 자기 자신을 양자의 통일성으로 파악한다. 도덕이 우위에 있는 칸트의 선 험철학을 도덕 형이상학이라고 한다면, 행위의 윤리학보다 예술이 우위에 있는 셸링의 철학은 예술 형이상학 또는 미감적 관념론이라 고 할 수 있다.

(2) 자연과 예술

예술의 산물은 한편으론 자연의 산물에, 다른 한편으론 자유의 산 물에 접해 있어 자연과는 다르다. 자연의 생산은 목적 없는 활동이 지만 생산물은 합목적적이다. 그러나 예술적 직관은 의식을 갖고 시 작하지만 의식적이지 않은 것으로 끝난다. 자유의 세계에서 인간의 생산은 의식적이고 생산물에 대해서는 무의식적이다. 완성된 예술작 품은 예술가가 의식적으로 형상화하려는 것 이상을 포함한다. 예술 가는 신의 창조와 유사한 창조자다. 인간의 이성은 절대자의 이상적 인 모사다(『PK』, S.103).

그런 의미에서 예술품도 무한하다. 예술작품은 유한하지만 작품 속에 표현된 것은 무한하다. 예술품은 자연과 자유가 종합된, 현존 하는 완결된 무한성이다. 유한하게 표현된 무한성이 바로 미다. 자 연도 아름답지만 무의식적 활동에서 출발하는 자연은 필연적으로 아름다운 것이 아니라 우연적으로 아름답다(*Schriften 1799~1801,*

S.622 이하 『1799~1891』로 약칭). 자연의 유기적 산물은 자유와 필연성의 대립을 지양되지 않은 채로 간직하고 있기 때문에 자연은 정신의 원시상태인 반면 예술작품은 그 대립을 지양된 것으로 표현한다. 자연의 유기적 산물은 무차별자를 비분리적으로 표현하는데, 예술작품은 그것을 분리하고 다시 무차별자로서 표현하기 때문에 예술의 미가 자연의 미보다 높다. 그래서 예술이 그 완전성에서 산출하는 것은 자연의 아름다움을 판단하는 데 원리가 되고 규범이 된다 (『1799~1891』, S.622).

인간의 예술이 자연의 산출보다 높다고 보는 것은 실러, 헤겔도 마찬가지다. 그것은 지극히 근대적인 사고의 표현이다. 실러가 살아 있는 여성의 미보다 미적인 초상화가 더 미감적이라고 한 것처럼 셸링에게도 자연 자체보다 인간에 의해 존재가 포착된 예술품이 더 미적이다. 예술의 미는 모순의 대립을 지양한 것이므로 자연의 미보다 더 필연성을 가진다고 보기 때문이다.

그러나 절대자의 자연이 없었다면 인간의 예술도 행해지지 못했을 것이다. 그래서 셸링은 "우리가 자연이라고 부르는 것은 비밀스럽고 놀라운 활자 안에 폐쇄되어 있는 시(Gedicht)이며"(『1799~1801』, S.628) 그 비밀을 벗겨내는 것이 인간의 예술이라고 한다.[60] 자연은 신이 무의식적으로 창조한 작품이며 예술은 인간이 의식적으로 창조한 작품이다. 셸링에게는 무의식의 단계보다 의식의 단계가 더 지양된 단계로서 높기 때문에 자연보다 예술이 더 높은 것이다.

---

60) 셸링의 자연과 예술의 관계는 특히 니체로 이어져 자연의 예술충동과 예술가의 형이상학적 완성으로써 설명되었다. 하이데거는 근대의 인간중심주의를 거부하지만 존재의 원시(原詩)와 인간의 시(예술)의 관계는 셸링과 유사하다. cf. 니체 (2) 1), 하이데거 (6).

(3) 예술과 철학(미와 진리)

셸링에 의하면 절대자를 동일성의 관점에서 파악하는 것이 철학이다. 이 동일성은 분리 불가능한 전체로서의 동일성이며 사물의 다양성은 전체와 비분리적인 한에서 가능하다(『PK』, S.10). 다양한 규정들인 '가능성들'은 그 본질에서 필연적으로 동일한 것으로 있기 때문에 절대자를 동일성의 관점에서 파악하는 것은 이러한 가능성들을 모두 포함하는 전체성의 관점에서 파악하는 것이다. 그러므로 철학은 하나지만 각각의 가능성의 입장에서 예술철학, 자연철학 등으로 분리된다.

예술철학은 예술이란 가능성에서 절대자를 표현하는 학문이며 그런 한에서 철학이다. 예술이라는 학문이 자신 안에서 절대자를 표현하는 한 그것은 예술철학이다(『PK』, S.12).[61] 셸링은 절대자는 가능적 전체이므로 개별적인 것만 다루어지면 그것은 예술이론이지 예술철학이 아니라고 하며, 예술을 학문이라고 하는 한, "철학을 통해서만 예술의 학문을 획득할 것을 기대할 수 있다"(『PK』, S.5)고 한다. 즉, 예술은 철학의 기관(오르가논)이다. 예술은 예술철학이지만 그것은 어디까지나 철학에 의한 예술이다.

셸링에게서 예술은 예술철학이지만 또한 철학과 다르다. 그것은 지적(intellektuelle) 직관과 미감적(ästhetische) 직관의 관계와 같다. 절대자에 대한 지식은 증명이나 추론을 통해서, 그리고 어떤 개념에

---

61) 셸링에게서 예술철학은 바움가르텐적인 미학과 다르기 때문에 셸링은 예술철학을 미학이라고 하지 않는다. 그리고 예술철학은 예술에 대한 철학이 아니라 예술인 철학이다. 예술의 위상을 셸링보다 낮게 보았던 헤겔은 미학과 예술철학을 동등하게 사용한다, cf. 헤겔 (2).

의해 매개되어 나올 수 없는 것이다. 지식이 무엇에 매개되어 나올 수 없다면 지식의 대상을 스스로 산출해야 한다. 절대자에 대한 지식은 직접적인 직관에서만 가능하다. 직관에서는 산출하는 것과 산출되는 것이 동일하다. 구분하면서도 전체를 볼 수 있는 직관을 셸링은 지적 직관이라 한다(『1799~1801』, S.117). 차별자 안에서 무차별자를 보는 이러한 절대자에 대한 인식은 관조적 인식 방식이다.

이에 대해 객관화된 지적 직관이 미감적 직관이다(『1799~1801』, S.625, 630). 지적 직관의 객관적 산물은 미감적 직관의 산물인 예술이다. 철학은 이념을 그 자체로 관조하고 예술은 이념을 실재적으로 관조한다(『PK』, S.14). "예술에서 객관성을 제거하면 철학이 되고 철학에 객관성을 부여하면 예술이 된다."(『1799~1801』, S.630) 미감적 직관은 객관적으로 된 지적 직관이며, 따라서 예술은 철학의 유일한, 참되고도 영원한 기관이며 철학의 증서라고 할 수 있다. 예술이 신적인 것을 계시해 주므로 예술은 철학자에게 최상의 것인데, 이것은 예술이 있으므로 철학이 존재할 수 있다는 것이 아니다. 셸링은 철학을 통해서만 참된 예술의 학문을 획득할 수 있다고 보았다(『PK』, S.5).

철학과 예술, 지적 직관과 미감적 직관의 관계는 철학과 예술이 추구하는 진리와 미의 관계와 같다. 철학에서 절대자가 진리의 원상인 것처럼 예술에서 절대자는 미의 원상이다(『PK』, S.14). 셸링에게서 예술은 절대자에 대한 학문, 즉 철학이므로 예술이 추구하는 미와 철학이 추구하는 진리는 동일하다. 진리와 미는 절대자에 대한 다른 관찰 방식일 뿐 근본적으로는 같다.[62] 미는 무한자로서의 개념이 유한자 속으로 들어가 구체적인 것에서 직관되는 데서 정립되기 때문에 그 구체적인 것은 원상, 즉 이념과 동일하다.

미와 진리는 이념상 하나다. 미 아닌 진리는 진리가 아니고 진리가 아닌 미는 미가 아니다(*Schriften von 1801~1804*, S.123 이하 『1801~1804』로 약칭). 그러나 미와 진리를 직관과 관련시켜 생각해 본다면 미는 절대자를 대상적, 모사적, 객관적으로 직관하는 데 반해서, 진리는 절대자를 원형적 혹은 주관적으로 직관한다는 차이가 있다. 진리의 인식은 감각세계를 벗어나야 하는 반면, 예술작품에서는 존재의 진리가 지각할 수 있는 현상으로 드러난다.[63] 미는 절대자가 실제로 직관된 것이며 진리는 절대자가 이상적으로 직관된 것이다. 미를 표현하는 예술작품은 영원한 것에 의해서만, 그러나 산출하는 개인이 직접 관계하는 한 산출될 수 있다. 그러나 철학은 영원한 개념을 단적으로 즉자적으로 고찰한다. 셸링은 이것을 예술은 외면적(exoterisch)이며 철학은 秘教적(esoterisch)이라고 구별했다(『1801~1804』, S.127~128).

(4) 예술의 이념과 신화

절대자는 순수한 일자이며 절대자의 자기전개에서 개별자들이 생겨난다. 개별적 사물들은 절대적 전체를 자기 안에 가지는 한에서 그것은 더 이상 개별적이지 않으며(『PK』, S.34) 전체 안에 있는 한

---

62) 셸링에게는 자연과 정신이 동일한 것과 같이 철학과 예술이 동일하며 따라서 진리와 미도 동일하다. 헤겔은 그렇게 무차별적으로 동일하지 않다는 입장에서 미를 진리의 한 방식으로 본다. 진리와 미의 관계에서 하이데거는 헤겔보다 셸링적이다. cf. 헤겔 (3), 하이데거 (5) 2).

63) 이런 점에서 하이데거는 아주 셸링적이다. 하이데거에게서 예술작품은 존재자의 진리 작품 속으로의 자기정립이다. cf. 하이데거 (5) 1).

모든 사물은 그 자체가 전체의 표현이다. 절대자를 특수한 형식들 안에서 직관할 때 그것을 이념이라고 한다. 각각의 이념들은 특수한 형태의 절대자다. 그러므로 이념이란 사유의 단순한 양태가 아니라 사물의 원형이며 사물들 안에 있는 본질이다. 특수한 사물들은 그 사물들의 특수성 안에서 절대적이고 또 개체이며 동시에 우주로 존재한다. 이념은 보편자와 특수자의 완전한 통일성이다.

예술작품 속에 표현된 것은 '어떤 것'이다. 그런데 그 개별적인 것의 참된 예술적인 구성은 그것을 절대자 안에 있는 형식으로 표현하는 것이다. 특수한 형식들은 절대자 안에서 절대자의 본질을 자신 안에 수용하고 있기 때문이다. 철학은 이념들을 그것들이 존재하는 그대로 관조하는 반면에, 예술은 이념들을 실재적으로 관조한다. 이념들은 그것들이 실재적으로 관조되는 한에서 예술의 소재이며 동시에 예술의 보편적이고 절대적인 질료다. 객관적으로 실존하는 이념이 신이다. 이념들이 실재적으로 고찰될 경우 그것은 특수한 신들이다(『PK』, S.34). 신들의 형상은 절대자가 특수자 안에서 실재로 직관된 것이다.

신의 절대적인 실재성은 절대적인 이상성에서 나온다. 철학에서 이념과 예술에서 신들은 동일한 것이다(『PK』, S.45). 신들은 모든 예술의 소재이며 원천이다. 즉, 신은 모든 예술의 직접적인 원인이고 모든 예술의 최후 가능성이다. 신들의 형상은 절대자가 특수자 안에서 실재로 직관된 것이며, 그런 신의 형상들은 아름답다(『PK』, S.42). 신은 모든 미의 원천이다(『PK』, S.30). 셸링은 신들을 그 자체로 보지 않고 다른 것의 비유나 자연 현상의 인격화 등으로 보는 신화를 거부했다. 신의 이념은 상이 아니라 현실적이다. 셸링은 일반적인 신화의 본질을 다루는, 그래서 예술 구성에 필연적인 신화를 Mythe라 하지 않고 Mythologie라고 하여 구분하고자 한다.[64]

신화는 예술의 필연적인 조건이며 제일의 소재다(『PK』, S.49). 절대자를 객관적으로 표현하는 예술은 신들의 세계를 소재로 해서만 그 이념을 이루어 낼 수 있다. 신들의 세계는 예술을 통해서 객관적으로 표현되는데, 그것은 예술이 무한한 이상성을 실재로 구상하기 때문이다. 신들은 자신 속에 유기적인 전체, 즉 하나의 세계를 형성한다. 그러한 신들의 세계는 판타지로만 파악된다. 제한성 안에 있는 절대성, 특수 안으로 보편의 전체적 신을 형성하는 것은 판타지를 통해서만 가능하다. 판타지는 신적 상상(Imagination)의 원리이며(『PK』, S.37) 예술에서의 지적 직관이다(『PK』, S.39).

셸링은 판타지와 상상력(Einbildungskraft)을 같은 의미로 사용하여 예술창작은 상상(Imagination)을 원천으로 하는 상상력을 통해서만 가능하다고 한다. 상상력의 형식은 신화의 구성 원칙이며 도식(Schema), 비유(Allegorie), 상징(Symbol)이 그 형식들이다. 도식은 보편자를 통해서 특수자가 직관되게 하여 보편자가 특수자를 의미하고, 비유는 특수자를 통해서 보편자가 직관되게 하여 특수자가 보편자를 의미하고, 상징은 도식과 비유의 종합이다. 그리스 신화가 가지는 의미의 무한성은 구체적이면서 보편적이고 의미 충만한 상징에 기인한다. 보편자와 개별자의 무차별자로서 절대자를 개별자 안

---

64) Mythologie를 Mythe와 구별하기 위해 신화학이라고 할 수도 있다(『셸링의 예술철학』, 김혜숙 저, 209쪽). 셸링은 예술을 학문으로 보았으므로 예술작품인 신화를 신화학이라고 할 수도 있다. 그러나 오늘날 신화학은 신화에 대한 학문적 고찰이란 뜻이 더 있는 것으로 여겨져 여기서는 그냥 신화라고 할 것이다. 다만 Mythe와 구별되는 것이기 때문에 Mythologie임을 밝힐 것이다.

에서 표현하는 것이 예술이며 그것은 상징으로서 가능하다(『PK』, §39).65)

신화는 신들의 역사이며 역사 속에서 변증법적으로 진행해 나간다. 여기도 역시 실재적 단계와 이상적 단계가 있다. 우주와 유한자의 통일로 나타나는 사실주의 신화는 그리스 신화에서 완성되고 그리스 신화는 기독교 신화로 이어진다. 그리스 신화는 고대 신화로서 신들은 그 자체가 '자연존재'이며 사실 세계인데, 기독교 신화는 근대 신화로서 우주를 섭리의 세계로 직관하는 이상주의적 신화다. 고대, 근대는 인간이 자연세계에 머물렀을 때와 그로부터 벗어나 이념의 세계로 향하게 되었을 때를 구별하여 명명한 것이다.

셸링에게서 예수의 탄생은 고대 신들의 세계 종결을 의미한다. 예수는 고대 신들의 세계 끝이며 동시에 정점이다(『PK』, S.76).66) 예수는 스스로 유한자의 모습을 보여 주기 위해서 유한하게 되었다가 유한자들의 죄를 대신해서 죽고 죄에서 벗어난 세계로 돌아가서는 정신을, 이상적 원리를 보낸다. 성경에 의하면 예수는 신의 아들로 세상에 왔다가 죽고, 부활하여 다시 신의 세계로 돌아가서 재림할 것을 약속했다.

그리스 신화에서는 무한자의 표현이 유한자로 충족되었고 따라서 유한자가 무한자의 상징이었는데, 기독교에서 유한자는 무한자의 비

---

65) 칸트, 셸링은 예술의 궁극적 방식은 상징이라고 하는데 헤겔은 상징을 내용과 형식이 일치하지 않는 가장 낮은 것으로 보았다. cf. 헤겔 (5).

66) 기독교를 통렬히 비판하고 예수의 가르침과 현존하는 기독교를 무관한 것으로 보는 니체의 견해는 전혀 새로운 것이 아니다. 그리스 신화와 기독교 신화가 변증법적으로 연결되며 예수를 고대 신의 마지막이라고 하는 셸링의 견해는 '십자가에 못 박힌 디오니소스'를 말하는 니체와 다르지 않다. 그러나 니체는 셸링의 기독교적인 낭만주의를 비판하고 벗어나고자 했다. cf. 니체 (1).

유다. 전자의 경우 유한자는 대자적으로 중요시되지만, 후자의 경우 유한자는 그 자체로는 아무것도 아니기 때문이다. 셸링의 변증법에 의하면 기독교 신화도 실재적 계기와 이상적 계기는 다시 종합되어야 한다.

셸링의 관점에서 볼 때 기독교는 무한자가 유한자 안에는 없고 유한자는 단지 무한자 속으로만 넘어갈 수 있으며 무한자와 유한자가 통일되는 단계는 아직 이르지 않았다. 기독교는 완성된 상징을 갖지 않고 상징적 행위만을 갖는, 완성된 것이 아니라 완성으로 나가는 단계에 있다. 기독교 신의 역사는 진행 중이다. 그러나 원리상으로 기독교 신화는 그리스 신화를 넘어선 것이다. 고대 그리스 예술을 원형으로 보고 그 형식을 따르려는 고전주의를 극복하고자 하는 낭만주의는 이념적으로 기독교적이며 셸링이 그 대표적인 이론가다.

그리스 신화는 대표적으로 호메로스의 서사시 『일리아스』와 『오디세이아』로 표현되었다. 기독교 신화인 구약성경은 호메로스의 작품과 달리 BC 1500년경부터 오랜 시간에 걸쳐, 여러 사람에 의해 씌었고 BC 400년경에 집대성된 것으로 본다. AD 200년경에 집대성된 인도의 『베다』에 운문과 산문이 함께 있듯이 구약성경에 「아가서」, 「시편」과 같은 시가 있는 것으로 보아 구약성경도 처음엔 시로써 구전되었을 것이라고 추측할 수 있다. 서양에 기독교가 수용된 이후 기독교 신화의 내용을 다룬 문학작품으로는 단테의 『신곡』, 밀턴의 『실락원』 등의 서사시가 대표적이다.

왜 시인가? 셸링은 상상력을 이론적으로는 생산능력이고 실천적으로는 시지음(Dichtung)의 능력이라고 한다(『1799~1801』, S.626).

유한자와 무한자의 통일을 유한자에서 객관적으로 표현하는 것을 '시적'이라 하며 시적인 것은 상징을 그 본으로 하고 있다(『PK』, S.99). 구체적이면서 보편적인 상징 개념 안에는 상징과 상징된 것의 통일성이 포괄되어 있어서 예술을 위한 근거개념이 될 수 있다.

신들에 대해 지은 시들의 총체가 신화다. 신화는 참된 우주 자체이며 신적 상상에서의 경이로운 혼돈과 삶의 상이다. 신화는 그 자체가 이미 시이며 또한 시의 소재이며 요소다. 그것은 세계이며 동시에 거기서 예술이 꽃피고 자랄 수 있는 땅(Boden)이다(『PK』, S.50). 이것은 원리상으로도 그렇게 말할 수 있지만 역사적인 사실이기도 하다. 세계에 대한 총체적인 사유는 최초로 호메로스의 서사시로 표현된 신화였다. 신화는 시인데 그 안에 담긴 많은 이야기들은 가까이는 그리스 비극의 소재가 되었고 이후 다른 장르들의 많은 예술작품의 소재가 되었다. 호메로스의 작품뿐 아니라 단테의 경우도 마찬가지고 다른 위대한 작품들도 그러한데 호메로스가 최초의 경우이며 가장 오래도록 많은 예술품을 낳은 경우라고 할 수 있다.

그리스 신화는 시적 세계의 최고 원상으로서 완성되어 있다. 그리스 신화 중에 호메로스의 작품은 단연 으뜸이며 셸링은 '신화와 호메로스는 하나다'(『PK』, S.60)라고까지 말한다. 호메로스 이전에도 현존하는 시가 있었고 그 시인들의 노래들로 성립된 것이 호머의 작품일 것으로 셸링은 본다. 그런 의미에서 셸링은 호메로스가 개인이며 유(類)이고, 인간이며 신이라고 한다.[67] 셸링처럼 신이라고까지는 않더라도 그런 작품을 쓸 수 있는 것은 특별한 능력의 소유자여야

---

67) 헤겔은 작품에 일관성이 있는 것으로 보아 『일리아스』를 호메로스 한 개인의 작품이라고 한다. cf. 헤겔 (6) 1) 2.

할 것이다. 이전의 많은 시인들의 이야기를 모았더라도 일관되게 체
계적으로 종합한 것은 호메로스의 독창적 능력이라고 할 수 있기 때
문이다.

기독교 신화는 완성되지 않았지만 원리상으로는 그리스 신화보다
더 높은 이상주의적인 신화이며 그것은 중세에 단테의 『신곡』으로
표현되었다. 기독교적인 낭만주의 철학자인 셸링에게는 호메로스보
다 단테가 더 위대한 시인이다.[68]

(5) 천재의 예술작품: 시

자연은 나타남의 결과를 통해서는 의식적인 것과 무의식적인 것
의 동일성을 제시하지만 그 출발점은 무의식적인 것이다. 자연의 산
출은 합목적적이 아니지만 그 산물은 합목적적이다. 이에 대해 자유
의 산출은 합목적적이지만 그 산물은 무의식적이다. 미적 직관은 자
연 속에 엉클어져 있는, 자연의 의식적 활동과 무의식적 활동의 동
일성을 의식을 가지고 판단하는 것이며 그것을 객관적으로 표상해
낼 수 있는 능력이다.

무의식적 활동과 의식적 활동의 동일성을 객관적인 것에서 그리
고 그 완전한 의미에서 보여 주는 것이 예술작품이다. 자연이 의도
되지 않았음에도 의도적으로 만들어진 것처럼 보이는 것과 달리, 예

---

68) 그런데 헤겔은 셸링과 같이 고대 그리스 신화보다 기독교 신화가 변증법적으로 지양된
   것이라고 하지만 단테의 『신곡』은 참다운 서사시가 아니라고 혹평을 했다. cf 헤겔 (6)
   1) 2.

술작품은 설계된 것임에도 불구하고 꾸며졌다는 인상을 주어서는 안 된다. 의도를 가지고 했던 것에 의도 없음을 덧붙이는 능력을 천재라고 한다. 천재의 무의식적 활동성은 배울 수도 없고 연습을 통해서 도달될 수 없고 객관적으로 설명할 수도 없으며 다만 작품으로만 나타날 수 있는 미지의 힘이다.

예술은 천재를 통해서만 가능하다. 셸링은 학문을 개별적인 지식이라고 하고 예술은 학문의 영역을 넘어서기 때문에 천재가 필요하다고 하는데, 그것은 학자인 뉴턴이 아니라 시인인 호메로스를 천재라고 하는 칸트와 같은 생각이다. 천재의 규정에서, 그리고 자연과 천재의 예술을 구분하는 근거에서도 또한 셸링은 칸트와 같다. 다만 칸트는 자연을 절대자의 창조라고 하지 않았고 자연의 합목적성은 경험세계의 합법칙성을 인식하는 데 전제되어야 하는 것이라고 보았다.

셸링에게서 천재는 절대자가 인간에게 부여한 신적인 능력이다.[69] 천재, 즉 인간에 내재한 신적인 것은 신의 절대성의 한 부분이다(『PK』, S.104). 신은 자신의 보편과 특수가 하나가 되는 그런 것을 통해서만, 즉 신의 이념을 통해서만 특수와 관계한다. 인간은 특수자이지만 신이 이념을 통해서 관계하는 한에서 신적이기도 하다(호메로스를 신이며 인간이라고 한 것은 이런 이유다). 모든 예술가는 신 안에 있는 자신의 고유한 본질의 영원한 개념과 결합되는 만큼, 그리고

---

69) 천재미학은 낭만주의 미학의 특징이다. 19세기의 낭만주의를 벗어나려는 20세기에 하이데거는 존재의미를 이해하고 언어화하는 것은 어떤 천재만이 할 수 있는 것이 아니라 인간의 존재방식이라고 본다. 하이데거의 예술에 대한 견해는 셸링과 많은 부분 유사하지만 낭만주의의 천재미학은 거부한다. 하이데거에 이어 가다머도 그런 입장이다. cf. *Wahrheit und Methode*, Erste Teil, Ⅰ, 2.

또한 자신 안에 있는 신적인 것과 결합되는 만큼 창조할 수 있다. 표현 방식이 다를 뿐 플라톤에게도 어떤 신에게 얼마만큼 사로잡히는가가 어떤 일을 할 수 있는가에 관련되었다. 플라톤은 신에게 사로잡히는 것은 일상적인 것이 아니기 때문에 그것을 광기라고 했다. 플라톤의 참다운 예술의 광기는 셸링에게서 천재와 같다.

인간의 예술 속에서 신의 창조 비밀은 객관화된다. 예술형식들은 신 안에서 신을 통해 규정된 사물의 형식과 일치하며 그런 천재의 활동은 재창조로서 신의 일과 동등하다. 신의 산출방식에 실재적 방식과 이상적 방식이 있듯이 천재의 예술방식에도 두 가지가 있다. 천재의 실재적 측면, 즉 무한자를 유한자에서 구상해 내는 것이 시이며 이상적 측면, 즉 유한자를 무한자 속으로 구상해 내는 것은 예술 중의 예술이다(『PK』, S.105). 천재의 무의식적 활동은 시(Poesie)이며 의식적 활동은 예술이다(『1799~1801』, S.618).

천재의 의식적 활동과 무의식적 활동은 상호적인 통일체다. 신들은 자신들의 근원적인 힘을 인간의 노력을 통해 실행하기 때문에 무의식적인 측면이 일반적으로 중요하지만 또한 의식적 활동이 없으면 안 된다. 앞서 셸링은 자연은 비밀의 언어로 된 시이며 그에 상응하는 것이 인간의 예술이라고 했다. 천재의 경우도 그렇다. 시가 있어도 예술이 없으면 그것은 한갓된 산물일 뿐이며, 또한 시가 없는 예술은 깊이가 없어 표면적인 것에 지나지 않는다. 셸링의 시와 예술의 관계는 하이데거에게서 그대로 나타난다. 존재의 언어인 원(原)언어가 원시(原詩)이며 그에 대한 인간의 대답이 예술인데 그중에서 (좁은 의미의) 시가 가장 잘 상응하는 형식이라는 하이데거의 견해는 셸링과 유사하다.[70]

셸링에게서 시는 절대자가 유한자로 나타난 자연이기도 하며 천재의 예술작품인 호메로스, 단테의 시를 말하기도 한다. 또한 그들의 작품은 예술작품인 시이며 모든 예술의 근원인 예술 중의 예술이기도 하다. 그렇게 시와 예술이 분리될 수 없는 것은 미가 숭고와 함께하는 것과 같다. 무한자를 유한자 안에서 구상하는 것은 예술작품 속에서 숭고로 표현되고 유한자를 무한으로 구상하는 것은 미로 표현되기 때문이다(『PK』, S.105).

예술이 추구하는 것은 미이지만 더 나아가 숭고함, 고귀함이어야 하는 것은 실러에게서도 보았다. 칸트는 미와 숭고를 미감적 판단의 대상이라고 보았지만 예술은 미의 차원에서만 성립되는 것이었다.[71] 셸링은 유한자 안에서 참된 무한자를 관조하는 것은 상대적 크기를 절대적 크기의 상징으로 보는 것이라고 한다. 상대적이기는 하나 칸트에게서 숭고가 표상의 질서를 넘어서 있듯이 셸링에게도 우주인 무한자는 절대적 전체로서 절대적 형식이지만 절대적인 형식 없음이기도 하다. 혼돈(카오스)은 숭고함의 근본직관이다(『PK』, S.109).

숭고에서 유한자는 스스로 무한자에 대한 상징임에도 불구하고 상대적인 무한자로 나타나기 때문에 무한에 대립적인 것처럼 보인다. 그러므로 유한자는 다시 아름다움으로 나타나야 하는데 그것은 아름다운 것에서 유한자가 무한자와 근원적으로 화해하기 때문이다. 숭고와 미 사이에는 질적이고 본질적인 대립이 있는 것이 아니다. 숭고함이 아름답지 않으면 단지 크기만 할 뿐이며, 숭고하지 않은 것은 아름다울 수 없기 때문에 미는 숭고한 미여야 한다. 예술작품

---

70) cf. 하이데거 (6).

71) cf. 칸트 (2), 실러 (3).

에서 숭고와 미는 주관적인 것에서는 시와 예술의 관계와 같다(『PK』, S.114).

그런데 셸링은 시와 예술에서 다시 숭고와 미를 구분한다. 시에서의 숭고와 미는 소박함(Naives)과 감상적인 것(Sentimentales)에 해당하고 예술에서 숭고와 미는 양식(Styl)과 기법(Manier)에 해당한다(『PK』, S.114). 소박함과 감상적인 것은 실러의 구분과 유사하다.[72) 소박한 시인은 객관에만 친화성이 있는 반면, 감상적인 시인은 자신을 객관으로도 표현함과 동시에 객관의 반성자로 표현하여 주관을 뚜렷이 드러낸다. 물론 셸링에게서 이 둘은 대립적인 것이 아니며 절대성에서 하나가 된다. 완전한 예술가에게 시와 예술이, 숭고와 미가, 소박함과 감상적인 것이 하나이듯이 예술작품에서 양식과 기법도 대립적이지 않다(『PK』, S.118).

(6) 개별적인 예술작품의 구성

특수자에서 보편자를 표현하는 것은 특수한 형식을 통해서 보편적 소재를 표현하는 것이며, 그것이 개별적인 예술작품을 구성한다. 철학에서 절대자를 실재적 전체와 이상적 전체로 생각하듯이, 예술에서 이에 해당하는 것은 조형예술(bildende Kunst)과 언어예술(redende Kunst)이다.

---

72) cf. 실러 (4).

1) 조형예술

    셸링은 실재적 세계의 현상을 통해 절대자가 상징화된 것을 예술 세계의 실재적 측면인 조형예술이라 한다(『PK』, S.126). 조형예술은 구체적인 대상들을 통해서 표현되는 예술이다. 여기서는 무한자가 유한자 속으로 수용되는 그런 철학의 통일성이 우선한다. 그런데 조형예술이 무한자를 유한자로 구상하는 것으로서 구체적 대상을 통해서 표현된다고 해도 그것은 대상의 경험적 진리가 아니라 절대적 진리에서 표현되어야 한다. 이 안에도 실재적 계기, 이상적 계기, 이 양자의 통일성의 계기가 있는데 음악(Musik), 회화(Malerei), 조소(Plastik)가 각각 이에 해당된다. 그리고 이 세 가지는 다시 또 그 안에 음악, 회화, 조소에 해당하는 세 계기들로 나뉜다.

    음악: 칸트는 음악을 언어예술은 물론 조형예술도 아닌 제3의 영역으로 보았다. 그러나 셸링은 소리가 물체에 전해진 운동의 조건하에서만 정립되기 때문에(『PK』, S.152) 물체의 응집력과 관계가 있다고 봄으로써 음악을 조형예술의 실재적 통일성의 계기에 해당하는 것으로 본다. 이어진 소리, 끊어진 소리, 청각이 구성요소인 음악은 그 통일성의 방식에 따라 율동(Rhythmus), 변조(Modulation), 선율(Melodie)의 세 계기로 나뉜다.

    율동은 음악에서 음악적인 것으로서 무의미한 연속을 의미 있는 연속으로 변형하는 것이다. 율동이 양적인 것이라면 변조는 질적인 것이며 율동이 다양성으로 나누는 것이라면 변조는 차별성 속에서도 소리의 동일성을 유지하는 것이다. 변조는 음악에 회화적인 것으로서, 화성적 음악을 이루게 한다. 선율은 율동과 변조의 통일성을 정립하는 것이며 음악에서 조소적인 것에 해당한다(『PK』, S.140). 고대의 사실주의적 음악은 율동적 음악으로 고대 그리스 음악이 이에 해당한다. 근대의 이상주의적 음악은 다양성을 통일성으로 표현하는 화성적 음악으로서 교회 음악이 이에 해당한다.

회화: 음악의 필연적인 형식이 연속이라면 회화의 필연적인 형식은 지양된 연속이다. 통일성을 다양으로 구성하는 것은 시간이며, 다양성을 통일성으로 구상하는 회화는 지양된 연속이기 때문에 공간을 필요로 한다.73) 회화는 물체를 이차원의 면으로 표현하므로 물체적인 것의 가상을 면의 경계에서 표현한다. 회화는 경계 혹은 부정을 통해서 형태를 제시하는 첫 번째 예술이다. 그 안에 다시 소묘(Zeichnung), 명암(Helldunkel), 채색(Kolorit)의 세 계기가 있다.

소묘는 동일성을 특수성으로 나눈다. 소묘를 통해서 동일성인 면이 선에 의해 작은 특수한 면으로 나뉜다. 소묘를 통해서 나누어진 특수성을 동일성 속으로 해소시키는 것은 명암이다. 명암은 물체적인 것의 가상을 야기하는 보편적인 빛의 평면작용에 관계한다. 밝은 면과 어두운 면을 통해서 다양한 형태의 면을 구분할 수 있게 하는 명암은 회화의 고유한 마술적 부분이다(『PK』, S.177). 세 번째 계기는 빛과 물체가 하나인 것으로 표현하는 채색이다. 채색의 근본은 대상들의 고유한 색들이다(『PK』, S.183). 색 중에서 셸링은 살(Fleische)을 모든 색들의 참다운 혼돈이며 가장 아름다운 혼합물로 본다. 이

---

73) 헤겔에게는 변증법적으로 회화가 음악보다 이전이다. 시간과 공간에 대한 입장의 차이가 그대로 드러난다. 헤겔에게는 공간이 먼저이고 공간의 부정이 시간이다.

색은 고정적인 것이 아니라 살아 있고 활동적이어서 살색을 통해서 노여움, 치욕, 동경 등의 내적인 움직임을 생생하게 통찰할 수 있다고 한다(『PK』, S.184).

이 견해에 따르면 고대 그리스의 신들이 벗은 몸으로 그려진 것이 설명된다. 그 신들은 정신과 육체가 통일된 가장 이상적인 인간의 모습을 하고 있다. 그들이 몸을 통해 생동성을 나타낸다면 살을 옷으로 가려서는 안 될 것이다. 헤겔은 그림 중에서 가장 정신적인 것은 인간을 그리는 것이며 그중에서도 인간의 이념을 잘 나타내는 것을 눈이라고 보았다. 헤겔은 눈을 중요시했기 때문에 옷으로 몸을 가려도 문제가 없으며 옷선의 흐름을 통해서도 감정을 나타낼 수 있다고 했다.[74]

조소: 음악과 회화는 양자의 무차별자인 조소에서 하나로 통일된다. 조소는 실재적 형식 안에서 사물의 본질과 이상을 표현하며 형식과 본질의 최상 무차별자다(『PK』, S.213). 이 안에 건축(Architektur), 얕은 양각(Basrelief), 조각(Skulptur)의 세 계기가 있다.

조소에서 비유기적 형식은 건축이다. 건축이 조소에 속하는 것은 구체적인 물질적 사물을 통해서 대상을 표현하기 때문이다. 그리고 건축은 조소에서 음악에 해당하는데 조소가 유기적인 본질을 지니지만 건축에서 다시 비유기적인 것, 즉 단순히 물질적인 것으로 표현되기 때문이다. 건축은 인간의 필요에 의해 지어지는 것이라고 보통 여기지만 셸링은 건축을 근본적으로는 인간의 필요에 독립적으

---

74) cf. 헤겔 (3).

로 그 자체 아름답게 생산되어야 한다고 보았다(칸트는 건축이 실용
적 목적을 가지면서도 미적인 것을 고려한다고 했다). 건축의 형식
은 즉자적인 것이 아니라 본질과의 무차별자 안에서 고찰되어야 하
기 때문이다. 그 대표적인 것이 신전이다.

조소에서 회화적인 형식은 얕은 양각이다. 얕은 양각은 한편으론
구체적인 방식으로 표현하면서도 회화처럼 가상에 따라 표현한다.
조소의 최상 형식은 조각이다. 조각은 유기적 대상들을 통해서 이념
을 표현한다는 점에서 건축과 다르며 완전한 대상을 통해서 표현한
다는 점은 얕은 양각과 다르다. 그런데 셸링은 조각을 조소와 같은
뜻으로도 쓴다.

조소(조각)는 또한 절대적 이념을 표현하기 때문에 그리고 이념들
을 실재적으로 직관한 것이 신들이기 때문에 신들의 표현을 통해서
충족될 수 있다(『PK』, S.264). 조각은 물질의 본질이 몸으로 되는 형
식이다. 물질의 최고 본질은 이성이고 이성의 몸 됨은 인간적 형상
으로 구체화되므로 조소는 인간적 형태를 통해서 자신의 이념을 표
현한다. 이 인간적 형태는 그 자체로 우주의 상이다(『PK』, S.252).
우주는 인간처럼 삶과 죽음이 혼합되어 있다. 무한자의 삶의 원리가
유한자로서 물질화되었기(죽어 있기) 때문이다. 조소적 예술은 삶과
죽음의 만남을 최상으로 표현한다. 절대자의 실재적 단계인 조형예
술에서 최상은 조각이다.

빈켈만은 회화와 조각을 통해 고대 그리스 예술을 재조명하고 소
개했다. 헤겔도 고대 그리스시대에 해당하는 고전적 예술 단계의 전
형적인 형식은 조각이라고 보았다. 그때의 조각은 신전에 거할 신의
형상들을 표현하는데, 물론 인간의 모습을 한 신들이었다. 그런데

헤겔에게서는 셸링과 달리 조각은 회화의 단계로 지양된다. 헤겔은 조각보다 회화가 물질성을 지양한 더 진보한 형식이어서 더 정신적으로 표현하는 것은 회화라고 보는 것이다.[75] 그러나 회화, 조각의 조형예술보다 언어예술을 우위에 두는 것은 그들 모두 공통적이다.

셸링은 조형예술과 언어예술을 구분하지만 조형예술도 언어예술에 절대적으로 대립시키지 않고, 실재세계도 언어를 통해서 다시 정립될 수 있기 때문에 조형예술을 침묵하는 언어예술이라고 한다.[76] 그것은 조형예술의 위상을 높인 것이지만 여전히 언어예술의 우위를 인정하는 것이다.

2) 언어예술

신의 절대적이고 무한한 긍정에 가장 합당한 상징은 언어다. 예술의 이상적 통일성, 즉 특수한 것이 보편적인 것으로 구체적인 것이 개념으로 통일되는 것은 언어에서 객관화된다. 이상적 세계의 현상을 통해서 절대자가 상징화된 것이 예술세계의 이상적 측면인 언어예술이다(『PK』, S.130). 조형예술에 세 가지 통일성의 계기들이 있듯이 언어예술에도 그러하다. 실재적 통일성, 이상적 통일성, 양자의 통일성은 각각 서정시, 서사시, 극시에 해당한다.

---

75) cf. 헤겔 (5).

76) 1807년에 셸링은 학술원에서 "조형예술과 자연의 관계"라는 강연을 했다. 이 강연에서 그는 조각과 회화에 대해 다루었는데 조형예술을 말없는 시문학이라는 관점에서 보아 조형예술의 위상을 높였다. 강연의 내용은 이전의 강의와 저서에서 이미 다루어진 것이지만 그 강연을 계기로 셸링은 뮌헨 아카데미 사무총장직을 맡게 되었다(이 강연은 번역되었다. 『조형미술과 자연의 관계』, 심철민 옮김, 책세상).

서정시(lyrische Poesie): 서정시는 언어예술 중에 실재적 형식이며 조형예술의 실재적 형식인 음악에 해당한다. 음악과 가장 잘 결합되는 시는 서정시이다. 음악에서 처음인 실재적 계기가 율동이었듯이 서정시에서도 율동이 가장 중요한 역할을 한다.

또한 서정시는 이상적인 언어예술의 실재적 통일성의 계기에 해당하기 때문에 절대자의 자기귀환인 이상적 계기 중 첫 번째인 지식의 가능성을 나타낸다. 지식에서 자유가 지배적이었듯이 서정시는 가장 주관적인 시이며 자유가 지배적이다. 그래서 무한자, 보편자를 특수자 안에서 표현하는 것이 시이지만(『PK』, S.284) 서정시에는 일상적인 사색의 과정에서 대담하게 일탈하는 것이 허락된다. 그러나 서정시에서 시인의 심정 상태가 주로 표현되어도 보편성을 결여한 개인의 감정에 국한되어서는 안 된다.

서정시의 원리는 무한자와 유한자의 대립이다. 지식에서 자유는 필연성과 화해하는 것이 아니라 필연성을 인식의 대상으로서 자신과 독립적으로 다루기 때문이다. 보편성과 대립하는 특수성 혹은 유한자는 수난을 당할 수밖에 없으며(『PK』, S.285) 그래서 서정시에서는 도덕적이고 용감하지만 수난적인 것이 중요한 표현 대상이 된다.

서사시(epische Poesie): 서정시에서는 주관적인 자유가 주도적인 반면 서사시에서는 행위가 주도적이다. 서사시에서 행위는 객관적이고 필연적이며 자유와 필연성의 동일성 안에서의 행위이기 때문에 서사시에서는 무한자와 유한자의 대립, 피하고자 하는 운명은 없다(『PK』, S.290). 절대적으로 고찰된 행위는 역사이기 때문에 서사시의 주요한 표현 대상은 역사다.

　필연성과 자유의 절대적 동일성으로서의 행위는 음악과 같이 시간적이지 않다. 현상하는 행위에서는 무한자와 유한자의 동일성이 파괴되어 시간적인 것으로 나타나지만 무한자와 유한자의, 필연성과 자유의 절대적 동일성으로서의 객관적 행위에서는 시간 없음, 지속성이 표출되어야 한다. 그러나 시는 말로써 시간과 결합되어 있을 수밖에 없고 시적 표현은 필연적으로 연속적이다. 그러므로 시는 모든 시간, 모든 연속적인 것을 순수하게 대상 속으로 들어가게 해야 하고, 따라서 시 자체는 고요하게 머물고 연속의 흐름에서 연속적인 것 위로 떠올라야 한다(『PK』, S.292). 서사시의 표현 대상은 동적인 것이지만 서사시 자체는 정지하고 있다. 서사시는 운동을 통한 정지적인 것의 표현이다(『PK』, S.293). 그것은 호메로스의 작품을 생각해 보면 알 수 있다. 그 내용은 격렬한 전쟁의 행위지만 작품 전체는 그것을 벗어나 있다. 그림이 사물을 정지시키듯이.

　서사시는 조형예술 중에서 회화에 해당한다. 하나의 그림 안에 여러 가지 것들이 전체를 이루고 있는 것과 같이, 서사시는 많은 이야기와 에피소드들로 엮어져 있다. 그리고 회화에서 끊임없이 진행해 나가는 것이 표현을 통해 고정되는 것처럼, 서사시 안에서도 진행되고 있는 대상이 정지된 표현 형식을 통해서 제시된다. 즉, 절대성은 외연에 근거하는 것이 아니라는 것, 절대자 안에서는 모든 것이 절대적이고 전체가 부분보다 절대적이라는 것이 표현되어야 한다. 그러므로 서사시는 처음과 끝이 동일하게 절대적이다. 그리고 무제한적인 것이 우연성의 현상에서 표현되어야 하는 한에서 시작과 끝은 우연적이다. 절대자 안에서의 시작이란 절대적이지만 그 때문에 실제로 어떤 시작도 없다. 서사시는 자신의 본성에 따라서 우연성이라는 가상을 가지고 표현되어야 한다. 『일리아스』에서 트로이 전쟁은 신들의 놀이에서 시작되었고 신의 한 계략으로 끝났다.

다른 예술들이 그러하듯이 서사시의 소재도 신화(Mythologie)다. 아니 서사시는 다른 형식보다 더 신화를 소재로 한다. 왜냐하면 서사시는 가장 객관적인 시이기 때문이다. 신화와 서사시는 그리스 신화에서 그렇듯이 동일한 것으로 생각되기까지 한다. 동서양을 막론하고 고대 사회에서 신화는 거의 서사시로 씌었다.

역사적으로 보면 서사시가 서정시보다 먼저 발생했지만 셸링은 서정시 다음으로 서사시를 다루는데 그것은 학문적인 질서에 따른 것이며 가능성들의 단계적인 연속에 따른 것이라고 한다(『PK』, S.283). 셸링은 예술철학을 예술이라는 가능성에서 다루는 철학이라고 보며 예술을 예술사적인 관점에서 다루는 것이 아니라 보편철학의 관점에서 다루었다.

극시(dramatische Poesie): 극시는 서정시와 서사시를 포함하는, 예술의 본질을 최상으로 나타내는 방식이다(『PK』, S.331). 발생적으로도 그렇고 내용과 형식 면에서도 그렇다. 그러므로 극시에는 서사시에서와 같이 객관적이면서도 서정시에서처럼 주관이 활동한다. 즉, 행위가 이야기에서 표현되는 것이 아니라 현실적으로 그 자체로서 표현된다. 서사시에서는 자유와 필연성의 대립이 나타나지 않지만 극시에서는 필연성과 자유의 철저한 대립에서부터 시작한다. 그러나 결말에 대립이 표출되어서는 안 된다.

비극에서 필연적인 것은 객관적인 것으로, 자유는 주관적인 것으로 나타나며 이 대립이 비극의 본질적인 것이다. 그 대립은 필연성이 불행을 가져오고 자유는 필연성에 투쟁하는 형식으로 나타난다. 그러나 어느 하나가 이김으로써 끝나서는 안 되고 필연성과 자유가 균형을 이루어야 한다. 비극에서는 악덕과 비행 때문이 아니라 운명적인 과실 때문에 불행에 빠지는 인물이 주인공이다. 『오이디푸스왕』이 가장 좋은 예가 될 것이다. 오이디푸스왕은 자신의 부주의로 인해 오류를 범하는 것이 아니라 신의 뜻으로 인해 불행을 당했고 피하려고 했지만 신의 뜻은 피하지 못했다. 그렇지만 그런 필연성에 얽매인 것만은 아니다. 비극의 주인공은 필연적이며 또한 자유로운 행위자다. 주인공의 최상 자유는 스스로 자신의 잘못을 벌하고 감수한다는 데 있다.

세계의 중심인 인간은 세계에 대해 이론적으로 인식할 수 있을 뿐 아니라 자유의지의 행위에 대해 스스로 윤리적인 판단을 할 수 있다. 그렇게 할 수 있다는 것은 또한 기쁨이기 때문에 가장 비극적인 요소는 최고의 기쁨이기도 하다. 카타르시스는 그렇게 고양된 상태에서 가능한 것이다. 비극은 운명과의 최상 화해로뿐 아니라 삶과의 최상 화해로 끝날 수 있다(『PK』, S.342). 비극에 대한 이런 견해는 실러, 헤겔과 같으며 그것은 근대의 일반적인 해석이다. 도덕적이거나 도덕을 넘어서는 숭고함, 고귀함에 이르게 하는 비극에 대해서, 반도덕적인 디오니소스적인 것이 그 본질이라고 하는 니체의 『비극의 탄생』이 19세기에 쉽게 받아들여질 수 없었던 것은 당연했다.

셸링은 비극을 극시의 본질적인 것으로 보고 희극은 비극이 전도된 것으로 본다(『PK』, S.337). 비극에서는 필연성이 객관적인 것이고 자유는 주관적인 것인 데 반해서, 희극은 필연성이 주관적인 것이고 자유가 객관적인 것이다. 이것은 정상적인 것이 전도된 것이므

로 불합리한 것이다 그러나 이 불합리성은 처음에는 우리를 긴장시
키지만 그것이 인지되고 나면 긴장은 이완으로 바뀌고 웃음으로 표
현되어 처음의 두려움은 희열로 바뀐다(『PK』, S.356). 희극의 웃음
은 비극의 고양된 감정의 내적인 기쁨과 다르지만 대립되는 것이 마
지막으로 화해되는 기쁨이 있는 것은 동일하다.

칸트는 예술의 유형을 다룰 때 비극을 소극적으로 보았고 희극에
대해서는 전혀 언급하지 않았는데 셸링은 극시에서 비극이 본질적
이라고 하지만 희극에 대해서도 공정하게 다루고 있다. 플라톤, 아
리스토텔레스의 견해와 달리 셰익스피어가 희비극 모두에 훌륭한
작품을 썼고 몰리에르의 희극이 인정받은 것은 셸링보다 훨씬 전이다.
셸링도 이런 역사적인 사실을 간과할 수 없었을 것이다. 헤겔도 객관
적 입장에서 역사적으로 고찰하여 희비극을 동등하게 다루었고 희극
에서 예술이 정점에 이르면서 예술이 지양되는 것으로 보고 있다.[77]

셸링은 근대의 극시로서 괴테의 『파우스트』를 『신곡』과 유사한
보편적 기질을 지닌 독일의 대표적인 시라고 평가한다(『PK』, S.375).
이런 예술작품은 호메로스의 작품이나 단테의 『신곡』처럼 시뿐만이
아니라 모든 예술에서 원형적이다. 시를 인간성의 스승이라고 하거
나 예술의 전형이라고 하는 것은 모든 예술이 시에서 출발했고 (위
대한) 시가 모든 예술의 요소를 다 지니고 있기 때문이다. 위대한 작
품은 고대나 현대나 동일한 그런 특성을 가진다.

그런데 신화의 최고 구성 단계는 상징이고 상징은 시적인데 시 중
에서도 극시가 최상의 단계이면 최고 시인인 호메로스나 단테의 작

---

77) cf. 헤겔 (6) 3) 2.

품이 극시여야 하지 않는가? 기독교는 상징의 과정에 있다고 했으니까 단테의 작품이 서사시인 것은 납득할 수 있지만 가장 완성된 신화인 호메로스의 작품이 극시가 아니라 서사시인 것은 설명이 부족하다.

셸링의 예술철학은 예술을 역사적인 현상으로 발견하고 철학적 체계 안에서 고찰한 것이다. 예술철학은 그의 철학이어서 (바움가르텐적인) 미학이 아니라 존재론, 형이상학의 차원으로 격상되었다. 또한 셸링은 예술철학자로서 이론적인 작업만 한 것이 아니라 한때 낭만주의 운동에도 적극적으로 참여했다. 셸링은 예술로써 사회를 변혁시키는 것에서 더 나아가 잘 다스려진 국가를 예술품으로 보았다. 이것은 국가를 예술을 통해 성취된 종교와 윤리의 공동 유희로서의 예술작품이라고 보는 것이며 거기서 인간은 자유로운 시민이 될 수 있다고 하는 것이다. 이러한 생각은 앞서 실러가 주장했던 것이며 훗날 하이데거로 이어지는 전통이 되었다. 헤겔도 한때 예나에서 셸링과 공동 작업을 하면서 그런 생각을 했지만 곧 이것을 시대에 뒤떨어진 생각이라고 비판하게 된다.

뿐만 아니라 예술의 위대한 내용이 특정한 신에 대한 표상인 것, 기독교 신에 대한 표상에 근거하는 것은 종교나 이데올로기가 될 위험이 있다. 헤겔은 셸링의 예술 형이상학이 기독교적 철학으로 변형되어 가는 논증의 순환성을 지적하고 예술작품의 역사성, 이상을 새로이 규정하고자 했다. 헤겔은 모든 시대에 예술이 동일한 의미를 지닐 수 없으며, 예술은 역사적으로 다양하게 부여된 내용에 따른 미적 형식을 지닌다고 보았기 때문이다.

예술	조형예술	음악	율동 변조 선율
		회화	소묘 명암 채색
		조소	건축 얕은 양각 조각
	언어예술	서정시	(조형예술 중 음악에 해당)
		서사시	(　　〃　회화　〃　)
		극시	(　　〃　조소　〃　)

(1) 예술 개념에 대한 역사적 고찰

　헤겔도 선험적 관념론의 칸트주의를 이어받지만 칸트의 다른 후계자들처럼 물자체에 대해서 칸트와 입장을 달리했다. 이성이 현상 세계에만 적용되고 실재에 대해서 구성적인 역할을 못 한다고 한 칸트에 대해서, 헤겔은 실재가 경험의 배후에 사고와 떨어져 존재하는 것이 아니라 현상과 실재는 부분과 전체처럼 관계하고 있다고 보았다. 19세기의 자신감 넘치는 서양의 근대인으로서, 그러나 셸링과 다르게 헤겔은 경험이 전개되어 구체화될수록 더욱 합리성을 가지게 된다고 보았기 때문에 이성적인 것은 현실적인 것이며 현실적인 것은 이성적인 것이라고 주장한다. 진정한 것은 전체이며 전체는 절대자의 전개를 통해 완성된다. 철학은 절대자가 유한자 속에서 스스로 자신을 실현해 가는 역사적 과정 체계로서의 학문이다.

절대자의 전개과정에 따라 헤겔의 철학은 논리학, 자연철학, 정신철학으로 전개된다. 창조하는 절대자의 이념체계에 해당하는 것이 논리학이다. 그리고 절대자가 외화되는 과정의 체계가 자연철학이며 절대자가 외화된 유한자를 매개로 다시 자기를 의식해 가는 과정의 체계가 정신철학이다. 변증법적 전개 방식에 따라 정신은 주관적 정신, 객관적 정신에서 절대정신으로 나아가고 절대정신은 다시 즉자적인 예술, 대자적인 종교, 그리고 즉자대자적인 철학으로 전개되어 정점에 이른다.

예술을 학문의 영역으로 편입시킨 근대 미학에서 예술은 점차 감성의 차원을 넘어선다. 헤겔에게도 예술은 감성의 표출이 아니라 절대정신의 드러남이다. 그러나 헤겔은 예술과 철학을 동일시한 셸링의 입장을 비판한다. 18세기에는 고대 그리스 신화와 예술을 이상으로 하는 고전주의가 지배적이었다가 이후에는 고전주의를 비판하고 기독교적인 전통을 바탕으로 예술과 세계의 합일점을 찾으려는 낭만주의가 팽배해 있었다. 한때 헤겔도 고전주의의 영향을 받아 고대 그리스 로마의 신화와 예술에 몰두했었고 괴테의 작품에 심취했었다. 그리고 셸링과 공동 작업을 하면서 낭만주의적 성향도 가졌지만 헤겔은 한 시대의 문화가 천재적인 개인이 고안한 신화로 용해된다고 하는 것과 그 신화가 모든 시대의 원형이 된다고 보는 셸링의 견해를 받아들일 수 없었다.

헤겔의 미학강의는 직접적으로는 셸링의 낭만주의 이론에 대한 비판에 기인하지만 그것은 칸트로부터 시작된 것이며 칸트가 기반이 된 것이기 때문에 칸트에 대한 논의에서 시작한다. 헤겔은 칸트

철학을 단적으로 정신과 자연이 통합되는 것을 선명하게 인식하고 관념화한 것이라고 하며 불충분하지만 이성이 자신 속에서 절대성을 인식한다는 출발점은 인정해야 한다고 한다(『헤겔미학 Ⅰ』, 101쪽. 이하 『미학 Ⅰ』으로 약칭). 그러나 이성적 사유를 통해 정신과 자연의 견고한 대립을 인식한 결과, 남은 것은 이성의 주관적인 이념 형태 속에 들어 있는 통일성을 언표하는 일뿐이고 이를 실천적으로 이행하는 것은 무한성으로 밀려나 당위적인 요청으로만 남았다.

이를 해결하고자 한 『판단력비판』에서도 칸트는 자연과 예술의 아름다운 대상들 그리고 합목적적인 자연의 소산들을 단지 주관적으로만, 즉 그것들을 판단하는 반성의 측면에서만 고찰했다. 합목적성을 원칙으로 하여 특수한 것을 보편적인 것 안에 함유된 것으로 사유하는 능력인 판단력에 의해서는 대상의 객관적 본성은 인식되지 않고 주관적인 반성의 방식만 언표된다. 그리고 미적인 판단도 지성과 상상력의 자유로운 유희로부터만 나오고 대상은 주관의 쾌감, 만족에만 관련된다(『미학 Ⅰ』, 101~103쪽).

취미판단에서도 헤겔은 보통 우리의 의식 속에서 분리된다고 전제되는 것들이 분리되지 않고 있다고 보았다. 즉, 미에서 보편적인 것과 특수한 것, 목적과 수단, 개념과 대상이 분리되지 않고 서로 삼투되어 나타난다는 것이다. 예술미 속에서 특수한 것은 보편적인 지성의 범주에 포괄되며, 추상적인 보편성 속에서 우연적인 것이 보편적인 것에 적합한 것으로 드러나게 되는데 헤겔은 이는 주관적일 뿐 절대적으로 참되거나 현실적인 미는 아니라고 한다. 그렇지만 칸트의 견해는 진정한 예술미를 개념적으로 파악하는 출발점이 되며 칸트 이론이 지닌 결함을 극복할 때 필연성과 자유, 특수자와 보편자,

감각적인 것과 이성적인 것의 통일이 숭고하게 파악될 수 있다고 평가했다(『미학 Ⅰ』, 106~107쪽).

헤겔의 입장에서 볼 때 칸트의 주관적인 사유가 지닌 추상성을 극복하여 통일성과 화해를 진정한 예술미로 이해하고 실현시키려 한 사람은 실러다. 예술의 본성에 관한 통찰인 『인간의 미감적 교육에 관한 서한』에서 실러는 개별적인 인간은 자신 속에 이상적 인간이 될 소양을 지니고 있다는 데서 출발하는데 개별적 인간을 대표하는 것은 객관적이고 보편적이며 규범적 형태인 국가다. 시간적 존재인 인간이 이념 속의 인간과 만나는 것은 첫째, 국가가 개체성을 지양하는 방식이고 둘째, 개인이 스스로를 순화시키는 방식이다. 이성은 통일성을, 자연은 다양성과 개별성을 요청하며 이 갈등을 중개하고 화해시키는 것이 미감적 교육이다. 미는 이성적인 것과 감성적인 것을 하나로 도야시키는 것이며, 그것이 진정으로 현실적인 것이기 때문에 미적 교육을 통해서 이성이 추상성을 벗어나 스스로 자연적인 측면과 결합한다(『미학 Ⅰ』, 109쪽).

헤겔은 자신의 철학 입장에서 실러가 이념을 유일하게 참되고 현실적인 것으로 인식했고 보편적인 것과 특수한 것, 자유와 필연성, 정신성과 자연성의 통일이라는 예술의 원칙과 본질을 학문적으로 파악했다고 높이 평가했다. 그리고 미적 교양을 통해 실제 생활 속에서 그것을 실현시키고자 노력했다는 점도 높이 평가하여 실러가 작가로서 사상의 정립에 열중한 것을 사람들은 괴테와 비교하여 비난하기도 했지만 헤겔은 그것을 그에게는 영예가 되고 학문적 인식에 도움이 된다고 보았다(『미학 Ⅰ』, 108쪽).

실러를 거쳐 셸링에게서 미에 관한 학문은 절대적인 위치에 이르게 되었다. 그런데 셸링은 예술의 개념과 예술의 학문적 위치를 새롭게 발견했고 그래서 예술이 숭고하고 진정한 규정을 획득하게 되었지만 그 방식을 헤겔은 그릇된 것이라고 보았다(『미학 Ⅰ』, 110쪽). 헤겔은 당시의 영향력이 팽배했던 낭만주의를 시대에 맞지 않는 비현실적인 것이라고 보았기 때문에 그 이론적인 대표자인 셸링과 대결을 해야 했다.

(2) 자연미와 예술미

감성에 관한 학문인 Ästhetik은 결국 미에 관한 학문인 미학인데 헤겔은 미학의 대상은 미 전반이 아니라 예술미여야 한다고 보았다. 그래서 미에 관한 학문은 예술철학(Philosophie der Kunst), 더 정확히는 '미적인 예술의 철학'(Philosophie der schönen Kunst)이라고 했다(『미학 Ⅰ』, 27쪽). 헤겔은 미학이라는 명칭은 사용하지만 감성학의 의미를 벗어나 예술철학의 의미로 쓰고 있다. 셸링이 미학이란 용어를 쓰지 않고 철저하게 예술철학이라고 하는 것에 대해, 헤겔은 예술철학이지만 종래에 쓰던 미학이란 용어를 동등하게 쓰려고 하는데 그것은 셸링과 달리 예술이 철학에 비해 낮은 단계라고 보았기 때문이다. 바움가르텐에게서 미학은 이성적 인식보다 하위의 인식이었다.

자연미를 예술미보다 높게 여기는 칸트와 달리 헤겔은 미학에서 자연미를 제외시키고자 했다. 헤겔은 자연에는 추하고 비천한 자연도 있으며(『미학 Ⅰ』, 230쪽), 자연미는 정신에 속해 있는 미의 반사에 불과한 것으로서 불충분하고 불완전한 양태로 드러나며 판단기준이 없어서 무규정적이라고 한다(『미학 Ⅰ』, 29쪽). 유한한 현존성과 한계성 그리고 외적인 필연성 속에서 진정한 자유를 가지지 못한 정신이 그 결함을 극복하고자 하는 것이 예술이다. 예술미는 정신의 활력을 외적으로 자유롭게 표현하고 외적인 것을 개념에 맞도록 하는 데서 형성된다. 그때 유한성에 가려졌던 참된 것이 나타나며 진정한 진리성을 띤 외적인 모습이 나오게 된다(『미학 Ⅰ』, 217쪽).

셸링에게서는 자연과 예술이 동일성의 양면이었고 자연미와 예술미의 관계도 그렇지만 자기인식의 과정에서 볼 때 예술미가 자연미보다 더 높았다. 헤겔에게서도 예술미가 자연미보다 우월한데 그것은 예술미가 정신으로부터, 정신에서 다시 태어난 미이기 때문이다(『미학 Ⅰ』, 28쪽). 정신과 자유의 측면에서 자연의 소산보다 예술이 우월하다고 보는 것, 태양은 스스로 자유롭지 못하고 자의식을 갖고 있지 않으며 그 자체 미적이지 않다고 하는 헤겔의 생각은 의식적인 주체의 자유를 중시하는 근대적 관점을 드러내는 것이다.

그러나 헤겔에게서 예술은 절대정신의 한 표현이지만 종교와 철학보다는 낮은 단계로서, 정신을 감성적으로 표현함으로써 이를 자연의 형태로 만들어 우리의 감각에 근접시킨다. 예술에서 정신적인 것이 표상되는 것은 가상(Schein)[78]이다. 그것은 일반적인 의미의 가상화가 아니라 절대정신이 구체적으로 감각적으로 드러나는 방식, 참된 것에 현실성을 부여하는 특수한 방식의 가상화여서 그것은 본질에 본질적이다(『미학 Ⅰ』, 37쪽). 예술이 하는 일은 본래의 참된 내용

---

78) cf. 실러 (3), 하이데거 (5) 1).

에 곁들여 있는 조악하고 일시적인 것들을 제거하고 현상들에게 좀
더 고차원적인 정신의 힘으로 창출된 현실을 부여하는 일이다.

(3) 미의 이념과 이상

객관성은 개념이 현실화된 것이다(『미학 I』, 168쪽). 현실에서 드
러나면서 그 현재성과 하나로 통일된 개념이 이념이다. 개념에 합당
하게 현실로 드러난 것만이 참된 현실성이 되며, 이 현실성 속에서
이념도 비로소 참된 것이 된다(『미학 I』, 169쪽). 미는 이념이 감각
적으로 현상된 것이다. 개념이 그 외적인 현상과 직접 통일을 이룰
때 이념은 참되고 아름다운 것이 된다.

그러므로 예술의 진리는 자연의 모방이어서는 안 되며 외적인 것
이 내적인 것과 조화를 이루어 드러나야 한다. 예술은 현존재 속에
서 우연성과 외면성에 의해 오염된 것을 예술의 참된 개념과 조화시
키는 가운데 현상 속에서 개념과 일치하지 않는 것을 버린다. 이러
한 정화를 통해 비로소 이상(Ideal)이 나타난다(『미학 I』, 222쪽).
예술의 이상적인 본질은 현존재를 정신적인 것으로 복귀시켜 정신
이 그 정신에 적합하게 현상하도록 하는 일이다(『미학 I』, 223쪽).

예를 들어, 초상화를 그릴 때 화가는 그 사람의 모든 것을 다 그
리는 게 아니고 대상의 보편적이고 지속적인 특성만 포착하여 그린
다. 외형이 영혼과 일치할 때 이상적인 것이 되기 때문이다.[79) 초상

---

79) 현실의 여성의 아름다움보다 미적인 초상화가 더 미감적이라고 한 실러의 생각과 유
사하다. cf. 실러 (3).

화를 그릴 때 얼굴의 주근깨, 흉터를 그릴 필요는 없다. 그것은 인간의 개념에 들어 있는 것이 아니기 때문이다. 헤겔은 근육이나 혈관 같은 것을 상세히 묘사하는 것도 좋지 않다고 한다. 셸링은 인간을 나타낼 때 가장 중요한 것이 살의 표현이라고 하는데 헤겔은 살을 직접 드러내지 않고 옷을 입어도 옷의 모양이 신체에 드러나는 정신의 변화를 잘 표현할 수 있다고 한다(『미학 Ⅰ』, 236쪽). 그리고 헤겔은 인간의 형상 중에서도 영혼을 온전하게 드러내 주는 감각기관은 눈이라고 한다(『미학 Ⅰ』, 220쪽). 예술은 모든 외적 부분들을 하나로 결합시키고 보존함으로써 모든 부분에 전체성인 영혼을 드러내는 것이다. 예술은 예술형상에 영혼이 머물고 정신이 드러나고 있음을 보여 주기 위해 형상 표면의 모든 점에 이르기까지 변화시킨다.

이상은 이념이 현실로 드러나되 그 현실의 주체이며 확고한 동일자인 인간 속에 나타날 때 비로소 존재한다(『미학 Ⅰ』, 354쪽). 절대자가 자기를 외화시킨 것이 자연이며 자연 중에서 최상의 존재는 인간이다(이 점은 셸링과 전적으로 같다). 인간은 신을 닮은, 신적으로 창조된 존재자, 즉 자연으로 외화된 신이다. 예술이 절대정신의 표현이라고 할 때 최상의 이념적인 것은 인간을 표현하는 것이며, 이상적인 관계는 신들과 인간의 동일성에 있다(이 점 또한 셸링과 같다). 예술가는 인간의 내면에 있는 보편적이고 본질적인 것을 개별화시켜 우리 눈앞에 펼쳐 보이는 것이다(『미학 Ⅰ』, 324쪽).

보편적인 위력이 독자적인 현상으로 드러나는 것을 가장 잘 보여 주는 것이 그리스 신화의 여러 신들이다. 호메로스의 『일리아스』에서 신들은 보편적인 본질이면서도 규정된 상태로 나타난다(『미학 Ⅰ』, 319쪽). 작품 속에서 신들은 인간의 일에 휘말리기도 하지만 제각기 성격이나 열정에 맞는 특정한 목적에 전념한다. 신들은 사건에 개입하면서도 언제든지 하던 일을 중단하고 올림포스 산으로 돌아가 지복한 모습을 취한다. 헤겔에 의하면, 호메로스의 서사시에서 신들이 투쟁하고 전쟁을 하는 것은 신들의 규정 속에 들어 있는 것이다. 신들은 인간의 마음속에 내재하는 위력으로서 나타나고, 그럼으로써 신들 자신 속에 인간성을 띠고 있음을 그대로 보여 준다(『미학 Ⅰ』, 325쪽). 그러나 호메로스의 작품이 예술의 전형인 것은 아니다.

헤겔은 칸트, 셸링과 달리 호메로스의 작품을 최상의 것이라고 하지 않는다. 그것은 고대 서사시로서는 최고의 것이지만 근대에까지 전형적인 것이라고 보지 않는 것이다. 철학과 예술을 동일한 것으로 본 셸링은 절대자인 신의 역사를 다룬 작품을 최고의 것이라고 하겠지만 헤겔에게서 예술은 철학보다 낮은 위치에 있다. 예술은 인간을 통해서 이상적인 것을 표현하는 것이며 예술가는 인간에게 중요한 자유와 독자성이 보존되도록 표현해야 한다. 이런 점에서 가장 훌륭한 모범을 보여 준 사람은 셰익스피어다(『헤겔미학 Ⅲ』, 330쪽. 이하 『미학 Ⅲ』로 약칭). 헤겔은 예술사에서 가장 독창적인 예술가로 호메로스, 소포클레스, 라파엘로, 셰익스피어를 꼽았다.

(4) 예술의 유형

구체적이고 참된 이념만이 참된 형상을 산출하며 이념과 현상이 일치할 때 드러나는 것이 이상이다. 최고의 예술에서 이념의 형상화가 진정으로 이루어지는데, 최고의 예술에 이르는 것도 단계가 있다.

첫 번째는 예술이 시작되는 단계로, 이념이 아직 규정되지 않은 불확실함 속에서, 조야하고 참되지 못한 규정 속에서 예술 형상의 내용이 되었다. 규정되지 못한 이념은 이상이 요구하는 특성을 갖추지 못하며 추상성과 일면성으로 인해 외적인 형상은 불완전하고 우연적이다. 즉, 외부에 있는 자연적이고 감각적인 소재에서 형태를 이루고 형상화되어서 아직 의미와 표현이 일치되지 못하고 대상과 이념은 서로 부정적이다. 그것이 최초의 예술형식을 갈망하고 고양되었지만 단지 모호한 숭고함만 지녔던 상징적인(symbolische) 예술형식이며 동양에서 나타난 초기의 예술 범신주의가 이 단계에 속한다(『미학 Ⅰ』, 128~129쪽).

두 번째는 고전적인(klassische) 예술형식으로서 상징적 예술형식이 지녔던 결점이 지양된 단계다. 그래서 여기서는 내용이 외적 형상과 일치하여 내용이 구체적이면서 정신적이다. 이 단계에서 예술정신은 자연적인 것에서 절대정신을 찾고 구체적인 정신성에 맞는 형태를 고안하고 만들어 낸다. 이념이 개별적으로 규정되는 정신성으로서 시간에 제약되는 현상으로 드러날 때 인간의 형상을 띤다. 고전 예술형식에서 인간의 육체는 감각적 존재로만 머무는 것이 아니라 그 안에 정신이 현존하는 자연 형상으로서 가치를 띠게 된다. 여기서 정신은 절대적이고 영원한 정신일 뿐만 아니라 인간적인 정신으로도 규정된다(『미학 Ⅰ』, 130~131쪽).

세 번째 단계는 이념과 현실성의 완성된 통일성을 향해 가는 낭만적(romantische)[80] 예술형식이다. 정신은 감각과 융합된 상태에서는

---

80) 헤겔이 예술의 유형을 구분하는 상징적, 고전적, 낭만적인 것은 일반적으로 예술 사조를 구분하는 것과는 다르다. 칸트는 예술을 예술이게 하는 것을 상징이라고 했고,

그 참된 개념에 이르지 못한다. 정신은 이념의 무한한 주관성이므로 절대적 내면성인 이념이 현존재인 구체성 속에 머물면 이념이 자유롭게 형상화될 수 없기 때문이다. 고대 그리스의 제신숭배와 달리 낭만적 예술형식의 내용은 기독교의 정신적인 신에 관한 언표와 부합한다. 헤겔에게서는 동양의 고대 신화, 고대 그리스 신화, 기독교 신화의 단계가 변증법적으로 전개된다. 셸링은 고대 그리스 신화의 사실성에 동양의 이상성이 들어와 서양의 기독교가 형성되었다고 보았다. 그러나 기독교를 고대 그리스 종교보다 높은 단계로 보는 것은 셸링과 헤겔이 같다.

고대 그리스 신들은 직관과 감각에 의해 표상될 수 있었다. 고전적 형식에서는 인간적인 본성과 신적인 본성의 통일이 즉자적이며 감각적이어서 고대 신의 형상은 육체의 형상을 하고도 신적인 위력을 가졌다. 주관적이고 내적인 것은 이 실제적 위력과 즉자적 통일성 속에 있지만 이 통일성을 내면적, 주관적인 지(知)로서 가지지 못했다. 그보다 높은 단계에서는 감각적이고 직접적 현존재인 구체적 인간의 형상이 아닌 정신의 자의식적인 내면성이 내용을 이루는 기반이 된다. 기독교에서는 정신인 신을 개별적이고 특수한 정신이 아니라 정신과 진리 속에 존재하는 절대자로서 표상하기 때문에 정신이 감각적으로 표상되는 것에서부터 즉자적 내면성으로 다시 후퇴한다.

인간적 본성과 신적인 본성의 통일은 정신적인 지를 통해서만 정신 속에 실현되는 통일이다. 그러나 낭만적 예술은 내면적이면서도

셸링도 예술은 싱징에서 최고로 이루어진다고 했다. 헤겔은 상징에 대한 일반적인 견해를 훨씬 벗어나서 상징을 하위의 방식으로 본다. 고전적이라는 것도 18세기의 고전주의가 아니라 어원 그대로 고대 그리스적이라는 뜻이며 낭만적이라는 것도 19세기의 낭만주의만이 아니라 고대 그리스 이후 로마의 기독교적이라는 포괄적인 의미로 쓰인다.

표현을 위해 외면성을 필요로 한다. 이때 정신성은 외면적인 것과 직접적으로 통일되는 가운데 자기 속에 은닉하기 때문에 감각적인 외면성으로 드러나는 형상은 상징적 예술에서처럼 비본질적이고 일시적인 것이 된다.

그러므로 낭만적 예술형식에서도 상징적 예술형식에서처럼 이념과 형상이 적합하지 못한 채 서로 분리되는 일이 다시 일어난다(『미학 Ⅰ』, 131~134쪽). 상징적 예술형식에서는 이념의 결핍이 형상의 결핍된 모습으로 나타났는데, 낭만적 예술형식에서 이념은 정신이며 심정으로서 자기 속에 완성되어 나타나야 한다는 차이는 있지만 그것은 역시 예술에서는 이루어질 수 없는 것이다. 고대 그리스 신들은 예술로서 잘 표현되었지만 정신적인 기독교의 신은 그 단계를 넘어설 것을 요구한다. 그래서 예술을 넘어 종교와 철학의 단계로 진행되어 간다.

예술의 형식들은 특정한 감각적 질료를 통해 예술작품으로 만들어진다. 그 차이는 미의 이념 속에 내재하는 고유한 차이들이며 예술을 외적인 존재로 드러내는 차이들이다. 각각의 형식은 그 특성을 특정한 외부의 질료에서 찾으며 그 질료가 표현되는 방식 속에서 각각의 예술형식은 적절하게 실현된다(『미학 Ⅰ』, 35쪽). 상징적 예술형식은 건축(Architektur)에, 고전적 예술형식은 조각(Skulptur)에, 그리고 낭만적 형식은 회화(Malerei), 음악(Musik), 시(Poesie)로 실현된다.

건축의 과제는 외부 세계의 무질서한 자연을 정신에 유사해지도록 만드는 데 있다. 건축의 재료는 무거운 덩어리로 직접적인 외면성을 지닌 물질이다. 그것은 정신이 이상적으로 실현되지 못한 외적인 물질로서 추상적인 것에 머문다. 건축은 신을 현실화하는 길을 터주면서 자연을 유한하고 우연적인 기형의 형태에서 벗어나도록 하기 위해 객관적인 자연을 변화시키려고 한다. 건축은 신을 위한 터전을 닦고 외부환경을 조성하며 정신의 절대적 대상들을 향하는 공간인 신전을 세운다. 건축은 모이고자 하는 의지를 외면적이긴 하지만 예술적인 방식으로 현시한다. 건축예술의 기본 유형이 되는 것은 상징적인 예술형식이다(『미학 Ⅰ』, 137쪽).

두 번째 단계에서는 정신이 구체성을 띤 형태로 응집되고 형상화되면서 신이 신전으로 들어간다. 이 일을 하는 것이 조각이다. 건축이 내적인 정신을 암시한다면 조각은 정신의 내면이 감각적인 형상과 외적인 질료 속에 들어서도록 형태화한다. 조각에서 정신은 구체화된 형태 속에서 고요하고 지복한 상태로 존재하면서도, 드러나는 형태는 생동성을 띠어야 한다(『미학 Ⅰ』, 138쪽). 이것은 고대 그리스의 조형예술인 조각에 해당하는 것이다. 그때 조각은 주로 신전을 장식할 신상을 만드는 것이었다. 그리스 신전의 신상들은 인간과 같은, 인간 중에 가장 완전한 모습으로 형상화되었다. 신의 정신이 돌과 같은 물질을 통해 인간의 모습으로 구현된 것이다. 조각의 기본 유형은 고전적 예술형식이다.

건축이 신전을 만들고 조각이 신의 형상을 세우고 나면 이제 신전 안에 감각적인 모습으로 나타난 신에 대해 정신적으로 반성하면서 생기를 불어넣어 주는 내면성이 있어야 한다. 이 내면성과 더불어 특수성과 개별성, 주관성이 예술의 내용이 되며 그러한 표현을 위한 질료는 색채나 음조, 그리고 내적인 직관과 표상을 단순한 기호로 드러내는 음조다. 그러한 예술방식에는 회화, 음악, 시가 있다. 정신이 담고 있는 의미와 감각적인 질료가 적절하게 일치할 때 그것은 건축, 조각보다 더 숭고한 내면성에 이른다. 형식과 내용이 상징적인 건축이나 고전적인 이상을 담았던 조각에서 벗어나 관념성으로 고양될 때, 예술이 그 관념적인 형상을 표현하는 데 가장 적합한 것은 낭만적 예술형식이다. 낭만적 예술형식은 가장 구체적인 형식이며 그렇기 때문에 총체적인 예술이라 할 수 있다(『미학 Ⅰ』, 140쪽).

조각과 가장 가까운 예술은 회화다. 회화는 내용을 형상화하는 질료로 가시성을 이용한다. 그러나 회화의 가시성은 건축처럼 무거운 질료가 지닌 추상적이고 역학적 질량을 필요로 하지 않으며 또한 조각에서처럼 감각적인 공간의 총체성을 필요로 하지 않는다. 회화의 가시성은 색채의 차이를 좀 더 이념적으로 특수화시키는 것을 뜻하며, 표현 장소를 평면에 국한시켜 질료의 감각성이나 공간의 총체성에서 예술을 해방시킨다(『미학 Ⅰ』, 140~141쪽).

음악은 질료가 감각적이지만 회화보다 심오한 주관성과 특수화로 진행된다. 회화에서는 (이차원으로 삼차원을 나타내기 때문에) 가상적인 공간이 존재하고 공간성을 의도적으로 속이지만, 음악에서는 공간이 분산됨으로써 공간성은 지양되고 개별적인 점들이 통일되는 것으로 이상화된다. 공간적이지 않고 시간적인 관념성으로 드러나는 질료를 내포하는 최초의 관념성이 음(音)이다. 헤겔은 공간성이 지양된 것을 시간성으로 보기 때문에 시간예술인 음악이 공간예술인 회화보다 높은 단계다. (셸링에게는 회화가 음악보다 높은 단계였고 칸트에게서도 그랬다)

음의 추상적 가시성은 이념을 물질의 예속에서 벗어나게 한다. 여기서는 최초의 내면성과 영혼이 아직 규정되지 않은 정신의 내면성과 영혼을 위한 질료가 된다(『미학 Ⅰ』, 141~142쪽). 음악은 더욱 주관성 안으로 집중되면서 음에 의해 만들어지는 주관적인 것을 충족시키기 위해 가사를 필요로 한다. 그 다음에는 추상적인 내면성에 멈추지 않고 그 세계를 구체적인 현실로 형상화하는 표상의 영역도 음악으로부터 떨어져 나가 시예술 속에서 적합한 예술적 존재성을 부여한다.

시는 외적인 질료에 의해 울리는 점에선 음악과 공통성이 있다 (『미학 Ⅲ』, 426쪽). 그러나 음을 가지고 선율적으로 표현하는 것 역시 시적인 판타지의 상을 완전히 실현시키기엔 부족하다. 음은 정신적인 표상으로 충족됨으로써 말소리가 되고, 말은 다시 정신적으로 외화되기 위한 비독자적인 수단이 된다. 내용을 시적으로 만드는 것은 표상 자체가 아니라 예술적인 상상이다. 상상이 내용을 포착하여 언어로 전달되게 한다(『미학 Ⅲ』, 427쪽).

낭만적 예술형식 가운데 가장 정신적인 표현방식이 시이다. 회화와 음악이 예술을 감각적인 요소에서 해방시키려고 했다면, 시문학의 고유한 특성은 감각적인 요소를 정신과 정신의 표상 속에 강하게 예속시키는 힘을 갖는 데 있다. 시의 음은 음악에서처럼 울려 퍼지는 감각성이 아니라 음절로 나뉘어 발음되는 낱말이 되고 그 낱말의 의미는 표상과 사유를 드러낸다. 음악에는 내면성과 감각적인 요소가 직접적으로 하나가 되는데, 문학에서는 감각적 요소가 의식의 내용으로부터 떨어져 나가고 정신이 자신 속에서 그 내용을 표상한다. 시예술(Dichtkunst)은 스스로 자유로우면서 그것이 실현되는 데 외적 감각적인 질료에 매이지 않는 정신을 드러내는 예술, 즉 표상과 감정의 내적인 공간과 시간만을 향유하는 정신적이고 보편적인 예술이다(『미학 Ⅰ』, 142~143쪽).

시의 원리는 정신성이다. 시는 정신을 직접 표현하되 이를 외적으로 직관되게 하거나 구체적인 것으로 드러내지 않는다. 시는 여러 특성들을 회화처럼 동시에 동일한 총체성으로가 아니라 순차적으로 드러내어, 회화처럼 특정 공간에 제한되거나 특정한 계기의 행위에 국한되지 않고 대상의 내적 깊이를 시간 속에서 전개하며 표현할 수 있다. 진실한 것을 본질적인 규정들의 통일성에서 포착한다는 의미에서 시는 구체적이다.

그래서 시는 그 형상들이 정신을 드러나게 하는 데 오직 언어의 전달에 의한다. 시문학은 외화의 방식에서 제한된 영역에 머물지 않고, 상상될 수 있는 어떤 내용도 어떤 형태로든 형상화하고 표현할 수 있는 보편적인 예술이 된다. 시문학의 고유한 질료는 모든 특수한 예술형식들의 근간이 되는 상상력 자체이기 때문이다(『미학 Ⅲ』, 431쪽).

바움가르텐 이후 철학자들에게 예술은 각자의 철학에서 그 위상과 성격이 다르게 규정되었다. 그에 따라 예술형식의 구분이 다르고 구체적인 작품에 대한 평가가 다르게 되었다. 그러나 예술에서 시가 최고의 형식인 것은 동일하다. 예술을 학문의 관점에서 보는 근대 미학(예술철학)에서는 철학과 가장 가까울 수 있는 예술은 조형예술보다 언어예술인데 그중에서도 시가 그렇다고 보았다. 소설이 이미 등장한 때지만 헤겔은 소설을 서사시의 근대적 변형이라고 보며 산문의 언어예술에 대해서는 본격적으로 다루지 않았다. 헤겔에게서도 역사적으로 가장 진전된 낭만적 예술 중에 최상의 것은 역시 시였다.

(5) 시(Poesie)

예술적인 표현의 일반적인 개념에 근거하여 시는 서사시, 서정시, 극시로 분류된다.

1) 서사시(epische Poesie)

① 서사시의 특성

서사적 표현양식 중 처음 나타난 것은 경구, 금언, 교훈시 등이며 우주진화론, 신통기도 여기 속한다. 헤겔은 비슷한 시기의 호메로스의 작품에 비해 헤시오도스의 신통기 등을 서사시로서 불완전하다고 보았고 초기 철학자인 크세노파네스, 파르메니데스의 철학시를 헤시오도스의 신화와 같은 양식으로 평가했다(『미학 Ⅲ』, 513쪽). 헤겔의 입장에서 헤시오도스의 서사시가 불완전한 것은 필연적인 사건들의 연속일 뿐 통일성과 완결성을 추구하는 개인적인 행위를 묘사하지 않았기 때문이며, 교훈시나 철학시도 소재는 보편성을 띠지만 정신이 구체적으로 개별적인 형상을 띠지 못해서 진정한 시가 되지 못했다.

참된 서사적 사건 속에선 개별적이고 그 시대와 민족적 상황의 총체성으로 갈라져 나간 행위가 서술되며 그것은 확대된 세계 안에서만 직관될 수 있기 때문에 그 전체적인 현실에 대한 묘사가 요구된다. 그러나 서사시 속에서 개인은 스스로 존재하는 보편적인 것이어서는 안 된다. 그래서 확대된 법, 잘 설립된 행정, 헌법을 조직하여 발전된 국가의 상태는 참된 서사시적인 행위의 기반이 될 수 없다.

서사적인 것은 객관적 윤리성을 원하지만 행동하는 개인들과 그들의 성격에 의해서만 실현될 수 있으며 보편적 가치를 지니고 정당한 형태를 띠고 존재하는 것에 의해 실현되지 않는다(『미학 Ⅲ』, 525쪽).

자연과의 관계도 마찬가지다. 서사시에서 인간은 자연으로부터 욕구를 충족시킬 것을 얻고 그런 것을 생동적으로 느낌으로써 외적인 것과 밀접한 관계를 가져야 한다. 그러므로 공장에서 기계적으로 산출되는 물건들과 우리의 외적 삶의 욕구를 충족시키는 근대의 방식은 서사시의 배경에 적합하지 않다. 서사시적인 상태는 목가적인 상태와 다른 영웅적인 상태다(『미학 Ⅲ』, 525).

서사시에 적합한 상황은 영웅시대의 민족 간의 전쟁이다(『미학 Ⅲ』, 532쪽). 민족 간의 전쟁에서 민족은 자신을 위해 다른 민족과 대립되는 총체성을 형성한다. 그러나 모든 통상적인 전쟁이 서사적으로 간주되지는 않는데, 그것은 한 민족이 다른 민족에 대항하도록 추진하는 보편적인 역사적 권리가 첨가되는 전쟁에서만 숭고한 행위가 펼쳐지기 때문이다.81) 헤겔은 전쟁 서사시에도 알렉산더 대왕의 동방원정은 좋은 소재가 못된다고 한다. 알렉산더의 군대는 전적으로 그의 명령에 매어 있어 그의 영웅행위가 알렉산더 개인에 너무 의존해 있고 민족적인 기반이나 그의 군대, 지도자들에게 필요한 독자적인 존재와 위상이 결핍되어 있다고 보았기 때문이다. 서사시는 개인의 행위와 일반적인 세계상태가 끊임없이 서로 중재되는 관계 속에서 독자성을 보존하는 데 그 생동성이 있다(『미학 Ⅲ』, 555쪽).

---

81) 반면 왕조 간의 전쟁이나 토착적인 전쟁, 내란은 극적인 표현이 더 적합하다고 한다(『헤겔미학 Ⅲ』, 533쪽), 아리스토텔레스는 『시학』에서 형제간의 싸움 내용이 적합한 비극 소재라고 했다(『시학』, 14)).

서사시가 극시와 다른 것은 서사적인 관심이 특별한 행위의 근거가 되는 인물의 성격이나 상황에 국한되지 않고 전체의 사건이 민족적인 전체성에서 필연적으로 일어나는 것인데 서사시는 극에서와 달리 사건들의 필연성이 운명에 의한다. 『일리아스』에서처럼 신들에 의해 전쟁이 일어날 수밖에 없다면 인간은 어쩔 수 없는 것이며, 그런 의미에서 그것을 따르는 것이 정의다. 운명(Schicksal)은 정의(Gerechtigkeit)지만 그 상황이 개인이 극복하기엔 너무 거창하다는 점이 비극적인데, 인간 개인이 심판받는 극적인 의미에서가 아니라 서사적인 의미에서 비극적이다. 셸링은 서사시의 지배적인 것은 행위이고, 자유와 필연성의 동일성 안에서의 행위이기 때문에 서사시에서는 무한자와 유한자의 대립, 피하고자 하는 운명이란 것은 없다고 했다.

서사시는 고대 영웅시대에 민족 간의 전쟁이 소재가 되어야 하기 때문에 헤겔은 발전된 근대국가에서는 서사시가 불가능하다고 보았다. 헤겔은 근대 유럽은 모든 민족이 서로 다른 민족에 제약을 받아 스스로 다른 민족들과 전쟁을 할 수 없으므로 이런 정황에서 근대는 서사시가 불가능하며, 앞으로 행여 가능하다면 배경이 되는 곳은 미국대륙일 것이라고 보았다. 그것도 고대의 전쟁과 같은 것이 아니라 무한히 뻗어가는 시장이나 미국의 합리성이 특수한 것들의 예속에 대해 거두는 승리를 서술하는 일이 될 것이라고 했다(『미학 Ⅲ』, 535쪽). 그러나 그 예견은 어긋나 유럽의 여러 나라는 1, 2차 세계대전을 치렀고 미국적 합리성의 승리를 서술하는 서사시도 없었다.

② 서사시의 역사

헤겔은 이런 서사시에 대한 관점에서 동서양의 서사시를 분석했다. 헤겔은 중국인들의 직관이 너무 범속해서 종교적으로 표상하거나 예술적으로 형상화하기에 부족했기 때문에 중국은 민족적 서사시를 갖지 않았는데, 그러나 이후에 나온 소설은 풍부하게 발전했다고 한다. 『시경』에 『일리아스』와 같은 서사시는 없다. 『시경』에 서사시로 분류되는 것도 있지만 규모 면에서 아주 작다. 또한 서사시라고 할 수 있는 사(辭, 굴원의 작품이 그 예가 된다)가 있지만 그것은 헤겔이 규정하는 것과는 거리가 있다.

헤겔에 의하면 인도의 『야마야나』와 『마하바라타』도 서사적으로 표현될 수 있는 신화적 맹아를 풍부히 갖고 있지만 고차적인 자유와 윤리성에서 공감대를 형성하기 힘들다. 그리고 유대인들은 종교적 관심사가 지배적이어서 그들의 것이 원래의 서사시는 되지 못했다. 원래 시적인 기질을 띠고 있어 일찍부터 진정으로 시인이었던 사람들은 아랍인이었으나 마호메트교를 신봉한 아랍인들은 광대한 정복사업에 성공함에 따라 점차 영웅적인 성격이 쇠퇴해 갔고, 페르시아의 서사시는 고대 페르시아 설화와 신화에서 유래하나 오래전에 사라진 세계로부터 너무 멀리 떨어져 있어 민족 서사시에 전적으로 필요한 직접적인 생동성을 띤 숨결을 부여하지 못했다(『미학 Ⅲ』, 572~576쪽). (그러나 『길가메시 서사시』를 알았다면 헤겔은 어떻게 평가했을까?)

이러한 역사적 고찰을 통해 헤겔은 호메로스의 서사시를 서사시의 영역에서 향유할 수 있는 최고의 것이라고 평가한다(『미학 Ⅲ』, 577쪽). 호메로스는 일찍이 플라톤에 의해서 그랬듯이 최초의 시인이며 최고의 시인으로 평가되었다. 셸링은 호메로스의 위대함을 그가 개인이면서 민족이고 신이라고까지 평가했다. 그러나 헤겔은 서사시가 한 민족 전체의 사실을 언표하더라도 그 시를 짓는 것은 한 민족 전체가 아니라 개인이라고 본다. 한 시대나 한 민족의 정신은 주체로서 효력을 발휘하는 원인이 되지만 한 시인의 개별적인 재능이 포착하여 그 보편적인 정신과 내용을 작품으로 완성할 때 예술작품이 된다고 보기 때문이다(『미학 Ⅲ』, 522쪽).

그리고 호메로스보다 단테의 작품을 높이 평가한 셸링과는 달리 단테의 『신곡』을 헤겔은 서사시라고 하지 않는다. 그것은 특별한 사건을 다루기보다 영원한 신의 행적, 신의 사랑 속에서 모든 특수한 개별적인 것들은 무상하다는 것이 그 내용이어서 구성과 마무리는 잘되었지만 개별적으로 완결되는 행위가 빠져 있기 때문이다(『미학 Ⅲ』, 582쪽). 헤겔은 서사시는 고대 영웅시대에 알맞은 형식이라고 보기 때문에 기독교로 전환한 이후의 중세의 대표적인 서사시로 여겨지는 밀턴의 『실낙원』, 클롭스톡의 『메시아』 등도 인위적인 졸작이라고 평가한다(『미학 Ⅲ』, 550쪽).

헤겔은 근대 독일의 목가시도 서사시의 변형으로 보는데, 달콤한 감상주의에 젖어 있고 거대한 민족적 사건을 떠나 시골이나 작은 도시의 좁은 상황으로 도피하여 서사시적 소재를 찾을 수 없다고 한다(『미학 Ⅲ』, 589쪽). 그래서 근대적 의미의 목가시를 헤겔은 서사시의 아류에 속하는 것이라고 평하는데, 이런 생각은 실러의 목가시에 대한 입장과 전적으로 다르다.

나아가 헤겔은 근대는 전체적인 세계 상태가 범속한 질서를 띠고 있어 서사시에 필수적인 요구들과 반대되며 그것은 서사적 예술형식으로 감당할 수 없어서 더 이상 서사시가 나오지 않았고 그런 민족적 사회적 삶의 영역을 묘사하기 위해 서사시 영역에서 소설, 이야기, 단편소설 등이 시작되었다고 보았다(『미학 Ⅲ』, 590쪽). 서사시가 근대에 오면 소설의 형태로 변화한다. 그런데 헤겔은 소설을 서사시보다 더 발전된 형식이라고 보는 것이 아니라 영웅시대가 범속해진 것을 표현하는 형식으로 서사시의 근대적인 변형일 뿐이라고 한다. 헤겔은 운문보다 산문이 더 발전한 것이지만 예술에서의 최고형식은 운문인 시라고 한다. 헤겔이 적극적인 가치를 부여하지 않은 소설을 끌어올린 사람이 루카치다. 루카치는 신이 사라지고 갈 길을 찾지 못하는, 복잡한 현대를 그려내는 데 가장 알맞은 것이 소설이라고 보았다.

호메로스의 서사시가 위대한 것은 틀림없다. 그리고 고대에 전쟁 서사시가 많았던 것도 동서양의 공통적인 사실이다. 그러나 헤겔이 그 역사적 사실에서 서사시는 영웅시대에 이민족 간의 전쟁이 소재여야 한다고 주장하는 것은 너무 역사적 사실에 의존하는 것이며, 근대에는 그 형식이 적합지 않다는 것은 근대의 훌륭한 서사시들을 올바르게 평가한 것이라고 할 수 없다. 또한 동양에 대해서는 더욱 공정하고 사실적인 평가를 하지 못했다.

2) 서정시(lyrische Poesie)

① 서정시의 특성

객관적으로 완결되어 스스로 총체성을 띠고 있는 것을 주체에 맞서 전개되는 것으로 표현하는 것이 서사시라면, 자신을 표현하고 그 속에서 심정을 느끼려는 욕구를 만족시키는 것이 서정시이다. 서사시에서는 민족정신이 총체적으로 전개되는데 서정시는 내용이 좀더 규정되어 특수한 측면에 국한된다. 그러나 서사시는 특정한 시기에 매어 있어 산문이 발전하면서 약해졌지만 서정시는 한 민족이 발전해 가는 거의 모든 시대에 생겨날 수 있었다(『미학 Ⅲ』, 593쪽).

서사시가 번성하던 시대는 아직 성숙되지 않은 민족의 상태가 요구되었는데 서정시는 얼마간 완성된 삶의 질서를 띠고 있는 시대가 유리하다(서정시는 서사시보다 나중에 발생했다). 그러한 시대에 비로소 인간은 개인으로서 외부 세계에 맞서 자신 속에 자아를 반영하며 자기 내면에서 느끼고 표상하는 것을 독자적인 총체성으로 완성시킨다. 서정시에서 형식과 내용을 제공하는 것은 객관적인 전체성이나 개인의 행위가 아니라 주체로서의 인간이다.

서사시는 광범하게 갈라져 나간 현실로 확대되고 전개되어 표현되는데, 서정시에서는 주어진 세계를 자신 속에 끌어들여 내면에서 체험되어 내적인 것이 된 다음에야 비로소 언어로 포착되어 표현된다. 서사적인 발전과 반대로 서정시 원리는 압축된 것이다. 서정시는 묘사나 표현을 확대시키기보다는 내적으로 심오한 표현을 통해 효과를 드러내고자 한다(『미학 Ⅲ』, 617쪽).

서정시는 그 내용이 주관적이며 주체가 스스로 말하는 형식을 취한다. 서정시에서 시적 상상력은 어떤 사상을 외적인 실재성의 모습으로 보여 주는 것이 아니라 내면의 모습과 느낌을 보여 준다. 서정시에서 표현되는 가장 중요한 대상은 시를 짓는 주관성이며 내용과 형식이 특수하게 개별화되는 것을 원리로 삼는다(『미학 Ⅲ』, 609쪽). 서정시인의 유일한 표현활동은 자기의 내면에 말을 부여하는 것이다. 영웅을 노래할 때도 영웅에 대한 명성을 칭송하는 것이 아니라 듣는 사람으로 하여금 시인의 말에 귀를 기울이게 한다. 호메로스의 경우 그가 실존 인물인지도 확실치 않지만 그의 작품 속의 주인공들은 불멸의 존재가 되었다. 반면에 핀다로스의 시에서 주인공은 그 이름이 중요하지 않지만 시인은 불멸의 존재로 남았다(『미학 Ⅲ』, 611쪽).

서정시 작품의 외형과 실재성은 시 운율과 음악의 반주다. 순간적으로 떠오르는 감정과 표상을 시간적으로 연이어 일어나 완성되도록 표현해야 하므로 서정시는 음악과 잘 연결된다. 그렇지만 시에서 더 서정성을 띠는 것은 낱말이나 음절들의 울림이어서 말이 실제로 선율이 되어 낭송될 때 단순히 운을 띠는 것보다 더 음악적으로 들린다(『미학 Ⅲ』, 619쪽). 그러나 서정시의 서정성은 좋은 노래에서 더욱 빛난다.

헤겔은 서정시 속에 민요를 포함한다. 민요(Lieder)는 시인이 자신을 주체로 강조하지 않고 대상 속에 빠져든다는 점에서 서사시와 비교될 수 있지만 내적으로 집중된 심정을 표현하기 때문에 서정시적이라고 할 수 있다. 그러나 예술적으로 알리는 것은 개인이 아니라 민족의 감정인데 그것은 개인이 아직 민족과 그들의 관심사에서 떨어져 나온 내적인 표상을 지니지 않기 때문이다. 민요가 나오는 상황은 종족이 뭉쳐 있을 뿐 영웅들이 등장하는 국가로 발전되지 않은 삶에 국한된다. 참된 서정적인 시는 기존의 범속한 상태에서 벗어나 주관적이고 독자적인 환상에서 내적으로 관찰하고 느낀 새로운 시의 세계를 창조하는 데 비해 민요는 범속한 현실과 의식이 완성되기 이전 단계에서 나온 것이다. 민요는 서정적인 민중시(Volkspoesie)다

(『미학 Ⅲ』, 608쪽).

민요에 대한 헤겔의 견해는 민요를 가장 근원적인 서정시로 보는 니체의 견해와 대조적이다. 민요에 대한 견해의 차이는 서정시뿐만 아니라 서정시를 포함하는 극시에 대해서도 다른 입장을 갖게 했다.[82]

② 서정시의 역사

헤겔은 서사시에서처럼 서정시에 대해서도 동서양의 서정시들을 역사적으로 고찰했는데 여기서도 마찬가지로 동양에 대한 편견을 드러냈다. 헤겔에 의하면 동양의 서정시는 보편적인 원칙에 맞게 주체의 개별적인 독자성이나 자유가 허용되지 않으며 무한성에 의해 내용이 내면화되는 심오한 낭만적 심정을 형성하지 못하기 때문에 서양의 시와 구분된다.

고대 그리스와 로마 서정시의 특징을 이루는 것은 고전적인 개성이다. 특수하고 내밀한 기분이나 상황 속에 침잠하는 낭만적 서정시와 달리 내면을 개별적인 열정, 직관으로 관찰한 다음 시로 명확하게 표출해 내기 때문이다. 헤겔은 서사시가 영웅시대에 국한되는 반면 서정시는 모든 시대에 고르게 발달했다고 하지만 고전적 서정시보다 낭만적 서정시를 더 높게 평가한다.

낭만적 서정시는 새로운 민족들이 등장하여 비로소 근원적인 내용과 정신이 드러나게 된다. 특히 게르만, 로만, 슬라브 민족에게서 그들이 이교도였을 때보다 기독교로 개종한 후 낭만적 예술형식은 더욱 풍요롭게 완성되었다. 이것은 기독교적인 내용의 서사시에 대

---

82) cf. 니체 (2) 1. 3).

한 견해와 비교된다. 헤겔은 기독교적인 서사시는 차갑고 추상적이라고 하며 밀턴의 『실낙원』, 클롭스톡의 『메시아』 등을 인위적인 졸작이라고 평가했다. 서사시는 고대 영웅시대에 적합한 형식이라고 보기 때문이다. 이에 대해 기독교적인 낭만적 서정시는 민족들의 삶 전체가 실체적이고 객관적인 것을 자신들의 소유로서 스스로에서 산출해 내고 형상화하는 단계에 이르렀기 때문에 완성된 형태라고 보았다.

그런데 헤겔은 서정시의 주관성의 원칙이 흐트러지지 않고 가장 완벽하게 효력을 발휘한 것은 게르만 민족에서라고 하며 근대에 대표적인 독일 서정시인으로 실러, 괴테와 함께 클롭스톡[83]을 언급한다. 헤겔은 클롭스톡의 『메시아』라는 서사시는 졸작으로 평가했지만 그의 서정시는 높이 평가한다. 그리고 독일의 서정시를 위대하게 발전시켰으면서도 그 가치를 제대로 인정받지 못했다고 하면서 자기 민족에게 새로운 예술의 시대를 시작하도록 도와준 위대한 독일 시인의 한 명이라고 그를 찬양한다(『미학 Ⅲ』, 638쪽).

그런데 헤겔은 그를 실러, 괴테와 비교하여 그가 살았던 시대에 국한되어 있다고 하며 실러와 괴테는 자기 시대의 시인으로서만이 아니라 좀 더 포괄적으로 시를 쓰는 시인이라고 평가했다. 특히 괴테의 시들은 독일인이 근대에 들어와 소유하게 된 가장 심오하고 영향력이 뛰어난 것으로 보는데, 그것은 전적으로 독일 정신의 기저음과 완벽하게 일치하기 때문이라고 한다(『미학 Ⅲ』, 641쪽). 하이데

---

83) 클롭스톡은 『젊은 베르테르의 슬픔』에서 괴테에 의해서도 최고의 시인으로 인정되었다. 그리고 횔덜린이 젊은 시절 만든 문학 서클 회원들은 클롭스톡을 주재자로 칭하고 그를 추종했다. 그런데 헤겔은 왜 그가 인정받지 못했다고 했을까?

거가 시인 중의 시인이며 가장 독일적인 시인으로 횔덜린을 선택한
것과 비교된다.[84]

3) 극시(dramatische Poesie)

서사시의 객관성과 서정시의 주관성을 새로운 총체성으로 연결시
키는 표현방식이 극시이다. 극시는 서사시처럼 사건, 행적, 행위를
관조할 수 있게 하면서도 일어나는 사건은 행동하는 개인에 의해 표
현되기 때문에 살아 있는 인간이 시가 외화되기 위한 질료가 된다.
극시에서는 내면에 간직된 성격은 서정시처럼 언표되지만 내면의
언어인 몸짓을 직접 보여 주는 것이다.

극시에서 개인은 자신의 내면에 중심이 되더라도 개인의 성격을
통해서 규정되도록 상황과 분위기를 보여 주어야 하는데 행동하는
개인의 내적인 목적에 관심이 국한되어야 하고 외부로부터는 자의
식에서 나오는 그 목적과 본질적인 관계가 있는 것만이 작품 속에
수용되어야 한다. 그런 점에서 극시는 서사시보다 더 추상적이며 행
동이 서사시보다 더 단순하게 집약되어야 한다.

시예술의 최고 단계인 극시는 역사적으로 서사시, 서정시보다 후
에 나타났다. 헤겔은 극시가 서정시, 서사시 양쪽을 포괄하기 때문
에 인간적인 목적, 분규, 운명에 대한 자유로운 자의식이 완벽하게
일깨워진 민족사의 중기나 후기의 발전 시기에 가능했다고 한다. 민
족들이 초기에 겪었던 위대한 행적이나 사건은 서사적인 성격을 띠

---

84) cf. 하이데거 (7).

었고, 후세에 가서야 독자적인 목적을 지니고 계획한 바를 이행하는 고독한 영웅이 출현했다. 극은 문화가 발달한 민족의 삶의 표현이다 (『미학 Ⅲ』, 643~644쪽).

헤겔은 서사시, 서정시에서처럼 극시에서도 동양은 극예술이 완성되기에 적합하지 않다고 했다. 참된 극적인 행위가 나타나기 위해서는 개인적인 자유와 독자성의 원리 또는 적어도 자신의 행위와 그 결과에 대해 스스로 책임을 지려고 하는 자기의식이 각성되어 있어야 하는데 동양은 그에 이르지 못했다고 보았기 때문이다(『미학 Ⅲ』, 693쪽). 극의 시초는 중국[85]과 인도에서 발견되지만 그 극들은 자유롭고 개별적인 행위가 드러나는 것이 아니라 특정한 상황 속에서 일시적으로 등장하는 사건들과 감정들만 드러냈을 뿐이며 마호메트교의 시문학은 신의 위력이 너무 강해 모든 피조물을 철저하게 종속시키고 그 운명을 결정하기 때문에 극으로 표출되기가 어렵다고 한다. 본래의 극이 가장 건실하게 발전한 단계는 고대 그리스이며, 헤겔은 그것을 그들에게서 자유로운 개별성의 원리가 고전적 예술형식으로 완성되는 것이 최초로 가능했기 때문이라고 한다(『미학 Ⅲ』, 694쪽).

① 비극

비극적인 행위의 참된 원인은 인간의 의지 안에 있는 본질적이고 정당한 위력들이다. 개인들의 현실적인 행동 속에서도 그 본질적인 특성을 희생하거나 자신에 대립되는 것으로 변화하지 않는 비극의 주제는 그래서 (종교적 신성과는 다른) 신성함이라고 할 수 있다(『미

---

85) 중국의 대표적인 경극은 2백여 년 전에 시작된 것이다. 헤겔은 어떤 근거에서 중국과 인도에서 극의 시초가 발견된다고 했는지 밝히지 않았다.

학 Ⅲ』, 683쪽). 서사시에서처럼 비극에서도 비극적 행동의 일반적인 근거가 되는 것은 영웅적인 세계상태다. 왜냐하면 영웅시대에만 보편적이고 윤리적인 위력들이 국가의 법률이나 도덕적 계율이나 의무로서가 아니라 스스로 확립된 신들로서 독자적으로 활동하는 가운데 자유로운 인간들처럼 개별성을 띠고 등장하기 때문이다(『미학 Ⅲ』, 697쪽).

극은 등장인물들의 대화와 합창단의 합창으로 이루어진다. 헤겔은 등장인물들이 특수한 목적과 상황에 매여 있는 반면, 합창은 모든 것에 대해 조용히 반성할 수 있어서 합창을 듣고 바라봄으로써 등장인물들의 성격과 행동 가치에 대한 기준을 얻을 수 있고 거기서 관객은 자신의 판단 대변자를 발견하게 된다는 점에서 합창의 중요성을 인정했다(『미학 Ⅲ』, 699쪽).[86] 헤겔은 합창을 윤리적이고 영웅적인 삶과 행위의 실체가 되는 것으로서 개별적인 영웅들에 비해 풍요로운 지상의 왕국인 민족과 같은 것이라고 보았다. 합창단은 확고한 국가법의 효력이나 종교적인 교리가 아직 대립되지 않는, 또한 윤리적인 것이 현실에서 드러나더라도 개인들 간의 충돌에 대항하여 흔들리지 않고 삶의 균형을 잡을 수 있는 곳에 있는 것이다. 극장이 외적인 기반과 무대장면, 주위 배경을 가지듯 합창단, 즉 민중도 정신적인 무대를 갖는 것이며, 그래서 그것은 건축에서 영웅인 신상을 둘러싸는 신전에 비유될 수 있다고 했다. 즉, 합창단은 민중의 정신적인 신전과 같은 것이다.

---

86) 플라톤, 아리스토텔레스와 달리 근대 예술철학에서는 비극에서 합창의 중요성을 인정한다. 그런데 헤겔, 니체, 하이데거의 합창에 대한 견해는 자신들의 예술론에 근거하고 있기 때문에 그 성격은 각기 다르다. cf. 니체 (2) 1) 4, 하이데거 (6), (7).

합창은 행위 속으로 들어가 관계하지 않으며 투쟁하는 주인공들에게 어떤 권한도 행사하지 않고 이론적으로만 심판하고 경고하고 연민을 보이거나 내면적인 위력에 호소한다. 행동하지 않으며 사건을 서사적으로 서술하지 않는다는 점에서 합창은 서정성을 띤다(『미학 Ⅲ』, 699쪽). (극시를 시라고 할 수 있는 핵심은 서정시인 합창이다) 그러나 내용은 보편성을 띤 서사적 특성을 보존하고 있어서 서정적 방식으로 노래하긴 해도 원래의 송가형식과는 달리 아폴로 신을 찬양하는 노래나 주신을 찬양하는 열광적인 송가에 더 가까울 수 있다.

비극은 디오니소스 찬가인 합창에서 시작되었다. 그런데 비극이 번성하던 시기에 합창은 신에 대한 축제나 의식에서만 불린 것이 아니라 본질적으로 극적 행위에 속하고 꼭 필요한 것이 되어 더욱 미적으로 형성되었다. 헤겔은 비극에서 합창을 중요하게 보고 비극이 몰락하게 된 이유는 합창이 더 이상 극 전체를 구성하는 한 요소로 머물지 못하고 장식으로 가치가 하락하고 조악해진 데서 비롯한다고 하는데, 그러나 낭만적 비극에는 합창이 부적합하다고 보았다. 고대 비극에서 중요했던 합창을 근대 비극에도 도입해 보려는 노력이 있었지만 그것이 실패할 수밖에 없었던 것은 낭만적 비극은 고대 그리스적인 의미에서 행동을 표현하거나 삶과 신성함이 분열되지 않을 때의 의식에서 나온 것을 표현하지 않기 때문이다(『미학 Ⅲ』, 700쪽).

합창의 성격규정은 다르지만 합창이 위축되고 소멸하면서 비극이 죽었다고 보는 것은 니체도 마찬가지다. 그러나 니체는 낭만적 비극에서도 합창을 가장 중요한 것으로 보았다. 니체는 한때 바그너에게서 비극의 부활이 가능하다고 보았다.

합창은 서정시와 음악이 결합된 것이다. 헤겔이 이것을 음악이 아니라 시에서 다루는 것은 합창을 서정시로 보기 때문이며 그래서 합창의 음악은 종속적인 첨가물이라고 보았다(『미학 Ⅲ』, 358쪽). 이것은 플라톤, 아리스토텔레스의 견해와도 같은, 음악(조형예술)보다 시(언어예술)가 더 높은 예술이라는 오랜 전통을 따른 것이다. 그런 입장에서는 당연히 합창에서 음악보다 시가 더 중요하며 비극에서는 음악이 결합된 합창보다 언어만의 대화가 더 중요하다.

합창과 함께 극을 이루는 요소는 대화다. 극시가 서사시와 다른 것은 집약된 사건을 직접 행동으로 나타낸다는 것이다. 독백도 있지만 자신의 성격을 드러내고 실제 행동으로 이끌어 가면서 표현하는 것은 무엇보다 대화다. 그러므로 극을 행동의 모방이라고 할 때 완전하게 극적인 형식을 갖는 것은 대화다(『미학 Ⅲ』, 658쪽). 비극이 디오니소스 합창에서 발생되었고 작품 속에서 합창이 중요한 역할을 한다 해도 음악보다 주인공들의 대화를 더 중요하게 여긴 아리스토텔레스의 전통은 헤겔에게서도 그대로 이어졌다. 합창이 없어진 근대극에서는 합창이 하던 것도 등장인물들의 말을 통해서 전해야 하기 때문에 근대극에서는 더욱 대화가 중요하다.

비극에서 대화를 통해 나타내야 하는 중요한 것은 깨어 있는 의식의 권리, 즉 인간이 자기의 의지로 행하는 것의 권리와 그가 의도하지 않지만 신들의 결정에 의해 행하는 것의 충돌이다. 충돌의 동기가 되는 것은 단순히 의도된 것으로 드러나서는 안 되며 윤리적 정당성을 띠어야 한다. 윤리적인 정당성을 띤 파토스에 따라 행동하며 의도한 것을 철저히 이행한다는 것이 비극적 인물들이 지닌 위대함이다(『미학 Ⅲ』, 703쪽).

고대 비극에서 가장 순수하게 표현될 수 있는 위력들인 국가의 대립, 정신적 보편성을 띤 윤리적인 삶의 대립, 자연적인 윤리성으로서의 가족의 대립을 가장 미적으로 다룬 작가는 아이스킬로스와 소포클레스다(『미학 Ⅲ』, 701쪽). 헤겔은 역사상 가장 독창적인 예술가로 호메로스, 소포클레스, 라파엘로, 셰익스피어를 꼽았다. 아이스킬로스보다 소포클레스를 더 높이 평가하는 것이다. 비극에 대해 다른 견해를 가진 니체는 최고의 비극시인을 아이스킬로스라고 하며 소포클레스에선 이미 비극이 쇠퇴했다고 보았다.[87]

비극적 분규의 결과는 서로 대립하여 투쟁하는 양쪽의 일방성이 제거되고 모든 신들에게 영예를 돌리는 합창으로 끝난다. 대립하기 위한 대립을 해소시키고 상호 부정하고 투쟁하는 위력들을 화해시킬 때 극은 참되게 전개되고 그때 정신은 만족을 느끼게 된다. 이것이 서사시의 화해와 다른 극의 화해이며 극시가 서사시보다 우위에 있는 이유다.[88] 차원 높은 비극적 화해는 특정한 윤리적인 실체성들이 대립될 때 나오는데 헤겔은 『안티고네』를 그런 점에서 가장 뛰어난 작품으로 꼽는다(『미학 Ⅲ』, 707쪽).[89] 혈육의 끈을 소중히 여기고 지하의 신을 숭배하는 안티고네와 공적인 삶과 공동체의 안위를 다스리는 제우스신을 숭배하는 크레온의 대립은 극적이지만 비

---

87) cf. 니체 (2) 2).

88) 예술 중의 최고 형식은 시이며 시 중에서는 극시가 그렇다는 것은 아리스토텔레스에 의해서 확립되었다. 비극이 서사시보다 우월한 형식이라는 근거에 대해 아리스토텔레스, 헤겔, 니체의 견해를 비교해 볼 수 있다. cf. 아리스토텔레스 (3), 니체 (2) 1).

89) 하이데거도 비극의 최고 작품을 『안티고네』라고 본다. 그러나 존재론의 입장에서 헤겔과 다르게 『안티고네』를 분석한다. cf. 하이데거 (7).

극적 결말은 헤겔적이라고 보기는 어렵다.

헤겔은 화해 중에서도 신과 같은 외적인 힘에 의해 결말을 이루는 것보다 근대극에 가까운 내적인 화해가 이루어질 때 더 미적이 된다고 보고 고전적인 예로 소포클레스의 『콜로노스의 오이디푸스』를 들었다(『미학 Ⅲ』, 708쪽). 이것은 그의 『오이디푸스왕』과 다른 작품이다. 주인공은 의도하지 않고 저지른 죄에 대해서도 책임을 지는 동일인이지만 사건의 결말은 서로 다르다. 한 시인에 의한 것이라도 각각의 작품은 개별적인 세계를 이루므로 서로 모순된다고 볼 수 없다. 『콜로노스의 오이디푸스』에서 오이디푸스는 자기의 죄를 알고 나서 눈을 멀게 하고 도시를 떠나 방랑하는데, 어느 신의 도움으로 눈이 치유되고 그를 다시 받아준 도시를 구원하고 도시의 파수꾼이 된다. 이것은 지상에서 지은 죄를 지상의 개별성으로 대가를 치르고 그 행위를 초월하는 기독교적인 화해와 달리(『미학 Ⅲ』, 708쪽) 서로 투쟁하는 윤리적인 위력들이 통일되고 조화를 이루는 결말이며, 헤겔은 이런 변증법적인 행복한 결말에서 비극의 기쁨을 보는 것이다.

근대 비극에서 극의 대상이며 내용이 되는 것은 고전적으로 개별화되어 생동성을 띤 윤리적인 위력이 아니라 주관적인 성격의 내면성이다. 근대에는 가족, 국가, 교회 같은 구체적인 영역에서도 주관성의 원칙이 권한을 띠게 되어 사랑, 개인적인 영예 등이 전적으로 목적이 된다. 일반적으로 근대 비극에서는 목적의 실체성이 아니라 주관적인 마음이나 특수한 성격이 충족시키고자 하는 것, 그것이 주인공들을 행동하게 하고 열정적으로 충동을 일으킨다.

풍부한 인간성을 띤 개인들의 성격을 표현하는 데서 헤겔은 셰익스피어를 최고로 평가한다(『미학 Ⅲ』, 716쪽). 이에 비해서 괴테는 젊은 시절에는 비슷하게 자연스러움에 충실한 특수성을 추구했지만 내적인 위력이나 숭고한 열정은 없다고 보았는데, 학문에 대한 불만족과 속세의 삶과 지상적인 향락이 지니는 생동성, 즉 주관적인 지식과 노력이 비극적으로 절대자와 화해하게 되는 폭넓은 내용을 담은 말년의 작품 『파우스트』는 철학적 비극이라고 높이 평가했다(『미학 Ⅲ』, 713쪽).

② 희극

비극에서는 영원히 실체적인 것이 투쟁하는 개별성으로부터 그릇된 일면성을 제거하고 긍정적인 것이 보존되도록 중재하는 가운데 화해의 방식으로 승리를 거두는 것으로 표현되는데, 희극에서는 모든 것을 스스로 자신 속에서 해소해 버리는 개인들의 웃음 속에서 주관성의 승리를 관조할 수 있다. 희극의 근거가 되는 것은 주체인 인간이 자기가 알고 실행하는 것의 본질적인 내용을 완벽하게 지배하는 세계다(『미학 Ⅲ』, 687쪽).

아리스토텔레스는 우스꽝스러운 것과 희극적인 것을 동일시했는데, 헤겔은 웃음거리가 되는 것이 모두 희극적인 것은 아니라고 한다. 헤겔에 의하면, 현실의 덕을 갖춘 인간이 보여 주어야 할 것과 너무나 대조되는 악덕을 서슴없이 보여 주는 것이나 비속하고 무취미한 것, 일상적인 관습이나 관념에 어긋나는 하찮은 것을 드러내는 것, 조롱이나 경멸에서 나오는 웃음은 진정으로 희극적이지 않다. 자신의 모순을 초월하여 거기서 불행에 빠지지 않는 자신감, 즉 자신에 대해 확신을 하며 목적한 것이 좌절되는 것조차 참을 수 있는 지복함과 유쾌함이 진정으로 희극적인 것이다. 인간적인 희극이 그렇다면 신적인 희극인 단테의 『신곡(divina komedia)』이 '지옥을 거쳐 천국에 이르는, 슬픔을 통해 기쁨에 이르는 가곡'의 의미인 것이 이해될 수 있다.

고대 그리스의 대표적인 희극작가는 아리스토파네스다. 관객에게만 희극적으로 보이는 것이 아니라 행동하는 개인 스스로가 희극적인 것이 참된 희극인데, 아리스토파네스가 그런 희극의 대가였다. 헤겔은 아리스토파네스가 훌륭한 희극작가일 수 있었던 것은 개인의 능력도 있지만 고대 그리스 신들과 아테네 민중들에서 소재가 주어졌기 때문이며, 그것은 시민으로서는 비극이지만 작가로서는 다행한 일일 수 있다고 한다(『미학 Ⅲ』, 710쪽). 아리스토파네스는 플라톤과 같이 아테네의 혼란시대를 경험했고 그에 대해 비판적이었다. 아리스토파네스는 당시의 민중들과 정치가, 웅변가들의 어리석음, 전쟁의 왜곡됨뿐만 아니라 에우리피데스의 새로운 비극도 웃음거리로 만들었고 철학자인 소크라테스도 조롱의 대상으로 삼았다.

아리스토텔레스에 의하면 본래 희극은 풍자시에서 연유했다. 희극이 세태를 조롱하고 풍자하는 것은 본연의 임무인데 특히 아리스토파네스는 나쁜 조소가 아니라 신들의 참된 본질, 정치적 존재와 시민들의 개인 주관에 들어 있는 모순을 통찰한, 교양이 풍부하고 아테네를 진지하게 걱정하는 애국자라고 헤겔은 평한다. 그의 희극작품은 기지와 교양이 풍부하던 그리스 민족의 시문학 최후의 시기에 나타난 위대한 결과물이다. 아리스토텔레스가 희극을 평범 이하의 사람들이 주인공이고 그것을 쓰는 시인들도 저속하다고 한 것은 헤겔의 입장에서 희극 전체에 대한 것이 아니라고 할 수 있다. 헤겔에게 아리스토파네스는 진정한 극시인이다.

행동이 모순에 빠지고 해소되면서도 주관은 스스로를 확신하고 머무는 것이 희극적이라는 점에서 희극은 비극이 종결되는 데를 출발점으로 삼았다고 할 수 있다. 희비극의 본질적인 성격 면에서도 그렇고 그것은 역사적으로도 그러했다. 아리스토파네스는 3대 비극 시인 이후의 사람이다. 그리스 전성기엔 비극이, 몰락기엔 희극이 대표적이었던 것은 왜일까? 니체는 이 문제를 너무나 니체적으로 분석했다.[90] 그러나 니체의 견해처럼 비극이 몰락하고 희극이 등장하여 아테네가 쇠퇴한 것이 아니고 아테네의 쇠퇴가 풍자적인 희극을 번성하게 한 것이다. 어지러운 시대에 무능하고 부패한 세태를 질타하는 것은 작가의 임무일 것이다. 그런 점에서 헤겔의 말대로 아리스토파네스는 시민으로서는 불행이지만 작가로서는 다행한 시대를 살았다고 할 수 있다.

그런데 헤겔은 근대 희극에 대해서 부정적이다. 헤겔은 참된 희극 작가인 아리스토파네스 이후 그리스 후기 희극에서는 방향이 바뀌어 희극적 인물 스스로가 웃는 것이 아니라 관객만이 웃을 수 있는 우스꽝스럽고 비속한 것으로 변했는데 그것이 근대 희극에까지 이어져 희극에 대한 가치를 결정해 버렸다고 본다. 헤겔은 근대 희극의 대가인 몰리에르도 진정한 희극이 아니라 익살극을 썼다고 하는데, 그것은 확고한 성격을 가진 주인공들이 그 추악함의 구속에서 벗어나지 못하고 남을 속임으로써 목적을 달성하고 상대방을 곤경에 빠지게 하기 때문이다. 아리스토파네스가 완벽하게 보여 주었던 것을 다시 표현한, 희극 부분에서도 가장 탁월한 작가는 셰익스피어

---

90) cf. 니체 (2) 2).

다(『미학 Ⅲ』, 726쪽). 헤겔은 셰익스피어를 희비극 모두에 대가로 평가했다.

아리스토텔레스 이후 근대까지 희극은 비극에 비해 부정적으로 평가되었는데, 헤겔은 학문적으로 공평한 시각에서 서술했다고 여겨 진다. 그에 의하면 예술형식의 성격상 희극은 비극이 종결되는 데서 시작하는 필연성을 가진 것이며, 그렇기 때문에 희극이 시예술의 정 점이라고 할 수 있다. 낭만적 예술의 주관성은 자기 안에서 만족한 채 더 이상 특수한 것과 결합하지 않고 그것이 해체되는 부정성을 희 극적인 유머 속에서 보여 주었다. 그래서 정점에 이른 희극은 곧 다 시 예술 전반을 해체시키는 데로 나가게 되었다(『미학 Ⅲ』, 726쪽).

(6) 시를 넘어서

헤겔에 의하면 예술의 역사는 상징적 예술에서 고전적 예술로 그 리고 낭만적 예술로 이행했고 낭만적 예술에서는 미술, 음악, 시로 발전해 갔다. 그러나 시가 미의 모든 총체성을 정신적인 방식으로 완전하게 산출하더라도 정신성은 여전히 결여되었다. 시는 음의 감 각적 요소를 부정하는 데까지 나아가기 때문에 예술의 원래 개념에 더 이상 일치하지 않게 됨으로써 정신과 감각성의 융합을 해체시킨 다. 시가 감각의 영역에서 정신의 영역으로 이끌려 들어가면서 예술 은 길을 잃는 위험에 빠지게 되었다(『미학 Ⅰ』, 433쪽).

헤겔은 예술에 높은 위상을 부여했지만 예술이 정신의 진정한 관 심사를 의식시켜 주는 최고이자 절대적인 방식은 아니라고 보았다.

예술은 형식상 특정한 내용에 한정되기 때문에 예술작품 속에서는 진리의 어느 특정한 범위와 단계만이 표현의 계기가 된다. 헤겔의 입장에서는 이러한 예술적 창조나 예술작품들의 독특한 방식들은 더 이상 우리의 욕구를 채워 주지 못한다. 예술작품을 신처럼 존중하고 숭배하던 시대는 지나갔다. 고대 그리스 예술의 아름다웠던 시절과 중세 후반의 황금시대는 지나갔다. "오늘날은 사상과 반성이 예술을 능가하고 있다."(『미학 Ⅰ』, 39쪽) 헤겔은 당시의 시대를 고대, 중세와 달리 반성적 교양에 의해 특수한 것을 규정하려는 욕구가 있어 법, 의무, 권리, 격률 같은 것들이 규정적 근거로서 지배적인 것이 되었고, 그래서 예술은 참된 진리와 생동성을 상실하고 표상의 대상이 되어 버렸다고 본다(『미학 Ⅰ』, 41쪽).

정신을 파악하는 첫 번째 형식은 직접적이고 감성적인 지식이며 두 번째 형식은 표상하는 의식, 세 번째는 절대정신을 자유롭게 사유하는 것이다. 감성적 직관 형식에 속하는 분야는 진리를 감각적인 형상 방식으로 의식하는 예술이다. 예술의 영역을 능가하는 종교의 의식 형태는 표상이다. 예술이 정신을 감성적인 방식으로 의식하고 그 절대자를 포착하여 형태화한다면 종교는 여기에다 절대적인 대상에 대한 내적인 기도를 첨가한다. 기도 자체는 예술에 속하지 않는다(고대 그리스에서는 제의가 예술이었다). 기도는 공동체의 의식에서 가장 순수하고 가장 내적이고 주관적인 형식이다.

절대정신이 드러나는 마지막 형식은 철학이다. 자유로운 사유는 지의 가장 순수한 형식으로서 그 속에서 학문은 절대자의 내용을 의식하는 정신적인 의식(儀式)이 된다. 철학은 예술의 감각성을 객관성의 최고 형식인 사유의 형식으로 바꾼 것이며 또한 종교의 주관성이 사유의 주관성으로 정화된 것이다. 사유는 가장 내적이고 가장 고유한 주관성이면서 참된 사상이고 이념이며 동시에 가장 사실적이고 객관적인 보편성으로서 사유 자신 속에서 자신의 형태를 파악한다.

예술을 지양한 종교와 철학은 예술의 최고였던 시를 지양한다. 그래서 언어의 내재적인 리듬도 벗어나 산문으로 이행하게 된다. 플라톤이 예술을 넘어 요구했던 것이 철학이었다. 그래서 그의 대화편은 운문의 서정시인 합창을 버리고 산문적 대화로만 이루어졌다. 보다 정신적인 것은 운문보다 산문이 적합하다고 보는 것이다. 헤겔에게도 시예술보다 더 높은 철학의 언어는 운문이 아니라 산문이다.

헤겔은 산문이지만 예술의 가능성을 지닌 장르로 역사서술과 웅변을 인정한다. 역사가는 실제로 일어난 일을 재현하려 할 때 사건들과 인물 성격들의 내용을 표상하고 정신으로부터 이를 다시 표상해서 표현함에도 그것은 자유로운 예술에 속하지 못한다. 역사가 기술되는 방법과 본질적인 내용은 산문적인 것이다. 헤겔은 원래 역사는 대상이나 사실적인 측면에서 영웅시대에는 시문학과 예술에 속했으나 그 시대가 중단되면서 역사로 서술되기 시작했다고 한다(『미학 Ⅲ』, 454쪽).

역사가인 헤로도토스(BC 484~425)와 투키디데스(BC 460~400)는 아이스킬로스, 소포클레스 이후 에우리피데스와 비슷한 시기를 살았다. 그들도 역시 신화적 사고를 버리지는 못했지만 불완전하더라도 사실적인 인과관계를 찾으려고 했으며 무엇보다 운문이 아니라 산문으로 기술했다는 점에서 시인이 아닌 역사가로 불리는 것이다.

주어진 현실이나 실제상황에서 기회와 내용을 취하기는 해도 언표하는 것은 자유로운 판단, 고유한 신념이므로 내용을 전개시키는 방식이 자유롭다는 점에서 헤겔은 역사보다 웅변을 자유로운 예술에 더 가깝다고 한다.[91] 웅변은 학문적이고 지성적인 사상도 보여주면서 우리를 감동시켜야 한다. 시예술작품이 미적으로 산출하고 그것을 향유하는 것이 목적이라면 웅변의 감동적인 힘은 말하고자 하는 것의 특수한 목적이 아닌 보편적인 것, 법칙, 원칙 속에 들어 있어서 웅변술에서 예술은 보편적으로만 도입된다(『미학 Ⅲ』, 457~459쪽).

오늘날은 역사와 웅변보다 산문의 예술로는 소설을 꼽을 것이다. 그러나 헤겔은 소설을 서사시에서 부수적으로만 다루었고 근대에 와서 시민적인 서사시가 된 것이 소설이라고 보았다. 소설은 폭넓은 사건들과 배경을 서사적으로 다루는 방식이 다시 드러나서 사건의 생동성은 물론 개인들의 운명과 관련해서도 가능한 한 서사시 문학이 잃은 권리를 되찾게 해 주었다. 그런데 소설도 서사시처럼 총체적인 세계관과 인생관을 요구하지만 거기에는 서사시에 나오는 근원적인 시적 세계상태가 결여되어 있다고 헤겔은 생각했다. 소설은 이미 범속하게 정돈된 현실을 전제로 하며 그러한 기반을 지닌 영역 안에서 소설에 가장 일반적이고 합당한 충돌은 범속한 상황들 및 외적으로 우연히 일어나는 상황들이라는 것이다(『미학 Ⅲ』, 570쪽).

헤겔은 괴테의 시대를 살았지만 톨스토이, 도스토옙스키를 아직 만나지 못했고 20세기의 소설시대는 경험하지 못했다. 그래서 예술에서는 운문인 시문학이 최고이며 소설과 같은 산문은 예술의 범주에 들더라도 그에 미치지 못하는 것이 되었다. 헤겔이 운문보다 산문이 더 낮다고 한 것은 예술의 차원을 넘어선 철학에 해당하는 것

---

91) cf. 플라톤 (4), 칸트 (5).

이다. 헤겔은 예술보다 철학이 근대적 세계를 보편적으로 다룰 수 있다고 보았고 소설의 산문이 아니라 철학의 산문이 근대시대에 요구되는 것으로 본 것이다. 철학의 산문은 시는 물론 예술의 산문과도 다른, 그보다 높은 사유작용의 표현인 산문이다. 그래서 헤겔은 초기의 자연철학자들의 시로 쓴 철학을 불완전하다고 보았다.

헤겔은 셸링과 달리 철학을 시와 엄격히 구분하며 시가 절대정신의 표현이라 하더라도 철학보다는 낮은 단계라고 보았다. 그것은 시를 소피스트의 논증이나 웅변보다는 높은 것으로 보았지만 철학보다 낮은 것이라고 한 플라톤과 가깝다. 그리고 플라톤처럼 헤겔도 철학은 운문이 아니라 산문으로 써야 한다고 생각했다. 그러나 철학적 산문은 웅변과 역사서술, 소설과는 다른 산문이다. 플라톤은 예술 중의 대표적인 것을 시라고 보았지만 비판적으로 다루었는데 시인보다 소피스트나 (나쁜)위정자를 낮게 보는 것은 웅변을 시보다 낮은 것으로 보는 것과 같다. 시가 역사보다 더 철학적이라고 한 아리스토텔레스의 견해와 웅변에 대한 칸트의 비판적 견해를 통해서 전통적으로 철학에서는 역사나 웅변보다 시가 더 높지만 시보다 철학을 더 높은 것으로 보았다는 것을 알 수 있다. 조금씩 입장은 달랐지만 플라톤부터 헤겔에 이르기까지 그런 전통은 이어져 왔다.

칸트에서부터 헤겔에 이르는 근대 미학은 예술을 학문의 관점에서 보는 미학의 출발점을 따르고 있으며 그래서 학문적 체계를 가진 것을 볼 수 있었다. 특히 헤겔은 예술의 다양한 형식들과 예술사를 결합한, 예술에 대해 학문적으로 가장 방대한 체계를 이룬 전무후무한 철학자다. 그러나 동서양 역사와 예술의 장르들을 모두 엮어서 체계를 이루려다 보니 무리하게 배열된 것이 있고 특히 동양의 예술에 대해서는 내용이 빈약하고 공정하지 못했다.

　근대를 벗어나고 나아가서 철학의 역사를 전도시키고자 하는 니체는 근원적으로 철학의 원조인 플라톤을 상대하여 반플라톤적일 수밖에 없는데 그것은 가까이는 반헤겔적인 입장이기도 하다. 철학과 예술의 관계에서는 더욱 그렇다.

논리학	존재론 본질론 개념론				
자연철학	역학 물리학 유기체론				
정신철학	주관정신 객관정신				
	절대정신	예술	상징적 예술	건축	
			고전적 예술	조각	
			낭만적 예술	회화 음악	
				시	서사시 서정시 극시
		종교 철학			

8

니체: 시인을 시인이게 하는 것은
현상들의 가장 내적인 본질을 통찰함이다

(1) 철학과 예술[92]

헤겔에게서 절대정신은 그 자체로 절대자인 것이 아니라 자기의 산출인 유한자를 매개하여 자기를 인식하는 절대자다. 그 변증법적 과정이 역사이며 역사의 발전적 과정은 이성의 논리적 과정과 일치한다. 그런 헤겔의 사상은 신적인 것과 인간적인 것, 신앙과 이성, 기독교와 지상의 국가를 일치시키는, 근대사의 완성이라는 의의를 갖는다.

그러나 헤겔은 이성적인 것은 현실적이고 현실적인 것은 이성적이라고 했지만 신의 섭리가 실현된 현실은 지상의 현실과 일치하지

---

92) (1)의 내용은 이미 발표된 논문 「니체와 하이데거의 탈근대성 실험」(『대동철학』, 1998년)에서 일부를 옮겼다.

못했다. "헤겔은 본질과 실존의 동일성으로 파악되는 강력한 현실 개념을 가지고 현대가 가장 중요시하는 것, 즉 끊임없이 밀어닥치는 미래의 문제들이 얽히는, 중대한 의미를 내포하고 있는 순간의 과도성을 배제했다. 바로 철학에 대한 욕구를 발생하게 하는 시대사적 현실성이 본질적이고 이성적인 사건의 구조로부터 배제되었다"[93] 그것은 소장 헤겔학자들이 비판했던 것처럼 헤겔철학은 전체성을 파악할 수 있다고 했지만 이성이 이성의 타자를 함께 사유하지 않고서 스스로를 전체로 간주하고 전체를 포괄하는 것으로 여겼기 때문이다.

타자를 포괄하지 못하는 이성에 대한 비판은 이성이 재현하는 신적인 것에 대한 비판이 되었다. 니체는 '신은 죽었다'고 말했는데 그것은 신이 이성의 형이상학적 사유가 창출한 허구이며 이제 그 허구의 가치가 무너졌다는 것을 뜻한다. 니체는 '신의 죽음'으로, 신은 죽었지만 인간의 이성이 신적인 완전성을 추구할 수 있다는 헤겔철학을 비판하며 나아가서는 이성의 사유인 철학의 역사 전체를 비판했다. 헤겔적 이성에 대한 비판은 소장 헤겔학파와 다를 바 없는데 니체는 주체 중심적 이성에 대한 내재적 비판을 넘어 그것을 포기하는 길을 택했다. "니체는 역사적 이성의 사다리를 사용하지만 결국 이를 던져 버리고 이성의 타자인 신화 속에 정착했다."[94]

고대에 신화를 비판하고 등장한 철학은 삶에 대해서 이성의 우위를 주장한 것이며, 이성은 인간과 더불어 있던 신화의 신들을 삶의 세계에서 분리시켜 초월적인 세계의 형이상학적 신이 되게 했다. 근

---

93) 하버마스, 『현대성의 철학적 담론』, 76쪽.

94) 같은 책, 114쪽.

대철학은 이성이 분리시킨 그 간격을 이성의 사다리로 연결시키려고 한 것인데, 니체는 이성에 의해서는 신화적인 세계의 통일체가 불가능하다고 보았다. 이성이 포섭할 수 있는 것은 이성적인 것뿐이기 때문이다. 헤겔철학의 문제점도 그것에 기인하며 그런 문제는 이성의 사유인 철학 전체에 해당된다. 니체는 초월적인 세계를 설정하고 그것을 최고의 가치로 여긴 데서 비롯된 철학의 역사를 니힐리즘으로 해석했다.

"니힐리즘이란 무엇인가－최고의 가치가 그 가치를 박탈당하는 것이다."(*Wille zur Macht*, 2. 이후론 『WzM』으로 약칭. 니체 작품 중 숫자는 번호임) 최고의 가치가 무너지는 것은 허구의 가치를 설정했기 때문이며 최고의 가치가 무너질 때 새로운 가치를 찾는 시도를 한다. 넓은 의미에서 니힐리즘은 허구의 가치설정, 그 가치의 무너짐, 새로운 가치설정 전체를 지칭한다. 니체는 새로운 가치설정을 종래의 가치설정에 대한 반대운동으로 확고하게 하기 위해 자신의 사상도 니힐리즘이라고 칭했다.[95) 니힐리즘을 극복하려는 니체 자신이 철저한 니힐리스트인 것이다.

새로운 가치설정의 원리를 초감성계가 아니라 생생한 삶에 둠으로써 완전한 니힐리즘은 가장 충만한 삶의 이상이 되는데(『WzM』, 14) 자신 이외에 다른 어떤 것을 척도로 인정하지 않는다는 의미에서 그것은 신적인 사유방식이라고 할 수 있다(『WzM』, 15). 니체가 신으로 상징되는 허구의 가치를 극복하는 것은 신을 완전히 배제하는 것이 아니라 다른 신을 찾는 것이었다. 그것은 철학과 기독교에

---

95) 「Nietzsches Wort 《Gott ist tot》」, 『*Holzwege*』, S.206, 『하이데거 전집 6권』, S.219.

의해 사라진 디오니소스를, 즉 초월적인 신 대신 인간인 신을, 신인 인간을 원한 것이다. 니체는 형이상학에 의해 격하된 신화를 복원시키고 이성에 의해 통제되고 순치된 충동적 삶의 원천성을 복원시킴으로써 소극적이고 부정적인 니힐리즘을 신화적 영웅의 삶의 차원으로 바꾸었다.

"존재 ─ 그것에 대해 우리는 '삶'이 아닌 다른 것을 표상하지 않는다(『WzM』, 582). 삶은 힘의 극대감정을 추구하는 힘에의 의지 이외의 아무것도 아니며(『WzM』, 689), 이 세계도 힘에의 의지 바로 그것이다"(『WzM』, 1067) "세계는 모든 유기체적 기능들이 함께 뒤섞인 일종의 본능적 삶을, 삶의 원형을 뜻한다……. 따라서 내면에서 관찰된 세계, 내면의 명료한 성격에 따라 규정되고 정의된 세계는 힘에의 의지 이외에 다른 것이 아닐 것이다."(*Jenseits von Gut und Böse*, 36. 이후론 『JGB』로 약칭)

니체는 우리에게 주어진 현실적인 것은 욕망과 열정의 세계, 즉 본능적 삶이기 때문에 그것으로 우리의 삶이 힘에의 의지가 전개되는 것임을 알 수 있고 그와 함께 모든 유기체적 기능이 힘에의 의지로 환원될 수 있다고 보았다. 우리 내면의 성격에 따라 세계를 그와 동일하게 정의할 수 있다는 것은 인식의 근거를 인식 주관에 두는 근대적 인식방식의 전형이다. 인식의 가능근거는 인식대상의 가능근거라는 칸트적 인식방식에서는 대상이 우리에게 주어지는 방식, 즉 대상을 구성하는 인식 주관의 규범은 대상의 존재규범과 일치하게 된다. 그런데 니체는 인식의 가능근거인 데카르트적, 칸트적인 이성적 자아를 고상하고 근엄하지만 기초가 빈약하다고 비판했다(『JGB』, 서문). 니체는 우리에게 주어진 참된 것은 이성이 아니라 욕망과 열정의 의지이며 그 주체는 몸이라고 한다. 따라서 몸의 의지로써 세계를 그렇게 파악할 수 있다고 보는 것이다.

니체에 의하면 정신이라고 부르는 이성은 작은 이성이며 그것은 큰 이성, 즉 몸의 작은 도구이며 노리개다(*Also sprach Zaratustra*, '몸을 경멸하는 자들에 관하여' 이후론 『Z』로 약칭). 여기서 몸(Leib)은 생물학적으로 파악되는 Körper와는 다른 것이며 데카르트의 이분법화된 육체가 아니라 작은 이성을 포함하는 큰 이성, 즉 의식 활동의 근저로서 사유, 느낌, 의욕이 상호작용을 하는 복합체다. 니체는 전통적으로 인식 주체를 나타내는 자아(Ich) 대신에 자신(Selbst), 몸이라는 용어를 썼다. "사고와 감정 뒤에 있는 힘센 명령자, 알려지지 않은 현자"를 '자신'이라고 하는데 그것은 곧 몸이다(『Z』, '몸을 경멸하는 자에 관하여'). 몸(Leib)의 역동성이 삶(Leben)이며 삶의 본질은 힘에의 의지다. 힘을 지향하는 의지가 아니라 힘인 의지는 힘의 속성상 더 높이, 더 많이 상승하고자 하기 때문에 단순한 삶의 의지는 힘의 하락이며 쇼펜하우어적인 맹목적인 삶의 의지는 그런 의미에서 삶의 진리를 말하지 못한다.

헤겔에게서 이성과 현실의 괴리는 이성의 규범이 현실 전체를 포섭할 수 없기 때문인데, 니체는 이성에서 배제된 타자를 이성보다 더 큰 몸(삶)이 포괄할 수 있다고 본 것이다. 그래서 니체는 이성적 주체인 인간에 대해서 삶의 주체인 인간, 즉 초인을 요청한다. 삶이 전체를 포괄할 수 있으므로 삶은 존재로 보편화될 수 있고 삶의 주체는 추구해야 할 더 이상의 목표가 없는, 신적인 차원의 인간인 초인이 된다.

니체는 이제까지의 가치 전환은 가치가 부여된 것과 가치를 부여하는 인간의 새로운 관계정립에 의해서 가능한 것으로 보는데, 존재자 전체에 대해 인간을 절대적 위치에 있게 함으로써 그렇게 하고자 했다. 즉, 자기 위에 가치 있는 것, 그래서 소망해야 하는 것을 찾았던 인간, 초월적인 가치를 추구하던 인간에 대해서 인간의 '위'와 '피안'을 더 이상 찾지 않는 초인을 요구했다. 힘의 목표는 힘의 수단에 불과할 뿐, 순수한 힘의 무조건적인 강화를 위한 단계들일 뿐이다. 힘은 어떤 목표를 필요로 하지 않는다. 더 이상의 목표를 갖지 않는 무조건적인 지배를 행하는 인간이 초인이다.

그 자신 밖에 목적이 있지 않는 힘에의 의지는 자신을 강화하기 위해 자기 자신으로 귀환한다. 그 자체로서 힘에의 의지의 근본성격을 가진 존재자는 전체에서는 동일자의 영원한 회귀일 뿐이다. "모든 것은 생성하고 영원히 회귀한다."(『WzM』, 1058) 동일한 것은 차이를 포함하는 다수성의 통일이다. 이성의 타자들은 이성적인 질서를 갖지 않는다. 타자들을 포함한 세계는 끝없이 생성하는 것들의 전체이며 그것은 목적 없는 전체, 즉 카오스와 같은 것이다.[96] 카오스는 맹목적이고 광포한 무질서가 아니라 힘의 질서로 뛰어들어 힘의 한계를 부수는, 힘의 한계를 위한 싸움에서 잉태한 존재자 전체의 다층성이다.

인간은 모순되지 않고 변치 않는 진리를 갈구해 왔고 근대적 이성은 확실한 진리의 인식 가능성을 의심치 않았다. 그러나 니체는 생성에서는 인식 자체가 불가능하다고 하며(『WzM』, 617) 확실성으로서의 진리인식은 사물의 지배를 위해 조직된 추상과 단순화이지 세

---

96) cf. 셸링 (1), 하이데거 (1), (2).

계, 사물, 실체의 파악은 아니라고 보았다. 니체에 의하면 인식은 원래 생명력의 욕구기능이며 주관도 실체도 사실도 없으며 생명감정, 힘의 감정 정도가 존재, 실재성의 척도를 부여하기 때문에 인식이 아니라 해석이 있을 뿐이다. 해석은 삶 속에서, 힘의 생장에의 의지 속에서 자기보존을 가능하게 하는 관점의 원근법적 평가다. 모든 강화나 힘 확대의 달성은 새로운 원근법을 열고 새로운 지평을 믿는 것이며 진리의 표지는 힘 감정의 상승에 있다(『WzM』, 534).

힘에의 의지가 본질인, 끝없이 생성하는 세계는 이성적인 자아에 의해서는 인식이 불가능하다. 이성적 자아를 벗어나서 생성하는 세계를 조망하는 것은 삶의 관점에서 해석하는 것이며 그것은 이성적인 학문이 아니라 예술이다. "생성을 존재에 각인하는 최고의 힘에의 의지는 파토스이며(『WzM』, 635) 생성초극에의 의지로서의 영원화의 행동은 예술이다.(『WzM』, 617)"

이성에 근거한 모든 가치를 전도시키려는 시도는 18세기 말부터 일어난 낭만주의에서 시작되었다. 낭만주의는 계몽주의의 분석적 이성을 비판하고 계몽주의적인 고전주의가 경시했던 비합리적인 것, 감성적인 것에서 진실을 찾으려는 운동이었다. 니체는『비극의 탄생』에 담긴 자신의 사상이 낭만주의임을 분명히 했다(*Geburt der Tragödie*, 17. 이하『GT』로 약칭). 그러나 그것은 셸링, 헤겔과는 다른 낭만주의다. 고대 그리스를 이상으로 삼는 고전주의를 극복하고자 하는 낭만주의는 절대 유일신을 믿는 기독교적인 성격을 가진다. 셸링은 절대자를 사유하는 데서 그리스 신화보다는 기독교 신화를 더 높은 것이라 보았고, 헤겔도 기독교적인 예술을 낭만적 예술이라고 하여 고대 그리스의 고전적 예술을 지양한 더 높은 단계의 예술로 보았다.

니체의 낭만주의는 기독교적 성격을 가지지 않으며 예술의 이성적 성격도 부인한다. 니체에게서 예술은 이성적 철학과 동일한 것이 아니라 그것을 넘어서는 것이다. 니체는 주체적 이성이 타자와의 관계에서 자기 정립하는 방식 대신 이성의 타자를 이성 전면에 내세웠다. 니체는 이성보다 더 큰 것을 몸이라고 한다. 예술은 몸(삶)의 행위이며 그래서 '미학'을 '응용된 생리학'이라고 부른다(『니체 대 바그녀』, '내가 반대하는 곳' 후기). 예술은 이성보다 더 큰 삶의 영역 전체를 포괄한다.

니체에게서 예술은 개별화의 원리에 의한 표상적 인식의 한계를 넘어서며 철학적 인식보다 근원적이다. 표상적 세계의 개별화 원리를 니체는 쇼펜하우어의 말을 인용해서 이렇게 표현했다. "광란의 바다 위에서 하나의 조각배 위에 그 허약한 배를 크게 믿으며 한 뱃사람이 앉아 있는 것처럼, 고통의 세계 한가운데서 개개의 인간들은 개별화의 원리를 믿고 의지하며 고요히 앉아 있다."(『GT』, 1) 개별화의 원리를 따르는 것은 이성적인 사유를 하는 것인데 이성이 삶의 본질인 힘에의 의지의 한 표현이라면 개별화의 원리에 의지하는 것은 광란의 바다에서 조각배를 의지하는 것과 같다는 것이다. 그러나 "진리로 파멸하지 않기 위해 우리는 예술을 가지고 있다."(『WzM』, 822) 니체에게서 이러한 예술은 미래의 것이지만 또한 이미 있었다. 니체는 니힐리즘으로서의 철학의 역사를 극복하는 것을 신화로 회귀하는 방식에서 찾았으며, 신화가 가장 깊은 내용과 가장 표현력 있는 형식을 얻게 된 것은 비극을 통해서라고 보았다(『GT』, 10).

기독교와 기독교적인 신을 목적으로 하는 철학에 대한 니체의 비판은 소크라테스, 플라톤에 의해 격하된 고대 신화를 부활시키는 것이며 그것은 철학에 대한 예술의 우위를 주장하는 것이 되었다. 고대 그리스 신화의 시대에 신에 대한 숭배는 감각적인 형태로 표현되었고 아테네제, 디오니소스제와 같은 행사로 표현되었던 것은 헤겔의 용어대로 예술종교라 할 수 있다. 플라톤의 철학에 의해 비판된 (분리된) 예술과 종교가 니체에게는 다시 예술종교가 되어 철학을 능가하는 것이 된다. 니체에게서 예술은 인간의 고유한 형이상학적 행위이며 그것은 반도덕적 예술신을 숭배하는 것이다(『GT』, '자기비판의 시도' 5).

니체는 『비극의 탄생』의 과제를 단적으로 "학문을 예술가의 관점에서 보고 예술을 삶의 관점에서"(『GT』, '자기비판의 시도' 2) 보는 것이라고 했다. 학문을 예술가의 관점에서 본다는 것은 예술을 학문의 관점에서 보았던 근대 미학의 입장을 전적으로 전환시키는 것이며, 예술을 삶의 관점에서 본다는 것은 이성적 주체를 근본으로 하는 근대 이념을 벗어나는 것이다. 그러나 그것은 근대에 국한된 것이 아니라 플라톤에서부터 시작된 철학사를 모두 포함한다. 니체는 철학사를 거슬러 플라톤 이전의 비극이 탄생했던 그때로 회귀하고자 했다. 그리고 거기서 플라톤적, 기독교적인 신 대신에 비극의 디오니소스 신을 찾고자 했다.

(2) 비극

철학과 예술에 대해 니체는 아주 다른 견해를 가졌지만 예술의 가장 높은 형식은 비극이라는 전통은 따르고 있다. 왜 비극이 최상의 예술인가는 철학자들마다 자기의 철학에 따라 이유가 다르지만 그것을 최상의 예술로 보는 점은 니체도 일치한다. 니체는 비극을 통해서 예술에 대한, 그리고 나아가서는 철학사 전반에 대한 그의 견해를 표명했다.

1) 비극의 탄생

① 아폴로적인 것과 디오니소스적인 것

니체에 의하면 그리스 세계에서는 아폴로적인 조각 예술과 디오니소스적인 음악예술이 그 기원과 목적에서 대립하고 있었고, 예술의 발전은 아폴로적인 것과 디오니소스적인 것의 이중성에 관련되어 있다. 비극인 극시는 서사시와 서정시가 결합된 형식이다. 이것을 니체는 아폴로적인 것과 디오니소스적인 대립적 충동이 그리스적 의지의 형이상학적 기적을 통해 결합하여 아티카 비극이 형성되었다고 설명한다. 서사시와 서정시가 발전적으로 결합된 것이 극시라고 하는 것은 역사적인 전개와도 일치하고 셸링, 헤겔이 변증법적으로 설명한 것과 같다. 니체는 아폴로적인 것과 디오니소스적이라는 용어로 설명하는 것이 다를 뿐이다.

아폴로적, 디오니소스적인 두 충동은 꿈과 도취라는 예술영역인데(『GT』, 1) 그것은 인간뿐 아니라 먼저 자연의 힘이기도 하다. 아폴로적인 것과 디오니소스적인 예술의 힘은 인간 예술가의 손을 거치기 이전에 자연으로부터 솟아나는 것이며 이 힘 속에서 자연의 예술충동이 처음으로 직접적으로 충족된다. 니체에게서 자연은 스피노자, 셸링의 자연과 유사하다. 스스로 변화하고 형성해 가는 자연의 힘을 니체는 예술충동이라고 하며 이 세계는 그런 예술충동이 스스로 만드는 작품이다.

셸링은 자연의 원초적 창조를 근원적 예술인 시라고 하며 그에 따른 인간의 행위를 예술 중의 예술이라고 했다. 셸링에게서 무의식적 창조와 의식적 창조의 관계처럼 (또한 그와는 다르게) 니체에게서 자연의 직접적인 예술 상태에 대하여 모든 예술가들은 모방자인데 아폴로적인 꿈의 예술가, 디오니소스적인 도취의 예술가, 그리고 그리스 비극처럼 도취와 꿈의 예술가의 세 유형이 있다.

니체에게서 예술은 자연의 모방일 뿐 아니라 자연의 형이상학적 보충이다. 이 점에서 니체는 자연보다 예술이 더 높다고 하는 실러, 셸링, 헤겔과 같은 입장이다. 셸링과 헤겔에게서 예술이 자연보다 높은 것은 신의 창조물인 자연은 완성된 것이 아니며 정신이 아직 덜 구현된 것인 반면, 인간 정신의 산물인 예술은 자연보다 변증법적으로 진보된 단계이기 때문이다. 니체에게서 비극적 신화는 현상 세계의 실재성을 미화하는 형이상학적 미화(Verklärung)의 의도에서 생긴 것이다. 그것은 자연의 원초적인 디오니소스적 힘이 공포스럽기 때문인데, 그러나 예술은 그것을 배제시키거나 부정하는 것이 아니라 그것을 미감적으로 긍정하는 것이다.

플라톤은 추한 것, 부조화한 것은 예술에서 배제하려고 했고 헤겔도 이념에 맞지 않는 추한 것은 배제하고 미의 이상을 구현하는 것을 예술이라고 했다. 니체는 예술, 비극적 신화는 추한 것, 부조화한 것도 미감적 유희의 대상이 된다는 것을 확인시켜 준다고 한다. 이 유희란 의지가 충만한 희열 속에서 자기 자신을 상대로 하여 이룩하는 유희다. 디오니소스적 현상은 새롭게 반복되는 개체 사이의 유희적 건설과 유희적 파괴를 통해 근원적 쾌감의 충만함을 보여 준다. 이것이 예술의 미감적 쾌감(Lust)이다.[97]

우리는 앞서 예술의 유형들이 철학자들의 철학 체계 속에서 어떻게 자리매김하는지를 살펴보았다. 역사적으로 진행되는 단계에 상응하는 예술 유형에서 니체는 특히 셸링, 헤겔과 비교될 만하다. 셸링에게서 조형예술은 음악, 회화, 조소의 단계로 나아가고 언어예술에서는 다시 서정시가 음악에, 서사시는 회화에 해당되고 극시에서 그것이 종합되었다. 헤겔에게서는 건축, 조각, 회화, 음악, 시의 순서로 전개되었고 시는 서사시, 서정시, 극시의 순서로 전개되었다. 니체도 시는 서사시에서 서정시 그리고 극시의 순서로 전개되었다고 보는데, 서사시는 꿈의 예술인 조각에 해당하고 서정시는 도취의 예술인 음악에 해당하며 비극은 양자의 종합으로 본다. 니체는 이것을 또 역사적으로 아폴로적인 그리스 문화에 디오니소스적인 동방 문화의 영향으로 그들이 결합된 한 차원 높은 문화 속에서 비극이 탄생되었다고 보았다. 꿈과 도취는 자연의 두 충동이지만 그것이 구체적인 예술로 전개되는 단계가 있다.

---

97) 니체는 그것이 바로 가장 힘 있는 민족에 의해 비극이 행해진 이유라고 한다. 그래서 어느 민족의 디오니소스적 능력을 평가하기 위해서는 그 민족의 음악, 비극적 신화에 대해 생각해 보아야 한다고 했다(『GT』, 24).

② 아폴로적인 꿈의 예술 (서사시)

고대 그리스 문명은 에게 해 문명권인 크레타를[98] 멸망시키고 지중해의 주도권을 그리스 본토가 갖기 시작한 미케네 문명부터다. 발달한 문명의 그리스인들도 어느 시대 어느 민족이나 그러하듯이 자연 속의 삶에서 공포와 전율을 느낄 수밖에 없었고 그래서 삶을 위해 꿈의 산물인 신들의 세계를 만들어 내야 했다. 자연의 거대한 힘, 인간을 꼼짝 못하게 하는 운명의 여신 모이라, 인간의 친구인 프로메테우스를 공격하는 독수리 등 거대한 공포적 신의 질서가 아폴로적 미의 충동에 의해 변화를 겪으면서 올림포스 환희의 신 질서로 변해 갔다. 삶의 보충과 완성으로서의 예술을 불러일으킨 그 충동이 올림포스 세계를 탄생시킨 것이다.

실러는 올림포스 산의 신들은 시인들이 지상에서 실현되어야 하는 가장 자유롭고 숭고한 존재에 대해 인간적으로 명명한 것이라고 했다. 또한 헤겔도 시인들의 정열이 신들을 만들어 냈다고 했듯이 니체에 의하면 삶의 구원을 위해 신을 창조해 낸 것은 예술이다. 의지의 소산이 이루어 낸 구체적인 완벽한 세계는 미의 영역이며 그리스인들은 거기서 자신의 모습을 투영한 올림포스적인 것을 생각해 냈다. 니체에 의하면, 신에 의해 인간이 태어난 것이 아니라 인간에 의해 신이 태어났다. 인간들은 신들로 하여금 인간적 삶을 살아가게 함으로써 자신들의 삶을 긍정했던 것이다. 즉, 삶을 드높은 영광에 휩싸인 신들 속에 나타나게 함으로써 인간이 자신의 삶을 견뎌내는 것이다.

---

98) 크레타 문명은 1898년 영국인인 에반스에 의해 발굴되어, 전설로 내려오던 것이 사실임이 입증되었다.

일찍이 롱기누스는 호메로스가 신들의 부상과 파쟁, 복수, 투옥 등의 온갖 수난을 드러냄으로써 트로이 전쟁에 참가한 인간들은 신으로, 신들은 인간으로 만들었으며, 인간은 불행해지면 죽음이 피난처가 되지만 신들을 불사의 존재로 만들어 불행도 영원히 지속되게 했다고 말했다.[99] 니체는 신화인 호메로스의 서사시를 아폴로적이라고 하는데 가상의 아름다움 속에 몰입하는 아폴로적인 것을 실러의 용어를 빌려 소박하다고 평했다(『GT』, 3).

자연 속에서 예술 충동을 보고 이 충동들 속에서 가상을, 가상에 의한 구원을 갈망하는 것을 니체는 형이상학이라고 한다. 경험적 자연 너머의 것을 보는 것을 형이상학이라고 하면 니체에게도 그것은 형이상학이다. 니체는 진리, 목적, 주체라는 근대적 개념을 부정하며 플라톤적인 형이상학을 부정했다. 그러나 초기의 『비극의 탄생』에서는 예술을 가장 고유한 형이상학적 행위라고 명했다(『GT, '자기비판의 시도' 5). 이런 점에서 니체는 셸링과 통하는 면이 있다.

그러나 셸링과는 달리 니체는 자연을 절대자의 자기 전개라고 하지 않고 자연을 고통받는 자, 모순으로 가득한 자로서 존재하는 근원적 일자라고 하며 고통받는 근원적 일자는 자기 스스로를 구원하기 위하여 매혹적 환영, 즐거운 가상을 사용한다고 보았다. 우리가 보는 자연은 근원적 일자의 힘이 발현되어 우리에게 보이는 것이다. 근원적 일자가 그 자체로 보이는 것이 아니라 우리가 이미 그 속에 둘러싸여 있고 우리 스스로가 그것으로 이루어져 있는 가상으로 나타나 보인다는 것이다. 예술이 가상인 것은 절대자든 근원적 일자든

---

99) 롱기누스, 『숭고에 관하여』, 9장.

감각적인 현실로, 즉 시간과 공간, 인과율 속에서 변화하는 경험적 현실로 나타나야 하기 때문이다.[100] 현실을 근원적 일자가 매순간 만들어 내는 것이라고 하면 꿈이라는 것은 '가상의 가상'인데 니체는 이것을 가상에 대한 고차원적인 충족행위라고 한다(『GT』, 4).

니체는 근대 예술철학에서처럼 가상을 예술의 적극적인 현상으로 보며 가상을 "영원한 모순, 사물의 아버지의 반영"(『GT』, 4)이라고 한다. 그리고 이 가상의 세계에서 아폴로적인 미 세계의 토대가 되는 디오니소스적인 것을 보고 직관적으로 상호필연성을 이해하게 된다고 한다.

③ 디오니소스적인 도취의 예술(서정시)

발생적으로 서정시는 서사시 다음이다. 호메로스 이후에 사포, 핀다로스 등의 서정시인이 등장했다. 니체는 그리스의 서사시 이후 서정시가 등장한 것을 동방의 디오니소스적인 문화, 즉 바빌론 축제의 성적 방종, 가족 제도의 법규 붕괴가 육로와 해로를 타고 그리스인에게 밀려와 영향을 준 것이라고 한다.

서양의 그리스 문명은 메소포타미아 문명이 서쪽으로 이동하면서 형성되었다. 미케네 문명이 형성되기 전에 이미 강력한 바빌로니아 왕국이 있었다. 훨씬 후에 호메로스의 서사시가 완성될 즈음 그리스는 도시국가를 형성하고 식민 활동을 시작했다. 그리스 문화는 인접한 바빌로니아 문화와 여러 경로로 영향을 주고받았을 것이다. 그리

---

100) 예술이 가상이란 것은 플라톤 때부터 인정되었던 것이다. 그런데 가상에 대한 견해는 철학자들마다 다르다. 예술의 가상성을 비판한 플라톤과 달리 근대 미학에서는 가상을 예술의 본질로서 인정한다. cf. 플라톤 (2), 실러 (3), 헤겔 (2), 하이데거 (5) 1).

고 소크라테스 시절 페르시아 전쟁에서 승리한 그리스는 아테네를 중심으로 전성기를 맞이했다.

이런 역사적인 사실을 헤겔은 변증법적, 역사주의적으로 해석해서 고대 동방의 문화(예술)보다 서양의 그리스 문화를 정신이 더 발현된, 우월한 것으로 보았다. 니체는 그와 전적으로 달리 발생의 우선성을 더 근원적인 것으로 보았다. 니체에 의하면 예술적 환희에 도달하여 개별화의 원리가 파기되는 바빌론 축제에 원초적인 자연의 감상적 측면이 잘 드러나 있는데, 특히 음악이 그러했다. 그 도취자들의 노랫소리와 몸짓 언어, 즉 디오니소스적 음악은 그리스인에게 공포와 전율을 불러일으켰고 그리스적인 것의 가장 깊은 근원으로부터 비슷한 충동이 솟구칠 때 아폴로의 저항은 불가능했다.

아폴로도 음악의 신이지만 그것은 도리스적 양식의 음조, 칠현금의 특징인 암시적 음조의 음악이다. 이와 다른 디오니소스 찬가인 디튀람보를 부르면서 인간은 자기의 모든 상징 능력을 최고로 발휘하도록 자극받는다. 모든 상징적 능력을 완전히 발휘하기 위해서는 일상의 인간이어서는 안 되고 자기포기가 필요하다. 자기를 포기하고 근원적 일자와 합일하는 것을 니체는 상징이라고 한다.[101] 그때 인간은 은폐하고 있었던 디오니소스적 세계를 인정해야 하는 두려움을 또한 느낀다(『GT』, 2).

디오니소스적인 예술은 음악이다. 서사시도 운문인 이상 음악적인데, 니체는 그것을 아폴로적인 음악이라고 하며 서정시의 음악은 디오니소스적인 음악이라고 한다. 니체에 의하면 아폴로적 음악에

---

101) 니체의 상징은 칸트, 헤겔의 상징과 다르며 셸링의 개념과 유사하다. cf. 셸링 (5).

대한 디오니소스적 음악의 새로운 싹은 아르킬로코스[102]에 의해 나타났다. 그는 사포와 함께 서정시의 대표적인 시인으로 알려져 있다. 니체는 서사시에 대한 서정시의 등장을 아폴로적인 것에 대한 디오니소스적인 것의 등장으로 보는데 일반적으로 서정시인의 대표자를 사포라고 하는 것과 달리 서사시의 호메로스와 견줄 수 있는 서정시의 대가로 아르킬로코스를 꼽았다. "그리스 세계 전체에 봉홧불을 전달한 최초의 인물은 호메로스와 아르킬로코스다."(『GT』, 5) 니체에게 호메로스는 자기 내면에 침잠하는 아폴로적인 소박한 예술가의 전형이며 아르킬로코스는 증오와 조소의 외침을 통해 도취상태의 자기 욕망을 분출하는 디오니소스적인 전투적 예술가다.

셸링, 헤겔에게서도 그렇듯이 서정시와 음악의 결합은 자연스러운 것이다. 니체에게서 서정시인은 디오니소스적 예술가로서 근원적 일자의 고통, 모순과 하나가 되어 근원적 일자의 모상을 음악으로 만들어 낸다. 서정시인은 디오니소스적 과정 속에서 자기의 주관성을 탈피하고 존재의 무근거 상태로부터 말한다. 니체는 그런 점에서 근대 미학자들이 말하는 서정시의 '주관성'은 잘못된 것이라고 하며, 서사시 다음에 서정시의 등장을 객관적 예술에서 주관적 예술의 등장이라고 하는 근대 미학의 학설을 부인했다.[103]

니체에 의하면, 서정시인이 도취의 황홀경에 빠져 춤추는 것은 그 개인의 열정이 아니다. 디오니소스적 음악가의 서정적 영혼은 신비한 자기 포기 상태와 합일 상태로부터 하나의 형상세계가 떠오르는

---

102) 기원전 711년 또는 648년경 사람. 니체는 이 인물에 대한 문헌학적 근거를 밝히지 않았다.

103) cf. 셸링 (6) 2), 헤겔 (5) 2).

것을 느낀다. 조각가, 서사시인은 형상들 속에서 즐거움을 누리고 그 형상들을 관찰하는 반면, 서정시인의 형상들은 그 자신이며 자기 자신을 객관화한 것이다. 서정시는 그래서 '나'를 말하는데 '나'는 경험적 현실적 자아가 아니라 진실로 존재하는 유일한 자아, 그리고 사물의 근저에 자리 잡은 영원한 자아다. 이 근저의 자아를 모방함으로써 서정적 예술가는 사물의 근저까지 꿰뚫어 보는 것이다(『GT』, 5).

여기서 이미 니체는 쇼펜하우어와 다른 견해를 보인다. 쇼펜하우어에 의하면 노래하는 자는 자기를 순수하고 욕구 없는 인식의 주체로 의식하게 된다. 이것은 때로는 해방되고 충족된 욕구(환희)로 나타나지만 그보다 훨씬 억압된 욕구(비애)로 나타난다. 서정적 상태에서 순수한 인식은 욕구와 충동으로부터 우리를 구원하지만 그것은 잠시뿐이고 욕구는 고요한 관조로부터 분리되어 다시 또 순수한 인식이 작용하는 그런 반복이 일어난다. 니체는 쇼펜하우어가 욕구와 순수한 관조가 혼합되고 분열된 심정상태의 모사를 노래(Lied)라고 하여 서정시(노래)를 반쪽예술로 보았다고 비판했다(『GT』, 5).

니체는 디오니소스적 음악을 서정적이라고 하며 그 힘은 호메로스적 세계의 소박함을 압도하는데 그러나 그때 디오니소스적인 힘에 대항하여 아폴로적인 것은 굳건한 존엄성을 갖추게 된다고 한다. 그래서 니체는 음악정신은 서정시에서 발단이 되고 최고로 발전하여 아티카 비극과 연극적 주신찬가가 등장한다고 보았다(『GT』, 4).

주신찬가는 일인의 음유시인이 노래하는 것과 달리 여럿이 합창을 한다. 이것을 니체는 독특하게 디오니소스적 상태에서는 인간과 자연이 하나가 되듯이 인간들도 하나가 된다고, 즉 개별화의 한계를 깨뜨리는 디오니소스적 힘은 개인들을 하나의 전체가 되게 한다고 해석한다. 그런 의미에서 니체는 민중들의 서정시인 민요(Volkslied)를 주목했다.

아르킬로코스가 호메로스와 어깨를 나란히 할 수 있는 공적도 니체는 민요를 문학에 도입한 것이라고 한다. 헤겔은 민요를 서정시 중에서도 국가의 형태를 온전히 갖추지 못한 상태에서 나오는 낮은 차원의 문학으로 보았다. 이에 대해 니체는 민요를 서정시 중에서도 더 근원적인 것으로 보는데 그것은 민요가 음악이 우선하는 시이기 때문이다.

니체에 의하면 디오니소스적 조류는 민요의 토대이자 전제다. 한 민족의 열광적 감동이 스며들어 있어 모든 민족을 포괄하여 전파되는 민요는 자연의 예술충동을 증명하는 증거이며 근원적인 선율(Melodie)이다. 선율은 최초의 것이고 보편적인 것이며 선율이 자기 내부에서 근원적인 詩歌(Dichtung)를 낳는다. 민요의 가사는 '음악을 모방하는' 언어다. 음악의 모방 때문에 호메로스적 시세계와 다른 아르킬로코스의 시세계가 시작되었다(『GT』, 6). 니체에게 디오니소스적 서정시인은 언어시인이 아니라 음악시인이다. 이것은 플라톤과 전적으로 다른 견해다. 플라톤은 가사가 먼저고 거기에 선율(tune)이 따라야지 그 반대여서는 안 된다고 보았다.

니체에 의하면 서정문학은 형상과 개념을 통해 음악을 모방하는 것이다. 물론 이 음악은 디오니소스적인 것으로서 근대의 미학적이고 순수하게 관조적인 음악과는 다른 것이다. 형상 속에 음악이 나타나기 위해서 서정시인은 사랑의 속삭임으로부터 광기의 노여움에 이르기까지 열정의 격앙을 필요로 한다. 음악은 근원적 일자의 근원적 모순과 근원적 고통에 상징적 관계를 맺고 있으며 따라서 모든 형상들 위에 있고 모든 형상들 앞에 있는 그런 영역을 상징화하는 것이다. 언어는 그런 음악의 깊은 뜻을 외부로 표출시킬 수 없으며 오히려 언어가 음악을 모방하기 시작하는 순간부터 언어는 음악과 피상적 접촉을 하는 데 머물고 만다. 니체는 가사보다 음악을 더 근원적이라고 하며 또한 그런 관점에서 비극에서 대화보다 합창을 더 본질적인 것으로 보았다.

④ 비극은 합창이다

비극은 디오니소스 찬가를 부르는 합창에서 발생했다. 발생적으로뿐만 아니라 내용적으로도 비극에서 합창이 중요하다는 것은 주지의 사실이다. 그러나 합창을 비극의 중요한 요소로 보지만 대사가 더 중요하다고 보는 것이 일반적인데 니체는 비극에서 합창을 가장 중요하게 보았고 그것을 "비극은 합창이고 그 이외 아무것도 아니다"(『GT』, 7)라고까지 표현했다.

고대 비극의 합창단은 디오니소스 시종인 사티로스의 복장을 했다고 하는데 합창단원이 신분이 낮은 시종에 의해서 산양 같은 모습을 한 사티로스로만 구성되었다는 것과 합창대석이 처음에 배우보다 무대 앞에 있다는 것을 니체는 독특하게 해석했다. 그들은 무대에서 자기의 과거와 사회적 지위를 모두 잊어버리고 사티로스 복장과 행동을 통해 사티로스와 일체감을 느끼며 디오니소스의 시종으로 변형되어 버린다. 반인반수인 사티로스를 니체는 근대의 이성적 주체가 아니라 자연과 통일되는 그런 인간으로 보았다.

사티로스적 인간은 근대 문명인과 대조되는 존재다. 니체는 근대의 근간인 이성적 주체로서의 인간, 존재의미의 근거가 되는 인간을 부정함으로써 근대 사상을, 그리고 나가서는 철학사 전체를 해체하고자 했다. 그것은 사유하는 인간이 아니라 예술을 하는 인간, 근대의 주체적 인간이 아니라 고대의 디오니소스 시종인 사티로스적 인간으로 돌아가고자 하는 것이다. 니체에 의하면 그리스인들은 어떤 의식도 이루어지지 않은 자연, 문화의 침투를 받지 않은 자연을 사티로스에서 보았는데[104] 원시적 동물로서가 아니라 인간의 원형인 신의 측근자, 신적인 존재로서 본다. 그래서 사티로스 합창단이 문명인들보다 삶을 더 사실적으로 더 진실하게 더 완전하게 모방한다고 니체는 생각했다.

근대 목가 속에 등장하는 목자는 근원적인 것, 자연적인 것에 대한 동경의 소산이다. 그러나 니체는 그것이 교양인의 산물일 뿐, 문화의 침투를 받기 이전의 자연은 아니라고 한다(『GT』, 8). 실러는 시인의 역할을 문명인이 돌이킬 수 없는 전원세계를 일깨우는 것이라고 했는데 니체는 실러의 자연도 근대의 목가적 자연으로서 디오니소스적 자연이 아니라고 하며 그것을 소박하다고 평했다.

니체는 사티로스와 문화인의 관계를 디오니소스적 음악과 문명과의 관계와 같다고 하며 바그너의 말을 인용했다. "남폿불이 대낮에 빛을 잃듯이 문화인은 음악에 의해 그 빛을 상실한다"(『GT』, 7). 니체는 자연존재(Naturwesen)란 세대와 민족 역사가 변천되더라도 문명의 배후에 부단히 살아 있으며, 그리스인들은 세계사의 심층 파괴충동, 자연의 잔혹성을 꿰뚫어 보았다고 한다. 디오니소스적 그리스

---

104) 니체는 인간을 이성적 동물이라고 하는 오래된 정의를 인정하지만 '**이성적** 동물'이 아니라 '이성적 **동물**'이어야 한다고 보았다. 원초적 자연성인 동물성이 인간에게 근원적인데 철학에서는 이성을 더 강조해 왔다는 것을 지적한 것이다.

인은 진리와 자연이 최고의 힘을 발휘하기를 바라고, 자신이 부활한 자연의 정령이며 사티로스라고 느꼈다. 비극에서는 디오니소스적 관객과 디오니소스적 도취자는 구별되지 않는다. 원시 비극 속의 합창단은 디오니소스적 인간의 자기 반영이다. 사티로스 합창단은 대중이 떠올리는 환영이며 무대 위의 세계는 사티로스 합창단이 떠올리는 환영이다.

비극의 디오니소스적인 성격은 그것이 디오니소스제에서 행해졌기 때문이다. 인간이 신에게, 신을 위해 하는 행사는 인간이 신과 하나가 되는 희열을 얻기 위한 것이다. 집단적으로 무의식적 도취에 빠지게 하는 것이 개념적인 언어가 아니라 음악인 것은 오늘날 우리도 경험할 수 있는 일이다. 비극의 관객인 그리스인들은 사티로스 합창단 앞에서 일상의 자기를 버리고 그와 일체감을 느꼈을 것이다.[105] 진정한 비극이 주는 형이상학적 위안은 현상들이 끊임없이 변화하는 속에서도 근저에 있는 불멸의 힘을 느끼고 그와 일체감을

---

[105] 고대사회에서 제의는 실제로 신을 만나는 행위였기 때문에 니체는 시의 영역은 시인의 두뇌가 상상력, 판타지를 통해 만들어 놓은 불가능한 것으로서 세계 외부에 있는 것이 아니라고 한다(셸링과 헤겔은 서사시, 서정시, 극시의 성격을 구분했지만 그것을 쓰는 사람은 전체적으로 시인이라 통칭하며 시인들에게 가장 요구되는 것은 구상력, 판타지라고 했다). 시인이 시인일 수 있는 것은 시인이 여러 현상에 둘러싸여 그것들의 가장 내적인 본질을 통찰함으로써 그것들이 자기 앞에서 살아 움직이는 것을 보는 것이다. 은유(Metaphore)는 수사법상의 형용이 아니라 시인의 눈앞에서 개념 대신에 실제로 움직이고 있는 대표적인 형상을 말하며 인물은 개개의 특징들로 조합한 전체가 아니라 그의 눈앞에서 끊임없이 살아 움직이는 인물이다(『GT』, 8). 살아 있는 움직임을 계속 보며 항상 정령의 무리들에 둘러싸여 살아가는 능력을 얻을 때 시인이 되며 자기 스스로를 변화시켜 다른 이의 몸과 마음이 되어 말하려는 충동을 느낄 수 있을 때 극작가가 된다고 한다(『GT』, 8). 니체는 전체적으로는 시인(Dichter)이라고 하지만 서사시, 서정시 시인과 구별하여 극시의 시인을 극작가(Dramatiker)라고 구별한다. 아리스토텔레스도 표현되어야 할 감정을 실제로 느끼는 사람이 더 설득력 있게 표현할 수 있기 때문에 비극시인은 실제 장면을 눈앞에 그려 보고 작중인물을 실제 연기해 볼 필요가 있는데, 그래서 남다른 재능이나 광기를 필요로 한다고 했다(『시학』, 17장).

느끼며 즐거워한다는 것이다.

고대 디오니소스제의 비극은 근대극과 달리 인간이 신을 만나는 황홀한 체험의 장이었다.[106] 일상적 구속과 한계를 파괴시키는 디오니소스적 상태의 황홀함은 디오니소스제가 열리는 일정한 기간에 체험하는 것이고 대부분은 일상의 삶을 살게 된다. 플라톤은 일상생활 중에도 그때의 기분에 젖어 산다고 보았고 그래서 그것에 비판적이었다. 그러나 니체는 도처에서 삶의 공포 혹은 삶의 불합리를 보게 되고 현실에 구토를 느끼는 위험 상태에서 인간을 구원해 줄 수 있는 것은 예술이며 주신찬가의 사티로스 합창단은 그리스 예술 속의 구원자 역할을 한다고 보았다(『GT』, 7). 그것은 쇼펜하우어에서 보다 적극적인 예술의 구원이다.

니체는 비극에서 합창의 중요성을 '비극은 합창이다'라고 했지만 비극에는 합창과 더불어 대화가 큰 비중을 차지한다. 그런데 그가 합창을 더 중요하게 보는 것은 합창의 분위기 속에서 서사적인 대화가 이루어지는 것으로 보기 때문이다. 주신찬가 합창단은 청중의 감

---

106) 니체는 비극에서 그런 역할을 주도하는 것이 합창이라고 보았고 그런 입장에서 합창의 성격에 대해 논해진 여러 견해를 비판한다. 합창단은 민중이라는 아리스토텔레스의 견해나 민주주의적 아테네의 도덕률이 포함되어 있다는 견해나 입헌적 민주제도를 예상하는 것에 대해 니체는 그런 정치적 해석은 비극의 종교적 기원에 영향력을 가지지 못한다고 한다. 헤겔도 합창을 개별적인 영웅에 대해 지상의 왕국인 민족과 같다고 했다. 합창이 민요와 같은 것이라면 그런 해석도 가능하다. 관중의 정화, 이상적 관객이라고 하는 슐레겔의 견해는 당시 가장 권위가 있었지만 니체는 합창단과 관객의 일치를 그렇게 보지 않았다. 또한 실러는 고대 그리스 비극 합창단은 비극이 자신을 사실세계로부터 분리하고 자기의 이상적 지반과 자기의 시적 자유를 획득하기 위해서 자기 주변에 쳐놓은 하나의 살아 있는 성곽이라고 생각했다. 그러나 니체에 의하면 신앙심 깊은 그리스인들이 올림포스 산과 그 위의 신들에 대해 가지고 있었던 것은 그런 자의적인 세계가 아니라 현실성과 신빙성을 지닌 세계다. 즉, 고대인들은 신을 실재한다고 믿었고 신제에서 그런 신을 만난다고 생각했다(『GT』, 7).

정을 디오니소스 단계까지 격앙시켜 비극의 주인공이 무대 위에 등
장할 때 관중은 흉한 가면 쓴 모습을 그대로 보는 것이 아니라 자기
들의 황홀경 속에서 태어난 환영의 인물을 보게 한다. 관객은 가면
쓴 등장인물의 현실성을 비현실성 속으로 녹여 버린다. 이것이 아폴
로적 꿈의 상태이며 이 속에서 새로운 세계가 더 명료하게 눈앞에
나타나게 된다. 아폴로적 현상 속에 객관화되어 나타난 디오니소스
는 이제 더 이상 합창단의 음악이 아니라 서사적 주인공의 입장에서
호메로스의 언어를 사용하여 말한다.(『GT』, 8). 니체에게서 비극은
디오니소스적 상태의 형상화, 음악의 가시적 상징화이며 디오니소스
적 도취를 표현하는 꿈의 세계다.

니체는 민요에서 선율이 가사를 낳듯이 비극을 엮어가는 여러 파
트의 합창이 대화의 모태이며 연극 자체의 모태라고 한다. 그것은
음악이 비극의 근원이라는 것과 함께 디오니소스적 합창의 모태에
서 나온 대화는 서사시적인 대화와는 다르다는 것을 뜻한다. 합창의
디오니소스적인 역할이 있다는 것은 비극이 아폴로적 이야기 전개
인 서사시와 다른 것이고 또한 그것이 서사시보다 비극이 우수한 형
식임을 나타내는 것이다. 아리스토텔레스 이후 서사시보다 극시가
더 예술적으로 우수한 형식으로 인정되었다. 니체도 그 점은 동일한
데 단지 그 이유가 다를 뿐이다.

서사시, 서정시에 이어 등장한 극시를 니체도 근대 철학자들처럼
최고의 형식으로 보는데 그것을 음악이 가지는 힘 때문이라고 한다.
음악의 디오니소스적 힘은 호메로스의 서사시의 신화를 새롭게 변
화시켰다. 서사시와 극시 형식의 차이는 신화 내용의 변화를 수반한
다. 니체는 그것을 비극의 강력한 영향하에서 호메로스적 신화가 새

로 탄생되고 올림포스 문화가 더 심오한 세계관을 가지게 되었다고
보았다. 박해받는 프로메테우스는 박해자(제우스)에게 자기와 협정
하지 않으면 지배권이 위험에 빠질 것이라고 통고하는 것이 아이스
킬로스 작품에 나타나 있다. 호메로스적 신화에게 디오니소스적 예
술가는 새로운 신을 요구한다. 최고의 신인 제우스에게 도전자가 나
타난 것이다.[107]

셸링, 헤겔에게서 보았듯이 근대에는 비극에서 공포와 연민이 아
니라 인간성의 승리를 보았다. 니체도 그런 점에선 철저히 근대인이
다. 신에게 도전하는 영웅에서 니체는 디오니소스적 삶의 초인을 보
는 것이다. 다른 점이라면 니체는 신화를 새롭게 해석하여 심오한
의미를 부여할 수 있는, 비극에서 최고로 발현되는 힘은 음악의 헤
라클레스적인 힘이라고 하는 것이다. 니체의 입장에서는 비극의 힘
은 음악의 힘이므로 음악의 힘이 사라지면 비극, 신화는 사멸한다.
"에우리피데스에서 신화가 죽었고 음악이 죽었다."(『GT』, 10)

비극이 디오니소스 찬가를 부르는 합창에서 시작됐지만 대사가
중심이 되는 극으로 변화한 것은 역사적 사실이다. 이것을 발전으로
보는가 사멸로 보는가는 해석자에 따라 다르다. 니체는 그것을 음악
이 죽고 신화에 대한 감각이 죽고 비극이 죽었다고 보았다. 사실 비
극의 의미는 대사든 합창이든 그 언어적인 것에 있다고 할 수 있다.
합창의 중요성은 그것이 노래여서가 아니라 그들이 하는 말이 대사
와 다른, 지혜와 신탁의 말을 한다는 데 있다. 물론 혼잣말이 아니라
여럿이 운율을 맞춰 말한다면 더 효과가 클 것이다. 니체가 그것을

---

107) 합창을 비극의 본질적인 것이라고 하며 비극을 옛 신과 새로운 신의 투쟁이라고 보
　　는 것은 하이데거도 니체와 견해가 같다. cf. 하이데거 (6).

굳이 음악이라고 하는 것은 바그너를 염두에 두었기 때문이다.

2) 비극의 죽음

기독교가 공인된 후 기독교의 신이 아닌 다른 신의 신제는 금지되었기 때문에 디오니소스제는 행해지지 못했다. 그러나 니체는 기독교에 의해 금지되기 이전에 음악의 영혼이 비극에서 사라지면서 엄격한 의미에서 이미 비극은 죽었다고 했다. 그것도 합창이 축소되고 사라지는 형식의 변화를 비극 내적인 변화로 보아 니체는 비극이 자살하여 비극적으로 죽었다고 표현했다.

비극이 자기 죽음과 투쟁을 벌이게 한 이는 에우리피데스다. 니체는 그를 비극작가이기도 하지만 나중에 발생한 신아티카 희극의 조상이라고 보는데 그가 비극을 비명횡사하도록 새로운 희극작가들에게 끼친 영향은 관객을 무대에 오르게 한 것이다. 아리스토텔레스가 말한 대로 비극의 주인공은 평범 이상의 영웅이나 왕족들이었고 희극의 주인공은 평민이었다. 희극의 등장을 니체는 관객이 무대 위에 오르고 서민적 범용성이 발언권을 얻은 것이라고 표현한다(『GT』, 11). 아리스토파네스의 작품 속에서 에우리피데스는 모든 대중이 철학을 하고 소송을 하게 된 것은 자기의 공적이며 자기가 민중에게 심어 놓은 지혜의 성과라고 자화자찬한다.[108] 일반적으로 아리스토파네스는 희극시인이고 에우리피데스는 비극시인이라고 하지만 평

---

108) 희극과 비극 중에서 희극을 낮은 것으로 보는 것은 플라톤, 아리스토텔레스부터 시작된 전통이다. 니체도 이 오랜 전통을 따르고 있다. 셸링, 헤겔에 의해 희극이 역사적으로 인정된 것이 예외다. cf. 셸링 (6) 2), 헤겔 (5) 3) 2.

민들이 주인공이 된다는 점에서 니체는 에우리피데스를 평가절하된 희극작가로 보는 것이다.

아리스토텔레스는 불행의 원인이 비행이 아니라 중대한 과실이어야 하고 주인공은 평범 이상의 사람이어야 한다는 비극의 원칙을 에우리피데스는 잘 지켰고 이 원칙에 따라 비극 대부분이 불행한 결말로 끝나기 때문에 시인들 가운데 가장 비극적이라는 인상을 주었다고 했다. 그러나 아리스토텔레스는 그가 합창을 비극의 플롯과 무관하게 막간가로 부르는 것은 좋은 것이 아니라고 했는데, 그것은 합창이 전체의 한 부분이 되어 극의 행동에 참가해야 한다는 것이며 막간가를 부르는 것은 대사를 한 드라마와 다른 드라마 사이에 끼어넣는 것과 다르지 않다는 것이다.[109] 아리스토텔레스의 견해가 맞다면 비극을 합창이라고까지 한 니체의 입장에서는 에우리피데스가 훌륭한 비극시인이 아닌데 그의 작품이 당시 인기 있었던 것을 니체는 그리스인들이 이상적 과거에 대한 믿음뿐 아니라 이상적 미래에 대한 믿음을 비극과 함께 포기했으며 현재보다 과거와 미래의 어떤 것을 높이 평가할 줄 모르는 노예들의 명랑성을 가지게 된 것이라고 평했다(『GT』, 11).

그런데 에우리피데스의 그런 경향을 니체는 소크라테스에 의한 것으로 보았다. "아름답기 위해서는 지적이어야 한다"는 에우리피데스의 말은 참인 것이 아름답다는 플라톤의 생각과 같다고 보며 니체는 그것을 '미학적 소크라테스주의'(aesthetische Sokratismus, 『GT』, 12)라고 한다.

---

109) 아리스토텔레스, 『시학』, 18장.

니체는 에우리피데스와 소크라테스의 동일성 관계는 비극의 적대자로 비극을 관람하지 않았던 소크라테스가 에우리피데스의 작품이 공연될 때는 관람했다는 것과 델포이 신탁에 지자로서 소크라테스와 에우리피데스의 이름이 나란히 명기되었다는 것을 증거로 들었다. 비극에서 에우리피데스의 등장을 니체는 철학에서 '맨 처음에 모든 것은 함께 있었고 누우스(이성)가 나타나 질서를 창조했다'고 말한 아낙사고라스의 등장과 비교했는데 그것을 또한 술 취한 시인들 사이에 술 안 취한 자의 등장이라고 표현했다(『GT』, 12). 디오니소스는 술의 신이다. 그리고 이성을 강조하는 술 안 취한 사람은 철학자들이며 혼돈에 질서를 부여한 이성적 신은 기독교 신이다.

그런데 니체는 소포클레스도 무엇이 옳은지 『알고 있음』의 명확성 정도에서, 지혜의 경쟁에서 3위라고 평가한다. 니체는 소포클레스의 작품 『클로노스의 오이디프스』에서 사건을 풀어가는 것을 변증론적 해결이라고 보며 아이스킬로스의 작품 『프로메테우스』와 비교하면 비극의 공포적인 힘보다 명랑성이 깃들었다고 보았다(『GT』, 9).[110] (대조적으로 헤겔은 그래서 그것을 최고의 작품으로 평가했다.[111]) 그런 점에서 니체에게 소포클레스는 에우리피데스만큼은 아

---

[110] 아이스킬로스(BC 524~456)의 비극과 이후 비극의 성격 차이를 규정하는 근거는 니체와 다르지만 차이가 있다는 것은 호라티우스의 『시학』에서도 찾을 수 있다. 호라티우스에 의하면 초기의 비극은 관중도 많지 않았고 점잖고 온순했는데 페르시아전쟁(BC 492~448)에 승리한 후 낮에도 술에 취해 극장에 오면서 운율과 음악의 엄격한 규율이 무너졌고 비극시인들은 그런 관객을 유혹하여 극장에 붙들어 놓기 위해서 사티로스를 등장시켰다(『시학』, 220~225행). 이것에 근거한다면 페르시아전쟁 이후 세대인 플라톤이 비극을 비판하는 것이 이해될 수 있다. 이미 호라티우스는 작시의 원리를 광기가 아니라 분별력이라고 하며 플라톤의 저술이 시의 소재를 제시해 줄 수 있다고 말했다(『시학』, 310행).

[111] cf. 헤겔 (5) 3) 1.

니어도 소크라테스적인 경향의 작가로서 비판된다. 그렇다면 플라톤이야말로 비판의 대상이 되어야 한다.

니체에 의하면 당시 비극시인이었던 플라톤은 소크라테스의 제자가 되기 위해 시 작품을 불태웠고 철학자로서 시를 낮은 자리로 좌천시켰다. 그러나 플라톤은 예술가적 성향 때문에 예술형식을 만들어 내지 않을 수 없었고 그래서 그 형식은 기존의 예술형식과 내적으로 닮았다. 대화편은 극의 형식이다. 플라톤은 예술을 가상의 모방이며 경험 세계보다 낮은 것으로 비판하고 현실을 초월해 있는 이데아를 표현하기 위해 애썼다. 비극은 이전의 모든 예술장르들을 통합한 형식인데 조금 다른 의미에서 플라톤의 대화편도 이야기, 서정시, 연극이 혼합되어 어떤 하나의 통일된 언어 형식이라고 할 수 없다. 플라톤은 새로운 예술형식의 모범을 제공한 셈인데 니체는 그것을 소설의 모범이며 무한히 높여진 이솝우화라고 평가절하 했다.

니체에 의하면 플라톤 극의 변증론적 주인공인 소크라테스는 에우리피데스의 주인공과 유사한 성격을 가졌다. 플라톤의 대화편에서 주인공들은 소크라테스의 말을 듣고 그의 말을 옳은 것으로 따르게 된다. 이것을 니체는 변증론의 본질 속에는 하나의 결론이 날 때마다 환호를 올리며 차가운 명석성과 의식 속에서만 숨 쉴 수 있는 낙천주의 요소가 있다고 했다. (이것이 낙천주의인가?) "낙천주의 요소가 비극에 침투해 들어가 시민극으로 투신자살하게 했다."(『GT』, 14)

소크라테스를 통해 새롭게 나타난 것은 이론적 인간의 사고유형이다. 플라톤은 철학의 왕국을 이루고 싶어 했다. 그런데 니체에 의하면 형이상학적 망상은 학문의 본성으로 주어진 것이지만 학문은 원래 예술을 지향하기 때문에 학문의 한계점에서 학문은 예술로 변하지 않을 수 없었다. (그러나 학문이 그 한계에서 예술을 필요로 했다면 역으로 비극(예술)의 한계에서 학문이 탄생한 것도 필연적이지 않을까?)

니체는 근대 학문의 시대의 정점에서 그 한계의 극복으로 예술의 시대가 도래할 것을 바랐는데 이미 소크라테스 자신이 그것을 보여주었다고 한다. 『파이돈』에서 소크라테스가 옥중에서 한 꿈 얘기를 니체는 니체식으로 해석했다.[112] 꿈에서 시가(詩歌)를 지으라는 말을 듣고 말년에 아폴로에게 바치는 시를 짓고 이솝우화를 운문으로 썼다는 소크라테스의 말을 니체는 논리적 본성의 한계에 대한 걱정의 징조이며 예술을 학문에 대한 필수적 상관물이며 보충물이라고 해석했다(『GT』, 14).

니체는 최고의 예술인 비극을 소멸하게 한 사람으로 소크라테스를 지목했는데 또한 그 반대의 가능성도 그에게서 찾는다. '음악을 추구하는 소크라테스'(musiktreibende Sokrates)를 찾고자 하는 것은 니체가 아폴로적인 것 자체를 적대시하는 것이 아니라 아폴로적인 것에 의해 디오니소스적인 것이 사라지게 되었다는 것을 비판하는 것이다.

3) 비극의 부활

음악정신의 소멸로 비극이 죽었다면 음악으로 비극을 부활시킬 수 있을 것이다. '음악정신에서 비극의 탄생'에 영향을 준 사람은 쇼

---

112) cf. 플라톤 (5).

펜하우어와 바그너였다. 니체는 쇼펜하우어를 음악이 조형예술 중의 하나가 아니며 조형예술과 음악 사이에는 거대한 단절이 있다는 것을 자각한 사람으로 높이 평가한다. 음악은 현상의 모사가 아니라 의지의 직접적 모사라는 것, 음악은 세계의 모든 물질적인 것에 대한 형이상학적인 것, 모든 현상에 대한 물자체의 모사라고 하는 쇼펜하우어의 말을 니체는 모든 미학 가운데 가장 중요한 인식이라고 보았다. 그리고 바그너는 이것을 영원한 진리로 보증해 주었다고 한다. 바그너도 근대 미학이 조형세계에 통용되는 미의 개념에 의거해서 음악에 똑같은 효과를 요구하는데 음악을 측정하기 위해서는 조형예술과 다른 미학 원리에 따라야 하며 미의 범주에 의존해서는 안 된다고 보았다(『GT』, 16).

니체는 비극의 근본문제를 탐구하는 데서 근대 미학의 용어를 벗어나려고 아폴로적인 것과 디오니소스적인 것이라는 예술적 힘이 함께 활동하면 어떤 미적인 효과가 나는가라는 물음을 가지고 다루었다고 한다. 그것은 음악과 형상 그리고 개념은 어떤 관계인가라는 물음으로 요약할 수 있는데, 니체는 쇼펜하우어와 같이 개념은 관조함으로써 추상된 형식에 불과하며 이에 대해 음악은 사물의 가장 내적인 핵심을 제공한다고 보았다. 스콜라학파의 말을 빌면 개념은 사물 이후의 보편, 현실은 사물 속의 보편, 음악은 사물 이전의 보편이다.

니체의 입장에서는 신화에 음악이 사용된 것이 아니라 음악이 신화를 낳았다. 음악이 디오니소스적 지혜를 비유(Gleichnisse)의 형식으로 이야기하는 신화를 탄생시키고 디오니소스적 지혜의 상징적(symbolische) 표현이 비극으로 형성되었다는 것이다.[113] 디오니소스적 예술은 개별화의 원리 배후에 있는 전능의 의지를 표현하는 예술, 모든 현상의 피안에 존재하며 영원한 생명을 표현하는 예술이다. 비극적인 것에 대하여 형이상학적 기쁨을 느끼는 것은 본능적이고 무의식적인 지혜, 디오니소스적 지혜가 형상언어로 번역되어 있기 때문이다. 즉, 최고의 의지의 현상인 주인공이 파멸되어도 의지의 영원한 생명은 손상되는 일이 없기 때문이다. 음악은 이 생명의 직접적 이념이다. 여기서 삶의 고뇌에 대해 미가 승리를 거둔다(『GT』, 16).

니체는 그리스 비극이 지금은 언어로만 전해졌기 때문에 실재보다 그 의미를 잘 파악하지 못하고 있다고 한다. 사실 공연예술이었던 비극은 대본만 전해지고 있다. 니체는 신화에 최고의 정신과 이념을 부여하는 것은 언어시인이 아니라 창조적인 음악가 시인에게 가능했다고 했다(『GT』, 17). 그러나 니체가 비극 그 자체라고 한 합창의 힘은 사실 음악의 힘이라기보다 지혜와 신탁의 말을 하는 내용에 있다. 그리고 혼자가 아니라 여럿이 웅장하고 비장하게 읊는 데 그 힘이 있는 것이다. 니체는 바그너를 염두에 두고서 음악을 너무 크게 부각시켰다. 음악이 극에서 그렇게 중요하다면 음악극인 오페라를 왜 혹독하게 비판하는가? 음악은 왜 신화하고만 결합되어야 하는가?

니체는 소크라테스적 문화를 '오페라 문화'라고 부른다(『GT』, 19). 니체가 보기에 오페라에서 가수는 노래 부른다기보다 말을 하는 편에 치우쳐서 가사의 이해를 위한 감정적 표현이 음악을 압도한다. 그리고 반만 노래로 부르는, 감정에 가득 찬 호소적인 이야기와 완전히 노래로 부르는 감탄 부분의 조급한 교체는 부자연스럽고 서사적 낭독과 서정적 낭독이 내적으로 안정되지 않고 혼합되어서 오페

___

113) 셸링은 신화의 구성형식으로 도식, 비유(Allegorie), 상징을 들었다. 그리고 도식보다는 비유가, 비유보다는 상징이 변증법적으로 높은 단계다. cf. 셸링 (4).

라의 청중은 말을 이해하기 위해서 가사가 대위법을 지배하는 성악의 기법을 알아야 했다. 니체는 말을 화음보다 더 고귀하게 여기는 것은 주인보다 하인을, 몸보다 영혼을 고귀하다고 하는 것과 마찬가지며 그것은 음악의 디오니소스적 깊이를 알지 못한 것이라고 한다. 그에게 오페라는 음악에서 디오니소스적 세계관을 박탈하고 음악에 형식 유희적이고 오락적인 성격을 새겨 넣은 것이다.

또한 오페라에 대한 니체의 비판은 발생적 측면, 즉 오페라의 목가적 경향에 대한 비판이기도 하다. 자연 속에서 낙원적인 선량함과 예술적 천성이라는 인간의 이상이 실현된 시대가 있었고 그것을 다시 모방해야 한다는 것을 문예부흥기의 교양인들은 오페라를 통해서 실현시키고자 했다. 그러나 니체가 보기에 그리스 비극을 오페라적으로 모조함으로써 자연과 이상의 화음으로, 목가적 현실로 돌아갈 수 있다고 하는 것은 소크라테스적 낙천주의다. 그래서 오페라에는 영원한 상실을 슬퍼하는 비가적 고통은 없고 부활의 명랑성과 목가적 현실에 대한 안일한 기쁨이 나타나 있다. 오페라의 등장인물들은 비극의 아이스킬로스적 인간이 알렉산드리아적 인간으로 변모한 것이다(『GT』, 19).

오페라는 문예부흥기, 바로크 시대에 시도된 새로운 극이며[114] 고대극을 근대적으로 재현한 한 형식이다. 그래서 서구인들은 오페라

---

[114] 오페라는 바로크시대에 탄생한 예술이기 때문에 바로크 예술의 특징인 화려함이 의상이나 무대장치에 잘 나타난다. 니체는 그것을 플로렌스시대의 유흥적 생활과 가수들의 허영심이 만들어 낸 것이라고 했다. 헤겔도 오페라를 비판했는데 지나치게 화려한 무대장치, 의상 등으로 청중을 현혹하는 것이라고 보았기 때문이다(『헤겔미학 Ⅲ』, 679쪽). 칸트는 오페라와 비극 모두에 우호적이지 않은데 그것은 여러 예술형식들을 결합하는 그런 종합예술이 인위적이어서 미적인 효과를 내는 것인지 의문이라고 보았기 때문이다.

를 호메로스의 원초적 세계로 거슬러 올라가 고대 그리스 음악을 부활시킨 것으로 여겼다. 오페라는 목가에의 그리움과 예술적이고 선량한 인간의 태고적 존재에 대한 믿음이라는 미학적 필요에 의해 만들어진 것이다. 그러나 원초적 언어의 부활이라 하더라도 근대인의 삶은 고대인들과 달랐고 작품 속에 그것이 반영될 수밖에 없다면 비극적인 삶을 그리지 않은 것으로 오페라를 비판하는 것은 적절치 않다. 실러는 고대 그리스 비극의 형식은 모방해도 내용은 그럴 필요가 없다고 했다.

니체가 『비극의 탄생』에서 오페라를 그렇게 비판하는 것은 바그너를 염두에 두었기 때문이다. 바그너는 기존의 오페라를 비판하고 그에 대해 악극(Musikdrama)을 창안한 사람이다. 바그너와 결별하고 바그너의 비판자가 된 말년에 니체는 비제의 『카르멘』에 심취했었는데 그 작품은 오페라다.

(3) 니체의 바그너

바그너는 음악가일 뿐만 아니라 포이에르 바하와 쇼펜하우어 철학에 정통한 사상가이며 악극의 대본을 쓴 시인이기도 했다. 그는 악극의 이야기를 고대 북유럽 신화에서 얻었다. 그것은 본래 독일시인들이 쓴 것인데 바그너가 각색하여 극본을 썼다. 니체에게 그런 바그너는 음악정신으로 신화를 부활시킨 음악가 시인이었다.

니체는 『비극의 탄생』에서 『트리스탄과 이졸데』, 『로엔그린』, 『지그프리트의 목가』와 같은 바그너의 작품을 그의 이론에 적용시켰다.

『비극의 탄생』은 바그너에게 헌정되었고 그를 위해 쓴 것이다. 고대 그리스 비극에 대한 해석이 지나치게 멀리 나간 것도 바그너를 염두에 두었기 때문이다. 그리고 바그너의 요청에 의해 원고를 수정하기까지 했다. 훗날 덧붙인 새로운 서문에서 그 책에 문제의식이 담겨 있긴 하지만 청년기의 단점인 장황함과 격정이 드러나 있다고 하면서도 그 책의 성과는 바그너가 입증했다고 자평했다. 그래서 당시 그 책이 호평을 못 얻었지만 니체는 당대 일류 인사인 바그너를 만족시킨 것을 자랑으로 여겼다.

『비극의 탄생』을 바그너에게 헌정한 후, 니체는 바이로이트에 세울 바그너 악극 전용극장 개관에 깊이 관여했다. 바이로이트의 극장은 고대 그리스의 비극 공연장을 본떠서 만든 것으로 고전문헌학자인 니체의 도움이 필요했을 것이다. 전국을 다니며 강연도 하고 후원자를 모집하고 원고를 쓰고 편집도 하면서 니체는 바이로이트 계획에 적극적으로 참여했다.

그러나 그들의 깊은 관계는 오래가지 않았다. 『비극의 탄생』에 이은 『반시대적 고찰』에 수록된 「바이로이트의 리하르트 바그너」115)에는 이미 바그너에 대한 찬양이 들어 있지 않았다. 그러나 마지막 저서인 『니체 대 바그너』에서는 제목에도 나타나듯이 니체는 끝까지 자신과 견줄 수 있는 이로서 바그너를 인정하고 있다. 그런데 그 글에서 니체는 1876년 바이로이트의 바그너 전용극장 개관 공연에서 바그너에게 결별을 고했다고 밝혔다.

개관작이었던 『니벨룽겐의 반지』는 니체의 견해와 달리 성공적으

---

115) 『반시대적 고찰』 중의 제4편인 「바이로이트의 리하르트 바그너」는 1875년에 원고가 완성되었고 바이로이트 축제에 맞춰 1876년 7월에 출판되었다.

로 공연되었고 바그너의 위상은 더욱 높아졌다. 그런데 니체는 바그너를 겉으로는 가장 성공한 사람으로 보였지만 실제로는 퇴폐주의자였으며 결국은 예수의 십자가 앞에 침몰했다고 회고했다(『니체 대 바그너』, '내가 어떻게 바그너로부터 벗어났는가'). 그것은 1882년 바이로이트에서 공연된 바그너의 마지막 작품인 『파르지팔』을 염두에 두고 한 말이다.

니체는 『파르지팔』을 '비극에 작별을 고하는 계기의 마지막 작품'이라고 평했다. 『파르지팔』은 유혹에 빠져 죄지은 인간을 신의 사랑으로 용서하고 구원한다는 내용으로 신에 의한 구원의 문제를 다룬 작품이다. 그것을 니체는 기독교적이고 병적이며 자기 예술뿐 아니라 삶까지도 말살한 작품이라고 평했다. 니체가 보기에 그것은 반자연적인 순교를 설교함으로써 바그너가 감격했던 포이에르 바하의 건강한 감성을 그르친 것이다(『니체 대 바그너』, '순결의 사도로서의 바그너').

바그너는 낭만주의 시대의 예술가다. 낭만주의 철학자인 셸링의 관점에서는 고대 신화에서 기독교 신화로의 전환은 변증법적인 이행이다. 그 관점에서는 『파르지팔』을 낭만주의 예술가인 바그너의 최고 작품이라고 평가할 수 있다. 그러나 니체는 신화에 대해서 셸링과 전적으로 다른 입장이었다. 니체는 자신을 낭만주의자라고 했지만 낭만주의의 기독교적인 성격에 대해서는 도덕적 종교적 불합리에 질식당한 재난이라고 규정했다.

니체는 바그너가 기독교적 구원 개념을 전제하고 반계몽적 이성을 추구한 것은 삶의 자연성과 활력을 강화하는 예술이 아니라 약자와 삶에 지친 자들을 위한 자극제일 뿐이며 기교와 효과에 의해 찰나적으로 유혹하는 대중예술이라고 혹평한다. 니체가 원하는 디오니소스적 – 비극적 예술은 본질적으로 삶에 대한 긍정이고 축복이며 삶을 신격화하는 것, 자기의 무한성에 환희를 느끼는 삶에의 의지를 표현하는 예술이다. 그것은 삶이 추한 면이나 모순적인 면도 필연적으로 가질 수밖에 없다는 것을 긍정하고 삶의 끔찍하고도 의문스러운 것을 적극적으로 살아내고자 하는 비극적 – 전투적 인간의 예술, 고통을 원하고 미화하고 신성시하는 예술이다.

니체는 바그너 음악의 사상적, 내용적인 것뿐 아니라 음악적 기교 면에서도 비판적이다. 니체는 바그너가 경탄받을 것은 '음악의 가장 위대한 세밀화가'라고 할 만큼 세부적인 것을 고안하고 무한한 의미와 즐거움을 가장 작은 공간에 집어넣는 것이라고 하면서도 그것은 또한 무관한 것들을 섞어서 조직적으로 형성하여 양식상의 무능력을 나타냈다고 평했다(『바그너의 경우』, 7). 니체는 바그너 음악의 새로운 것이라 할 수 있는 라이트 모티브[116]와 무한선율[117]에 대해서도 혹독하게 비판했다. 극의 주제를 음악적으로 선명하게 하는 라이트모티브는 검소한 비용으로 영주 같은 식탁을 가장하는 것, 고기는 적고 국물만 많은 고깃국이라고 하며(『바그너의 경우』, 8) 무한선율도 자연의 리듬감각을 퇴화시킨 것이며 거대한 무대장치로 최면술적인 효과를 낸다고 혹평했다(『니체 대 바그너』, '위험한 바그너' 1). 이제 니체에게 바그너는 음악가가 아니며 음악의 효과만을 원하는, 분위기로 사람을 압도하는 배우, 독재자, 위대한 연기자, 최

---

116) Leitmotiv. 유도동기(誘導動機), 지도동기(指導動機)라고 번역한다. 악극이나 표제음악에서 주요 인물이나 특정한 감정을 상징하는 동기로서 극의 진행을 암시하고 통일을 취하는 기법이다. 바그너에 의해 확립되었다.

117) unendliche Melodie. 단락감 없는 가창선율로서 오페라의 레치타티보나 아리아에 의해 극 진행이 중단되는 것을 피하기 위해 이용된 바그너의 기법이다.

고의 무대 예술가, 연극 배우적인 천재에 불과했다.

　"음악은 세계의 원래 이념이고 연극은 이 이념의 반영, 즉 이념의 그림자인 것이다". 그것은 『비극의 탄생』에서 바그너를 염두에 두고 한 말인데 이제는 평가가 달라졌다.[118] 바그너의 음악은 무한한 것을 나타내기 위한 수단일 뿐, 그는 일생 동안 이념의 해설자였다고 니체는 혹평한다. 바그너는 자기 음악이 음악만을 의미하는 것이 아니라 그보다 더 많은 의미를 나타내고자 하는데 그 의미를 깊이 있게 받아들이게 하기 위해 문학을 필요로 했다는 것이다. "바그너는 헤겔의 유산, 즉 이념으로서의 음악을 물려받았고 그래서 헤겔에 열광하는 사람은 바그너에게도 열광한다."(『바그너의 경우』, 10)

　헤겔은 오페라에 대해서 비판적이었다. 그런데 바그너의 악극에 대해서는 어떠했을까? 그것은 알 수 없는 일이지만 니체의 말도 일리가 있다. 바그너가 이념적으로 전달하고자 하는 것은 헤겔과 같이 독일정신이었다 할 수 있다. 니체는 바이로이트의 무대에서 바그너가 독일인의 정의인 복종과 성실의 감격을 불러일으키고 대중들은 그것에 열광했다고 보았다. 니체가 바그너의 등장과 제국의 등장이 시간적으로 일치한다고 한 것, 그리고 바그너 음악의 지휘자들은 후세에 '전쟁의 고전시대'라고 부를 시대에 가치 있는 사람들이라고(『바그너의 경우』, 11) 한 것은 중요한 통찰이었다. 니체의 예언은 거의 적중했다. 극단적 민족주의자인 히틀러는 바그너 음악을 좋아했고 카라얀은 히틀러를 위해서 바그너의 음악을 지휘했다.

---

118) 사실 바그너의 악극은 극보다 음악의 비중이 큰 오페라에 대해서 음악보다 극의 전개에 더 비중을 두고자 한 것이다. 니체는 『비극의 탄생』에서는 그럼에도 불구하고 바그너를 찬양했고 나중에는 그래서 비판했다.

바그너가 민족정신, 국가에 관심을 가진 것은 낭만주의자로서 실러, 셸링의 독일적 전통을 따른 것이다. 바그너도 실러처럼 고대 그리스의 폴리스에서는 개인과 사회, 공적인 이해와 사적인 이해가 상충하지 않아서 예술이 공적인 일과 깊이 관련을 가졌으며 그렇기 때문에 그리스 민족은 공동체적 삶의 원칙을 예술을 통해 펼쳐 보일 수 있었다고 여겼다. 바그너는 현대 예술에 이런 공공성은 결여되고 공공성은 시장성에 대치되어 예술이 경제적이고 개인적인 이해만을 대변한다고 비판했다. 바그너의 반유대주의는 유태인들을 경제적 원칙과 피상적 오락의 결정체라고 본 데서 유래한 것이다.[119] 예술이 시장의 상품으로 팔리고 자본주의적 노예화가 예술을 수단으로 전락시키는 사회를 변화시킬 혁명이 필요했는데, 바그너는 음악으로써 그렇게 하려고 했다.

그런데 바그너는 그 뜻을 이루기 위해 노력하는 과정에서 자신이 비판했던 예술사업의 대표적인 인물이 되었다. 자본주의적 형성에 반기를 들었던 그의 예술은 현대사회 특징 중의 하나인 효과우선주의라는 성격을 가지게 되었다. 현대사회에서 공공성은 시장을 뜻하며 시장에서 힘을 갖는 이는 관객이다. 대중은 정치와 예술에서 영웅을 원한다. 그런데 영웅이 되는 것은 신화화 없이는 불가능하다.

바그너는 자신의 악극이 오페라 하우스에서 공연되어서는 안 된다고 생각했다. 관객을 사로잡고 분위기에 빠져들게 할 새로운 무대가 필요했던 것이다. 그래서 국고보조금으로 바이로이트에 그의 음

---

119) 니체는 이 점에서 바그너와 달랐다. 니체는 유태인을 우수한 민족이라고 평했다. 그리고 니체가 바이로이트 축제에서 바그너를 떠나게 된 것은 그 축제에서 반유태주의의 흐름을 보았기 때문이라고 말한다(『니체 대 바그너』, '내가 어떻게 바그너로부터 벗어났는가?' 1)).

악 전용극장을 만들었다. 바그너의 악극에서 니체가 기대한 것은 디오니소스적 감정이며 그것에 의해 자신들의 삶의 진정한 의미를 보고 사회구성원 전체가 서로를 이해하는 것이었다. 즉, 디오니소스적 도취 속에서 모두가 교감할 수 있는 통일적인 감정이 일어나는 신화적인 사건을 보려고 했었다. 그것은 바그너 자신도 원한 것인데, 니체는 1876년 7월 축제를 예술적 해방이 없는 저속한 이벤트라고 혹평하고 바그너와 결별했다. (오늘날 바이로이트 음악제는 세계적인 음악 축제로서 자리매김했다. 니체가 이것을 본다면 어떻게 평가할까?)

니체는 이제 바그너를 연극 우위의 광신자라고 평한다. "극장은 하나의 대중 폭동이다."(『바그너의 경우』, 첫 번째 추록) "극장 속에서 사람들은 대중, 군중, 여자, 바리새인, 어중이 투표권자, 백치가 되고 개인적 양심도 다수라는 평준화의 마력에 지고 말기 때문이다."(『니체 대 바그너』, '내가 반대하는 곳') 그러나 고대 그리스에서도 비극은 극장에서 공연되었고 관람하는 사람들은 대중이었다. 플라톤이 그 옛날 비극을 비판한 것도 그 이유였다. 가장 반플라톤주의자인 니체가 이 점에선 플라톤과 일치한다.

니체의 처음 저서인 『비극의 탄생』은 바그너를 위한, 바그너에 대한 책인데 니체의 마지막 저서도 바그너에 대한 것이었다. 니체에게 바그너는 깊은 애증의 대상이었다. 니체는 바그너를 통해서 자기를 발견해 갔기 때문에 바그너는 딛고 가야 하는 디딤돌이었다. 바그너는 그에게 질병이었고 그것은 극복되어야 했다. 니체는 바그너를 위험한 존재라고 하면서도 그 질병을 감사하지 않을 수 없는 것은 (전환시대의) 철학자에게 없어서는 안 될 존재였기 때문이라고 한다. 바그너는 '현대 영혼에게 미로의 안내자'이며 '현대성을 개괄한 자'

여서 일단은 그의 추종자가 되어야 한다는 것이다(『바그너의 경우』,
서문). 바그너와의 긴밀한 관계도, 그와 결별하게 된 것도 니체에게
는 필연적이었다 할 수 있다.

(4) 니체의 비극작품

니체는 『비극의 탄생』의 새로운 서문에서 자신의 사상은 말하지
말고 노래해야 했다고 술회했다. 당시로서는 바그너를 지칭했던 '음
악을 추구하는 소크라테스'가 되고 싶었던 것이다. 니체는 어린 시
절부터 악기를 연주했고 학생시절부터 작곡도 했다. 그러나 그것은
아마추어의 작품이었고 직접 음악으로써 그가 원하는 작품을 만들
수는 없었다. 그는 학자로서 오히려 언어시인이었다. 『비극의 탄생』
에서는 언어시인보다 음악가 시인을 우월한 것으로 여겼지만 그는
음악가 시인인 바그너와는 달리 언어시인으로서 훗날 철학적 비극
을 썼다. 『차라투스트라는 이렇게 말했다』가 그것이다. 니체는 말년
에 자신의 사상을 집약한 작품과 이론서를 계획했다. 거의 동시에
시작했는데 작품인 『차라투스트라는 이렇게 말했다』가 먼저 완성되
었고 이론서는 미완성인 유고로 남아 후에 『힘에의 의지(Wille zur
Macht)』로 정리되었다.

바그너가 아닌, '음악을 추구하는 소크라테스'는 서정시를 쓴 소
크라테스다. 『차라투스트라는 이렇게 말했다』를 전후한 시기에 니
체도 『메시나의 전원시』, 『디오니소스 찬가』 등의 서정시를 썼다.
그러나 서정시만으로는 사상을 구체적으로 다 나타낼 수 없다. 비극

에서 서정시인 합창이 중요해도 대화를 통해 이야기가 서사적으로 전개되어야 한다.

『차라투스트라는 이렇게 말했다』는 서정시(노래)가 포함된 서사적 비극이다. 니체는 플라톤을 철학사의 원조로서 비판했지만 니체도 비극에서 대중적인 무대형식을 비판한 것은 플라톤과 같다. 플라톤의 대화편은 극의 형식이지만 무대에서 공연하기 위한 것이 아니었다. 니체의 비극은 서정시인 노래가 포함되었지만 극의 형식도 아닌 소설적 산문이다.

헤겔이 철학적 비극이라고 높이 평가한 괴테의『파우스트』는 고대 그리스 비극의 형식을 재현한 작품이다. 그것은 언어시인으로서 니체가 가장 모범으로 삼을 수 있는 작품인데 니체는 파우스트가 너무 헤겔적인 인물이라고 비판적으로 평가했다. 니체의 비극 이론에 따르면 비극의 주인공은 디오니소스적 인물이어야 한다. 아폴로적인 그리스에 디오니소스적 음악이 전해진 것은 페르시아 지역으로부터 였다. 디오니소스가 페르시아 지방을 유랑하다 왔듯이 기독교적인 서구 유럽에 새로운 것을 외치는 인물은 동방에서 와야 했다. 예수의 기독교보다 먼저 페르시아 지방에 새로운 종교(조로아스터교)를 창시한 사람은 조로아스터였다.[120] 시대적으로 먼저였고 교리상으로

---

120) 니체의 조로아스터에 대한 견해는 헤겔과 가장 대립적이다. 헤겔은 예술의 역사를 상징적 예술, 고전적 예술, 낭만적 예술로 발전해 가는 것으로 보았는데 그것은 동양예술과 서양예술의 대립의 역사이기도 했다. 가장 낮은 단계의 예술인 상징적 예술형식은 무의식적 상징 표현, 숭고함의 상징적 표현, 비유적 예술형식 속에 들어 있는 의식적인 상징표현으로 나뉜다. 그리고 무의식적 상징표현은 의미와 형태의 직접적인 일치의 단계인 조로아스터교의 비예술적인 이해와 표현에 해당하고, 환상적인 상징성은 인도 브라만교의 단계에 해당하고. 원래의 상징성은 고대 이집트 예술(피라미드, 스핑크스 등)에 해당된다(『헤겔미학 Ⅱ』 제1편 제1장). 고전적 예술은 고대 그리스 예술이 전형적이며 낭만적 예술은 중세 이후의 기독교적인 예술이 그

도 조로아스터교는 기독교는 물론 유대교, 이슬람교, 나아가서는 불교의 근본교리에 영향을 준 고대 종교다. 지금은 특정 지역에 신자 수가 얼마 없는 변방의 종교지만 니체는 역사의 회귀를 믿고 조로아스터의 부활을 꿈꾸었다.

조로아스터는 영어식 발음이고 페르시아어로는 차라투스트라다. 니체는 조로아스터가 아니라 차라투스트라의 부활을 염원했고 차라투스트라의 깨달음을 설파하고자 했다. 주인공의 이름뿐 아니라 형식도 빌렸다. 반복되는 '차라투스트라는 이렇게 말했다'는 조로아스터 경전의 형식을 본뜬 것이다.

역사적 인물인 차라투스트라는 20살에 속세를 떠나 명상과 금욕 생활을 하다 30살에 신의 계시를 받고 설교를 시작했다고 한다. 니체 작품 속의 차라투스트라는 30살에 산속에 들어가 10년을 고독하게 사색하고 그래서 터득한 지혜를 사람들에게 알려 주려고 하산한다. 그리고 여러 곳을 다니며 기독교의 신은 죽었다는 것과 초인의 삶에 대해서 설교한다. 이미 문 앞에 이른 필연적인 도래를 아직 사람들은 깨닫지 못했으며 차라투스트라를 오히려 미친 사람으로 여겼다. 차라투스트라는 절규했으나 끝내 견디지 못하고 다시 산속으

전형이다. 헤겔은 고대 그리스보다 기독교를 받아들인 이후를, 그리고 동양보다는 서양이 더 발전적인 것으로 보았다. 절대정신이 감각적으로 발현한 예술의 단계에서 가장 낮은 것은 동양에서도 조로아스터교의 단계이며 가장 높이 발현된 것은 서양의 기독교적인 단계인 것으로 본 것을 니체는 전적으로 전환시켰다. 니체는 서양의 기독교적인 문화를, 그리고 기독교적인 철학을 해체시키고자 했는데 그것은 헤겔의 도식을 뒤집어 조로아스터교에서 기독교의 미래를 보는 것이 되었다. 그것은 바빌론 지역에서 온 디오니소스가 호메로스적인 신화를 강화시켰다고 본 것과 같은 방식으로 조로아스터교의 정신으로 기독교를 변화시키고자 하는 것이다. 그런데 왜 조로아스터인가? 시대적으로 먼저일 뿐, 조로아스터교도 선과 악, 빛과 어둠의 이분법적 종교이며 기독교와 같이 선이 악을 이기고 빛이 어둠을 이긴다는 것을 가르치지 않았는가?

로 돌아간다. 이것이 『차라투스트라는 이렇게 말했다』의 줄거리다.

그런데 니체의 비극은 형식상으로 그리스 비극보다 예수의 행적을 기록한 복음서에 가깝다. 니체는 기독교는 비판해도 예수에 대해서는 그렇지 않았다. 오히려 예수가 가장 부정하고자 한 것이 오늘날 기독교적인 것이라고까지 말했다(『WzM』, 158). 이미 셸링은 예수를 고대 신들의 마지막이라고 보았는데[121] 니체가 예수를 이교도적이라고 한 것도 그와 같은 의미다. 신인 남자와 인간의 여자 사이에서 태어나고, 민중을 위하다 처참하게 죽은 후 부활한다는 점에서 예수는 디오니소스와 닮은 점이 많다. 그리고 디오니소스는 포도주의 신이며 예수의 첫 번째 기적은 물로 포도주를 만든 것이었다.

니체는 자신도 그들과 같은 인물이고자 했다. '십자가에 못 박힌 디오니소스'는 디오니소스이고 예수이며 니체 자신이다. 작품의 주인공은 차라투스트라지만 비극의 진정한 주인공은 니체 자신이다. 그의 삶이야말로 비극이며 그의 죽음은 비극의 결말이었다. 플라톤은 호메로스의 경우 작품과 삶이 일치하지 않았지만 소크라테스는 앎과 삶이 일치하여 후세에 귀감이 된다고 했다. 그런 관점에서 보자면 니체도 그런 전형적인 인물이다. 니체가 찾고자 한 '음악을 추구하는 소크라테스'는 바그너가 아니라 니체 자신이었다.

플라톤의 소크라테스 찬가인 대화편은 악기나 노래를 사용하지 않은 서사적 산문이다. 무대공연을 위한 것은 아니어도 대화형식으로 되어 있지만 운문이 아닌 산문으로 되어 있다. 고대 그리스의 비극은 서정시라고 할 수 있는 합창과 산문적 대사로 되어 있다. 비극

---

121) cf. 셸링 (4).

을 합창 이외의 것이 아니라고 한 니체는 『차라투스트라는 이렇게 말했다』에 합창에 해당하는 서정시를 포함했지만 비중이 크지 않았고 전체적으로는 극이 아니라 소설에 가까운 형식이다.

그런 관점에서 보면 『차라투스트라는 이렇게 말했다』는 니체의 비극 이론에 적합한 형식의 작품이 아니다. 니체는 플라톤의 글이 이야기, 서정시, 연극 그리고 운문과 산문 사이에서 이전의 모든 장르를 흡수하여 무어라 규정할 수 없는 형식이라고 했는데, 니체의 작품도 서사시, 극시, 소설도 아니며 설교도 비판도 아니고 그것들이 종합되어 무어라 규정할 수 없는 독특한 형식의 것이다. 그러나 그렇기 때문에 그것을 새로운 내용과 새로운 형식의 작품이라고 할 수 있을 것이다.

니체는 비극의 부활을 기대했고 시도했다. 이 시대에 왜 고대 그리스 비극의 부활인가? 니체는 아리스토텔레스, 헤겔과 같은 발전논리가 아니라 원천논리를 택했다. 니체는 인간이 세계를 가장 근원적으로 경험하고 표현한 것을 신화라고 보며 신화를 비판하고 이성적으로 사유하려는 철학의 발생 이후 인간은 자연본성을 잃게 되었고 모든 문화는 건강하고 창조적인 자연력을 잃었다고 보았다. 그에게 신화를 잃은 민족은 고향을 잃은 것과 같다.

그런데 고대 그리스는 그리고 그 신화는 고향이며 고향은 돌아가야 하는 곳인가? 신화의 본질은 디오니소스적인가? 그리고 신화는 왜 비극의 형식이어야 하는가? 비극보다 호메로스, 헤시오도스의 서사시가 더 신화 아닌가? 그런 의문점에도 불구하고 니체는 비극적 신화의 해석을 통해서 전통적인 미학과 철학에 일대 전환의 계기를 만들었다. 20세기에 오면 니체가 앞서 주장했던 대로 전통적인 근대

철학은 근본적으로 변화를 겪게 된다. 근대적 이성을 해체하려는 움직임이 그것이다. 그런 흐름 속에서 니체의 생각은 중요한 의미를 갖고 역사 속에 수용되어 20세기 철학자들에게 큰 영향을 끼치게 되었다. 그중에 대표적인 한 사람이 하이데거다.

원(原)언어는 원시(原詩)이다

(1) 존재-신-론에서 존재론으로[122]

하이데거에 의하면 철학은 존재자들의 보편적 근거, 존재자의 존재를 묻는 존재론인데 전통적으로 존재론(Ontologie)은 존재-신-론(Onto-theo-logie), 즉 신으로 대표되는 궁극적인 존재자의 물음이 되었다. 존재자의 보편성을 나타내는 개념인 존재는 존재자들에 보편적으로 해당되는 존재자의 근거를 뜻하는 것으로서 사유되었고 그 궁극적인 근거를 형이상학적으로 신이라고 했다. 그것은 창조자와 피조물에 대한 기독교의 교리와 일치한다. 형이상학이 기독교에 의

---

122) (1) (3)에는 발표된 논문 「니체와 하이데거의 탈근대성 실험」이 부분적으로 포함되었고 (2) (4) (6)에는 박사 학위논문 「하이데거의 해석학적 논리학 연구」의 내용이 일부 포함되었다.

해 독특하게 신학적으로 각인되었기 때문에 니체는 최고 가치의 붕괴를 신학적으로 "신은 죽었다"고 표현한 것이다. 하이데거도 존재-신-론인 존재론의 역사를 해체하고자 하는데, 그런 의미에서 보면 하이데거에게도 신은 죽은 것이다.

그런데 하이데거에게서 신의 죽음은 신이 존재하지 않는다거나 신은 창조자가 아니라는 것이 아니라 존재자들의 존재론적 근거가 아니라는 것을 뜻한다. 하이데거는 신이 창조자라 해도 창조자인 하나의 존재자, 최상의 존재자로 여긴다. 철학이 모든 존재자들의 근거에 대한 사유라면, 그리고 신이 존재자라면 철학은 신을 포함한 존재자들의 근거에 대한 사유여야 할 것이다. 모든 존재자를 초월한, 존재자들의 근거를 하이데거는 존재라고 한다.

존재하는 것들이 왜, 어떻게 이렇게 존재하는가에 대한 놀라움에서 철학은 시작되었다. '존재'는 철학의 출발점이었고 철학이 추구해 온 가장 오랜 역사를 가진 개념이다. 하이데거는 전통적인 존재론에서 존재자들의 보편적 근거로서의 존재 개념은 이어받지만 그 개념의 의미는 전혀 다르게 분석한다. 하이데거에게 철학은 여전히 근거를 찾는 것이되 신화와 같이 존재자들의 발생근거를 찾는 것이 아니라 현실적인 존재자들이 그것으로서 의미를 지닐 수 있는, 의미의 근거로서 존재를 찾는 것이다. 그것은 근대철학이 의미의 근거를 이성적 주체인 인간으로 본 것에 대한 것이다. 하이데거에 의하면 존재자가 존재자로서 규정될 수 있는 것은, 인간은 물론 신과 같은 최고의 존재자라도, 어떤 하나의 존재자에 의해서가 아니라 존재자들의 전체에서다. 존재자의 전체성, 그것이 존재다. 그런 존재는 하이데거에 의하면 철학의 초창기에, 소크라테스 이전 사상가들에 의해 암시적으로 사유되었고 그 흔적은 언어에 남아 있다.

하이데거의 어원적 분석에 따르면 고대 그리스에서 '존재'는 당시의 physis, logos와 같은 의미를 가졌다고 한다. 그리스어의 로고스는 아직도 독일어에 그 뜻이 남아 있듯이 모은다(sammeln)는 의미를 갖는다(*Einführung in die Metaphysik*, 95. 이후 『EM』으로 약칭). 기독교 신의 로고스가 개별자들을 창조하는 로고스이며 인간의 이성인 로고스가 분별하는 능력이라면 고대 그리스의 로고스는 존재이며 존재는 존재자를 하나로 모으며 있는 전체다. 모은다는 것은 존재가 모으는 주체로서 작용한다는 것이 아니라 모든 존재자들이 유기적인 연관관계를 가진다는 것이다. 여기엔 신(神)이나 수(數)도 포함된다. 존재는 모든 존재자의 전체성이다(『EM』, S.99, 100). 전체성은 사물 존재자들의 양적인 집합체가 아니라 하나이며 모두인, 모든 것을 하나이게 하는 일자로서의 전체성이다(『전집 55권』, S.267). 전체를 하나로 모으는 고대 그리스적인 로고스는 기독교적, 근대적인 로고스가 아니라 오히려 카오스다.[123]

그러한 로고스적인 존재는 또한 physis의 성격을 갖는다. 그리스어의 physis는 꽃이 피어나듯이 스스로를 드러낸다는 의미의 단어다(『EM』, S.11). 카오스인 전체는 스스로 변형되어 무엇으로 드러난다. 그런 면에서 피지스인 존재는 스피노자, 셸링, 니체의 자연과 유사하다. 모든 존재자들을 하나로 모으며 그 전체로서 스스로를 드러내는 존재는 거기서 존재자가 생성되는 창조자와 같은 생성 근거가 아니며 존재자들을 섭리대로 주관하지 않는다. 존재는 존재자를 현실적인

---

123) 셸링에게서 절대자의 무의식적 창조는 카오스이며 니체의 자연, 세계도 본래 카오스다. cf. 셸링 (5), 니체 (1).

존재자로서 드러나게 하지만 자신은 존재자가 아닌, 존재자로서 드러나지 못하는 총체적인 가능적 힘이다.[124] 존재는 존재자들의 관계 전체성으로서, 존재가 우선하는 것은 존재자가 거기서 존재자의 의미로 드러나는 의미의 근거로서다. 고대 그리스어의 어원에서 찾은 로고스이며 피지스인 존재는 기독교적인 창조신과 피조물인 자연의 세계와 전적으로 다르다.

하이데거는 니체와 같이 기독교적인 세계고찰이 그리스 정신을 인식하는 길을 오도했다고 본다(『횔덜린 송가 <이스터>』, 121쪽. 이후 『이스터』로 약칭). 니체와 또한 같은 점은 기독교가 공인되기 이전에 이미 플라톤, 아리스토텔레스 철학에서 이탈이 시작되었다고 보는 것이다. 서구 형이상학은 플라톤부터 시작되었는데, 이미 그것은 시원적인 그리스적 사유의 본질이 아니다(『이스터』, 175쪽). 그러나 니체는 플라톤의 철학이 신화의 디오니소스적인 성격을 무력화한 것을 비판했는데, 하이데거는 플라톤이 소크라테스 이전의 초기 철학자들의 사유를 이탈했다고 보았다.

니체가 비극적 신화의 대표적인 시인으로 보는 아이스킬로스와 하이데거가 근원을 사유한 철학자로 보는 헤라클레이토스, 파르메니데스, 아낙시만드로스 등은 비슷한 시대(대략 BC 5, 6세기)의 사람들이다. 니체에 의하면 그 시대에 철학이 등장하게 된 목적과 비극이 탄생하게 된 목적은 동일하다. 이것들은 모두 자유, 아름다움, 삶의 위대함에 대한 소망의 산물이다.[125] 니체는 이 시대의 신화에 주

---

124) 니체식으로는 '근원적 일자'다. 고통에 찬 근원적 일자가 고통의 쾌감에서 자기를 표현한 것이 우리가 보는 자연이다. 그것은 셸링의 절대자의 자기전개에 해당한다. cf. 니체 (2) 1) 1.

125) 『그리스 비극 시대의 철학』(『비극적 사유의 탄생』 107쪽).

목했고 하이데거는 철학에 주목했다.[126)

하이데거에 의하면 근원적 존재는 하나이고 모두이며, 일자인 전체성이며 총체적인 가능적 힘이다. 전통적으로 존재론에서는 현실적인 것이 가능적인 것보다 높았다. 아리스토텔레스에 의하면 질료 속에 가능적으로 잠재해 있는 형상이 현실에 실현돼 가는 것이 세계였다. 가능성을 가진 도토리보다 가능성이 실현된 참나무가 우월한 것이다. 기독교의 세계관이나 근대 관념론 철학도 마찬가지다. 헤겔에게도 절대정신의 이념은 현실에 실현되어, 신 또는 절대자가 초월적이라 해도 그 이념은 현실적으로 드러나게 된다.

존재 - 신 - 론의 존재론 역사를 해체하고자 하는 하이데거는 그 전통을 단적으로 전환시켜 "가능성이 현실성보다 높다"고 표현한다. 존재는 존재자의 전체성으로서 (신을 포함한) 현실적인 존재자와 유가 다르다. 존재는 존재자가 아니면서 존재자들을 그렇게 있게 하는 가능터전으로서 우선한다. 존재는 존재자들의 생성근거로서가 아니라 의미근거로서 우선한다.

근거로서 우선하며 현실적인 존재자들의 가능성인 존재는 어떤 존재자일 수 없다. 존재는 어떤 존재자도 아니기 때문에 존재자 전체의 부정인 무다. 하이데거에게서 무는 부정적으로 규정된 존재다. 그런 의미에서 '존재'론은 '무(니힐)'론인 니힐리즘이다. 신과 신적인 가치의 부정이 니힐리즘이라면 존재 - 신 - 론을 해체하려는 하이데거는 일단 니힐리즘에 긍정적이다.

---

126) 왜 고대 그리스가 시초이며 도래적이어야 하는가는 『존재와 시간』의 시간성 분석에서 이론적 근거를 찾을 수 있다. 그러나 니체에게서 그렇듯이 하이데거에게서도 원천논리를 따르는 그 점이 문제가 될 수 있다.

　　그러나 하이데거는 니체가 니힐리즘을 서구 역사의 내적 논리로 파악하는 것에 동의하지만 허구의 가치설정과 그 무가치화의 니힐리즘은 존재인 무를 망각한 종래의 형이상학과 다르지 않다고 보았다. 하이데거는 가치규정과 어떤 것을 가치 있는 것이나 무가치한 것으로 평가하는 것은 먼저 어떤 것이 존재하는지 그리고 어떻게 존재하는지 아니면 그것이 '무'인지에 대한 규정에 근거하기 때문에, 니힐과 니힐리즘은 근본적으로 가치사상과 본질연관을 갖지 않는다고 한다(『니체와 니힐리즘』, 72쪽).

　　"니힐리즘은 하나의 형이상학적인 기본 입장, 즉 무를 그 본질에 있어서 이해할 수 없을 뿐 아니라 파악하려고 하지 않는 입장을 향해 치달리는 형이상학의 역사다."(『니체와 니힐리즘』, 76쪽) 하이데거의 입장에서는 니체가 완성된 니힐리즘에 머물 수밖에 없었던 것은 무의 본질에 대한 몰이해 때문이다. 니체는 니힐리즘을 근대 서구 역사의 운동으로 인식하지만 무의 본질을 묻고 사유할 수 없었기 때문에 그 자신이 니힐리스틱하게 사유하는 것이며 그로써 니힐리즘의 본질을 인식하지 못하고 가치사상의 입장에서 파악할 수밖에 없었다.

　　하이데거는 신을 최고의 가치로서 설정하는 것이야말로 신에 대한 타격이며 그 무가치화로 새로운 가치를 설정하는 것은 신의 살해라고 한다(「Nietzsches Wort ≪Gott ist tot≫」, 『전집 6권』, S.255. 이후 「NG」 약칭). 그러나 가치설정과 가치의 무가치화, 새로운 가치설정의 니힐리즘은 니힐리즘의 결과이지 그 본질은 아니다. 존재의 운명으로부터 사색한다면 니힐리즘의 니힐은 존재가 허무한 상태에 있음이다(「NG」, 『전집 6권』, S.260). 존재는 존재자가 아니고

무이기 때문에 존재자 차원에서 사유되지 못하고 잊힐 수밖에 없었
다. 니힐리즘은 존재 자신 속에서 일어나는 하나의 역사다(「NG」,
『전집 6권』, S.261). 하이데거는 니힐리즘을 가치사상에서 '무'인 존
재에 대한 사유인 존재론으로 전환시키고자 했다.

(2) 존재와 무

　파르메니데스는 변화하는 모든 것들의 아르케를 존재라고 한 최
초의 사람이다. 그에 의하면 존재는 근원이기 때문에 불변하고 영원
하며, 존재만이 참으로 있기 때문에 무는 없다. 존재와 무는 모순이
며 무에서는 아무것도 생기지 않는다. 그런데 기독교에서 말하는 신
의 창조는 무에서의 창조라고 한다. 무는 아무것도 없는 것인데 창
조 이전에도 창조자인 신이 있었기 때문에 무는 신이 아닌 어떤 것
이 없다는 것을 말한다. 신은 피조물인 존재자와는 차원이 다르므로
존재자가 아니며 따라서 기독교 교리에서 무는 비존재자(das Nichtse-
iende)다.

　그러나 창세기에 의하면 기독교의 신은 무에서 유만 창조한 것이
아니라 무도 창조했다. 무는 아무것도 없음이 아니라 아직 모양을
갖추지 않고 아무것도 생기지 않은, 어둠이 깊은 물 위에 덮여 있고
물 위에 신의 기운이 휘도는 그런 땅이다. 그것은 카오스로서 신의
첫 번째 창조이며 로고스적인 창조는 아니다(셸링은 그것을 무의식
적인 창조라고 했다). 그 다음에 신은 말(로고스)로써 여기에 빛이
있게 하여 밝음과 어둠을 나누고, 물을 갈라 창공인 하늘을 만들고,

하늘 아래 바다와 마른 땅을 만들고 만물이 생기게 했다. 기독교 신의 창조에서 먼저 카오스의 창조가 없다면 로고스적인 창조도 불가능하다. 기독교의 신은 먼저 무를 창조했고 거기서 다시 유를 창조했다. 무에서 유의 창조는 두 번째 창조다.[127]

일반적으로 말하는 기독교 신의 창조는 신의 로고스적 작용으로서 카오스에 질서를 불어넣어 구체적인 현실을 만들어 내는 것이고 그 신의 위대성은 구체화된 현실에 있다. 하이데거의 입장에서 보자면 기독교 신의 두 번째 창조에 주목하는 것은 존재가 아니라 존재자에 대한 사유가 우세했던 것과 같은데 그것은 현실성을 가능성보다 높은 것으로 보았던 철학의 전통에 의한 것이다. 하이데거는 신이 무에서 존재자를 창조했다면 신이 무에 대하여 관계할 수 있어야 하는데 그 점을 기독교 교리는 간과하고 있다고 한다(*Was ist Metaphysik?* S.39. 이후 『WM』으로 약칭). 그리고 무가 어떤 방식으로든지 문제된다면 존재자와 무의 대립관계가 명확히 규정되어야 거기서 참다운 형이상학적 물음이 생겨난다고 한다. 헤겔은 순수한 존재는 순수한 무와 같다고 했는데 하이데거는 존재와 무가 대립자가 아니라고 본 점에서는 정당하지만 무규정성과 직접성에서 일치하는 것은 아니라고 보았다(『WM』, S.40).

존재자를 존재자로서 탐구하는 데서는 무는 비존재자로서 없다. 그런데 하이데거는 '왜 존재자는 있고 무는 없는가?'라는 라이프니츠의 물음을 상기하면서 무에 대하여 그것을 알고자 하는 한에서 무는 먼저 주어져 있어야 한다고 한다. '왜 무가 없는가?'라는 무를 찾

---

127) cf. 주 57.

는 물음은 이미 무가 있다는 것이며 무는 대상으로서가 아니라 무가 스스로를 알리는 그대로 파악해야 한다고 한다(『WM』, S.33).

하이데거에게서 존재는 어떤 존재자도 아니며 그런 의미에서 무다. 현실적인 것이 존재하는 것이라면 가능성은 존재하지 않는 것이며 그런 의미에서 무다. 무는 어떤 존재자도 아닌, 존재자 전체의 부정으로서, 없는 것이 아니라 가능적으로 존재한다. 그리고 그것은 존재자들의 연속적인 계기로서가 아니라 존재자 전체의 단적인 부정으로 출현한다. 무가 드러나는 것은 전체로서의 존재자와 떨어져서 나타나는 것이 아니다. 존재자 전체가 근절되고 무가 남는 것이 아니라 무는 이미 나타나 있다. 다만 인간에게 무는 달아나는 전체로서의 존재자와 더불어 나타난다. 그런 방식으로 무는 현존재에게 존재자 전체가 드러나는 것을 가능하게 한다. 존재자 전체가 나에게 아무것도 아닐 수 있음에서 존재자를 전체로서 만나게 된다. 무는 현존재에게 존재자 전체의 드러남(Offenbarkeit)을 가능하게 한다 (『WM』, S.35). 무는 존재자가 아니지만 존재자에게 비로소 대립개념을 주는 것이 아니라 근원적으로 존재자의 본질에 속해 있다.

그럼에도 불구하고 무를 사유하지 않는 것은 가능성보다 현실성을 높게 보는 오랜 전통에 기인하며 그것은 또한 우리의 일상적 삶의 방식이기도 하다. 우리에게 직접적인 것은 현실적인 존재자다. 근원적인 무의 체험이 드물게 나타나는 것은 일상적인 생활에서 존재자에 마음이 끌리면 끌릴수록 무에서부터 멀어지기 때문이다.

그런데 무로부터의 이탈은 어떤 한계 안에서는 무의 가장 고유한 의미에 따르는 것이다. 무는 무화한다(『WM』, S.34). 그리고 무의 무화는 존재의 은폐다. 존재는 스스로 자신을 비추는 개방성이 본질이지만 존재자로서 나타나지 않고 자신을 스스로 회피하는 은폐성도 또한 본질적으로 지닌다. 존재의 은폐는 존재의 결함이 아니라 존재의 초월적 본질이다. 무는 존재가 스스로를 은폐하는 것이기 때문에 그런 의미에서 무는 존재의 베일이다(『WM』, S.51). 존재자의 존재에서 무의 무화가 생긴다(『WM』, S.35). 존재는 개방성이지만 개방성으로 직접 경험하는 것이 아니라 은폐성을 통해서 무로서 부정적으로 경험한다. 그것은 존재와 인간의 본질관계에 기인한다.

(3) 현존재

존재 - 신 - 론과 다른 하이데거의 존재론은 존재가 존재자들의 전체성으로서 '무'라고 하는 데 있다. '무'인 존재의 사유를 위해서는 먼저 사유하는 인간의 전환이 요구된다. 로고스적인 신의 질서를 가진 세계는 인간의 이성에 의해 사유된다고 여겨왔다. 하이데거는 존재가 무이며 그렇기 때문에 이성적 주체인 인간이 논리적으로 인식하는 대상이 아니라고 본다.

니체는 이성적 질서의 세계와 이성적 주체인 인간을 전제하는 근대 사상에 대해 세계의 본질은 힘에의 의지이며 그것을 인정하는 초인이 요구된다고 했다. 그러나 하이데거는 힘에의 의지의 형이상학은 존재자를 의인화한 의인관이라고 비판한다. 물질적인 세계를 인간과 인간의 충동으로부터 사유할 경우 그것은 생물과 역사의 세계를 '인간적으로' 해석하는 것이 된다는 것이다. 힘에의 의지라는 근본가치에 따라서 모든 존재자를 산정하는 가치사상은 존재자로서의 존재자 일반을 인간존재를 원형으로 하여 해석한 것이다. 하이데거는 존재하는 모든 것과 그것들이 존재하는 방식을 인간의 소유와 소산이라고 하는 니체의 가설은 모든 진리가 인간 주체의 자기 확실성으로 환원된다고 하는 데카르트의 교설을 극한까지 전개한 것이라고 보았다(『니체와 니힐리즘』, 192쪽).

근대의 새로운 점은 인간이 존재자 전체 한가운데서 자신의 존재를 자체로부터 그리고 자신의 능력으로 확실하게 확보하려는 데 있었다(『니체와 니힐리즘』, 196쪽). 진리의 본질이 확실성이 되면서 진리는 표상되어 있음으로써의 존재로부터 규정되고, 표상작용이 자신의 본질 전체를 전개하는 과정에서 자아였던 인간은 주체로 변화했다. 하이데거에 의하면 주체, subject가 유래한 sub-jectum은 히포케이메논을 라틴어로 번역한 것인데 밑에-놓여 있는 것, 즉 자체로부터 이미 현존하고 있으며 다른 것에 대해서 근거가 되는 것을 뜻한다. 데카르트 이래 진리와 존재에 대해서 근저에 놓여 있는 것은 subjectum으로서의 인간이며 진리는 확실성을, 존재는 표상됨을 의미하게 되었다.

니체의 사상도 근대적인 방식을 따르고 있는 셈이지만 데카르트에서 자아-주체는 영혼과 의식인 데 대해서 니체에게는 몸이라는 점이 다르다. 그렇지만 하이데거는 몸의 방법적 우위는 생각할 수 있는 가장 순수한 데카르트주의라고 보았다. 그래서 하이데거는 니체의 초인은 이성이 몸으로 바뀌었을 뿐, 근대적 주체의 강화이며 이로써 가치전환의 탈자적 니힐리즘은 니힐리즘의 본질적인 극복이 아니라 니힐리즘의 완성일 뿐이며(『니체와 니힐리즘』, 290~291쪽) 니체가 금발의 야수, 맹수라고 말하는 인간의 맹수적인 섬뜩함은 비고향적인 것에 근거하는, 은폐된 섬뜩함의 극단적인 변종이고 본질적인 결과라고 보았다(『이스터』, 142쪽).

니체는 인간이 다른 존재자들보다 우위에 있다는 것을 자명하게 받아들이면서 그 인간 위에 초월적으로 설정된 모든 가치를 제거하고 초인이 됨으로써 형이상학적 전통을 극복하고자 했다. 하이데거에게도 철학의 사명은 이성적 형이상학의 극복인데, 니체가 이성적인 주체적 자아를 원초적 생명력의 인간으로 강화시킨 데 대해 주체 우위의 방식을 존재 우위로 바꾸었다. 하이데거는 인간만이 주체가 아니라 자연사물도 주체이며(『니체와 니힐리즘』, 213쪽) 인간은 존재자 전체 한가운데서 존재의미를 묻는 자로서의 우위만을 갖는 현존재(Dasein)라고 한다.

Dasein은 니체와 마찬가지로 하이데거도 삶(Leben)의 개념으로 사용한다. 니체가 삶이 이성보다 더 큰 이성이라고 하며 인간을 이성적 자아가 아니라 삶을 사는 몸으로 보았던 것과 같이, 하이데거도 인간을 Mensch라고 하지 않고 삶과 같은 의미의 Dasein이라고 하며 이성보다 삶의 보편성을 인정한다. 그러나 삶이 존재로 보편화되는 것이 아니라 현존재가 전체성인 존재에 근거하여 살며 존재의 우선성에 상응하는 것이다. 현존재는 존재에 근거하며 존재의미를 묻고 존재를 드러나게 하는 터(Sein의 Da)라는 뜻을 갖는 조어다.

존재는 존재자를 전체로서 모으면서 그대로 드러내는, 그래서 존재자의 근거로서 앞서는데 그것은 이념적으로 있는 것은 아니다. 존재는 유한한 존재자들의 근거지만 존재도 또한 유한하다(『WM』, S.40). 존재자들이 존재자로서 규정되기 위해서는 존재가 근거로서 앞서지만 또한 존재도 존재자의 존재로서 존재이기 위해서는 존재자가 있어야 한다. 존재가 존재로서 드러나는 것은 인간의 실존적 삶에서다. 존재에 대해 묻고 찾는 것은 인간뿐이며 인간에 대해서만 존재의 의미가 있기 때문이다.

그런데 하이데거에게서 인간이 존재를 묻는다는 것은 존재의 자기 드러냄이 앞서는 것이기 때문에 인간이 먼저 물음을 받은 것이며 그렇기 때문에 인간이 묻는다는 것은 물음에 대답하는 것이다. 존재와 현존재의 관계는 상호대화자의 관계다. 양자는 서로 맞물려 있는 상호적인 관계인데 존재의 우선성은 먼저 말을 건다는 데 있다. 그런 존재와의 관계에 있는 인간을 근대적 자아나 주체와는 구별하기 위해서 존재물음을 묻고 존재를 드러나게 하는 실마리로서의 인간을 뜻하는, 일상적인 독일어의 사용과는 아주 다른 의미의 Dasein(현존재)이라고 한다.

니체는 플라톤에서부터 헤겔에 이르는 철학의 역사를 힘에의 의지가 본질인 회귀하는 세계와 그것을 인정하는 초인으로써 극복하고자 했다. 하이데거는 니체까지 포함한 철학의 역사를 존재망각의 역사로 규정하고 은폐하면서 탈은폐하는 존재와 그에 대한 현존재로써 극복하고자 했다. 이것을 위해 하이데거는 현존재분석에서 시작했다. 존재가 존재론상으로 우선이라면 존재에서부터 시작해야 할 것인데 현존재 분석이 먼저인 것은 현상학적인 방법론에 따른 것이다.

『존재와 시간』은 현존재의 존재방식을 분석한 (실존)범주론이다. 하이데거는 『존재와 시간』에서 자신의 존재론을 '현존재의 해석학에서 출발하는 보편적인 현상학적 존재론'(*Sein und Zeit*, S.38. 이후 『SZ』로 약칭)이라고 규정했다. 그것은 현존재의 시간성 분석을 통해 존재의 지평을 열고자 하는 것으로 현존재 분석은 존재론을 위한 예비적 성격을 가지는 '기초존재론'이다. 그러나 현존재의 시간성은 존재시성으로 연결될 수 없었고, 따라서 기초 존재론에서 존재론 일반으로 나아가는 작업은 진척되지 못했다.[128]

(4) 언어

이후 하이데거는 현존재로부터 존재에 이르는 방법에서 벗어나 존재로부터의 방법을 취하게 된다. 흔히들 이것을 현존재분석에서 존재사유로 전회(Kehre)가 이루어졌다고 말한다. 현존재 분석에서 존재사유로 옮겨진 것은 분명히 바뀐 것이지만 그러나 하이데거의 본래 의도가 달라진 것은 아니다. 현존재를 먼저 분석한 것은 현존재가 존재일반의 탐구에 실마리가 되기 때문이지 현존재가 존재론의 근거이기 때문은 아니었다. 인간만이 존재에 대해 묻는 유일한 존재자로서 존재적, 존재론적으로 우위를 가지기 때문에 존재일반의 탐구에 실마리가 될 수 있다고 본 것이었다.

존재와 현존재의 해석학적 순환관계는 묻고 대답하는 언어적인 관계다. 존재물음에서는 존재가 먼저 묻는 우선성이 있으므로 존재에서부터의 방향을 취하는 것은 본래적인 것이다. 전회 이후의 철학이 주로 언어철학, 예술론인 것은 『존재와 시간』에서 처음부터 제기한 문제를 다룬 것이다. 존재자를 그 존재에서 포착하는 일은 언어가 문제인데 그것은 단어가 부족한 것이 아니라 문법이 결여되어 있

---

128) *Heidegger zur Einführung*의 「3. Zeit: Zeitlichkeit und Temporalität」 참고.

는 것이다(『SZ』, S.39). 그 언어와 문법을 찾는 것은 존재론의 완성을 위해 가장 중요한 일이다. 하이데거가 후기에 언어, 예술의 문제를 다루는 것은 처음 문제의식의 연장선에 있는 것이다.

현존재의 '현'의 범주 중 '말'(Rede)이 있다. 그것은 여러 범주 중의 하나이면서 또한 가장 구성적인 것이다. 전회 이후의 철학은 실존범주의 '말'을 존재론화, 철저화한 것이라 할 수 있다. 전회 전후기의 일관성은 언어문제의 일관성에 있다.

하이데거에게서 존재론은 존재의미(진리)를 해명하는 것이며 그것은 비은폐성으로 드러나는 존재를 그렇게 기술하는 것이다. 존재진리는 현존재에 의해 언어화될 뿐 아니라 존재와 현존재의 해석학적 관계가 언어적이다. 해석학적 관계는 말을 듣고 대답하는 대화적인 관계인데 존재진리에서 존재의 우선성은 존재가 먼저 말한다는 것이다. 존재는 개방성인 동시에 은폐성이기 때문에 비은폐성이 지속되는 것은 아니다. 사라지는 존재진리를 지키는 것이 인간의 일이고 그것은 언어로써 존재진리를 세우는 것이다. 그런 의미에서 언어는 존재의 집이다. 그런데 존재를 지키는 집은 인간이 비로소 세우는 것이 아니라 존재에 의해 세워지고 증축되는 존재의 집이며, 인간은 그 안에서 존재의 진리를 지키는 자다(「Brief über den Humanismus」, 『전집 9권』, S.333). 현존재의 언어는 신적인 언어가 아니라 '목동'의 언어다.

로고스인 신에 의해 창조된 세계를 인간의 로고스에 의해 재현하려는 것이 서양철학의 역사였다. 그것을 언어적으로 말하자면 인간이 신의 말을 듣고 그대로 대답할 수 있다는 것이다. 그런데 하이데거 철학에서 현존재는 존재의 말을 모두 듣고 그에 상응하는 완전한 대답을 할 수 없다. 우선은 존재가 본질상 자신을 드러내면서도 또한 자신을 숨기기 때문에, 즉 암시적으로만 말하기 때문이며, 존재자의 언어를 가진 현존재는 존재자가 아닌 존재를 그대로 말할 수 없기 때문이다. 그러나 현존재의 언어가 유한한 것은 존재자를 칭하는 단어가 모자라는 것이 아니라 존재자의 단어로 존재자를 초월하는 존재의 진리를 말할 문법이 없는 것이다(『SZ』, S.39).

그렇다고 '도를 도라고 하면 더 이상 도가 아니'듯이 존재를 말하면 더 이상 존재가 아닌 것은 아니다. 존재진리는 이데아처럼 그 자체로 빛나는 것이 아니라 현존재의 상응함에서 진리로서 드러난다. 또한 인간이 현존재인 것은 존재의 언어에 대답하기 때문이다. 그러나 존재자를 통해서 자신을 비추는 존재를 현존재는 존재자의 언어로 '말할' 수 없고 그 언어를 통해서 '드러낼' 수 있을 뿐이다. 하이데거는 그런 언어의 새로운 문법을 예술에서 발견한다.

(5) 예술

예술의 이념과 본성을 먼저 논하고 예술작품을 다루는 근대의 예술철학적 논의 방식과 다르게 하이데거는 예술의 본질을 예술작품에서부터 찾고자 했다. 그리고 예술작품에 대한 논의는 예술작품이 도구적 사물과 어떻게 다른가에서부터 시작한다.

1) 사물과 예술작품

예술작품은 자연사물과 달리 인위적으로 만들어진 것이며 그런 점에선 도구적 사물과 같다. 예술과 수공적 기술은 본래 하나였다. 거기서 분리되어 도구와 작품은 구별되었는데, 하이데거는 예술작품에서 도구와 다르게 존재자의 진리가 자신을 정립한다고 한다. 예술의 본질이 '존재자의 진리의 작품 속으로의 자기정립'이라는 것을 하이데거는 한 켤레의 투박한 구두를 그린 고흐의 작품을 통해 설명했다.

그 구두는 관상용이 아니라 일할 때 신는 투박하고 낡은 구두로서 그림에는 아무 배경도 없이 구두만 그려져 있다. 그럼에도 그 그림에서 하이데거는 많은 것을 본다. 구두 내부의 어두운 틈으로부터는 일을 하러 나선 이의 고통이 배어나오며, 투박한 구두의 무게에는 거친 바람을 맞으며 넓은 밭을 걷는 강인함이 있고, 구두 가죽 위에는 대지의 습기와 풍요함이 깃들어 있다. 구두창 아래는 저물 무렵 들길의 고독이 스며 있으며 대지의 소리 없는 부름이, 겨울 들판의 황량함이 있다. 그리고 빵을 얻기 위한 불평 없는 근심, 고난을 극복한 뒤의 기쁨, 임박한 아기의 출산에 대한 조바심, 그리고 죽음의 위협 앞에서의 전율이 이 구두에 스며 있다. 이 구두라는 도구는 대지에 귀속해 있으며 농부의 세계 가운데서 보존되고 있다. 이 같은 보존된 귀속에서 바로 도구 자체의 자기안식이 생긴다(「Der Ursprung des Kunstwerks」, 『전집 6권』, S.18. 이후 「UK」로 약칭).

구두는 인간 기술의 산물이며 생활용품인데 그것을 그린 그림은 그 구두와 다르다. 자연과 예술, 기술과 예술은 물론 구별된다. 더럽고 흉한 것도 그대로 그린 그림을 보면 즐거워한다고 일찍이 아리스토텔레스가 말했으며 칸트도 미적인 예술과 기술을 구별했다. 구두를 만드는 기술과 그것을 그리는 예술은 다르다. 또한 구두를 신고

일하는 사람과 화가는 다르다. 그러나 하이데거가 이 그림을 통해서 말하는 도구와 예술작품의 차이는 본질적인 것이 아니라 『존재와 시간』에서 분석한 일상적인 도구의 비본래성과 전체성인 본래성의 관계다.

구두가 도구로서 사용될 때는 일상성의 범위에 머물지만 의미연관성 전체는 열려져 있고 그것은 일상성 속에 암시되어 있다. 그 구두를 신고 일하는 농부에게도 그 구두는 삶의 세계와 관련된 것이지만 바쁜 일상에서 구두의 존재를 의식하고 살지는 않는다. 그러나 돌연 일상성을 벗어나는 순간, 존재의 지평이 열리는 순간 일상의 사물은 새롭게, 그 존재에서 드러난다. 예술가는 삶에서 그것을 체험하고 언어화하는 사람이다.[129] 고흐는 구두 한 켤레를 통해서 구두가 속한 세계 전체를 보여 주었고 그리고 그 전체성에서 구두는 구두로서 비로소 드러나게 되었다.

하이데거는 예술작품인 구두의 그림이 구두가 진실로 무엇인가를 알게 해 주었다고 한다. 작품을 통해서 비로소, 그리고 작품 가운데서 한 켤레의 구두가 진실로 어떻게 존재하고 있는가가 개시되어 있다. 작품에서 구두라는 존재자가 자신의 존재 가운데로 나타난 것이다. 일상적으로는 숨어 있는, 그러나 드러나는 비은폐로서의 존재진리가 작품 속에 나타나 있는 것이다. 작품에서 존재자가 무엇이며 어떻게 존재하고 있는가에 관해 개시가, 즉 작품 가운데서 진리가 일어난 것이다.

---

129) 하이데거에게서 예술가는 천재적인 상상력으로 작품을 창조하는 것이 아니다. 이미 그렇게 있으나 우리가 일상적으로 보지 못하는 것을 보고 언어화하는 것이다. 그런 의미에서 하이데거는 낭만주의의 천재미학을 거부한다.

예술의 본질을 '존재자 진리의 작품 속으로의 자기정립'(「UK」,『전집 6권』, S.21)으로 보는 입장에서 하이데거는 서양의 예술사를 미와 체험으로 예술에 접근해 가는 방식으로 파악하고 이를 비판한다. 하이데거는 이제까지 예술은 대개 미적인 것이나 미와의 관계 속에서만 고찰되었고 진리와의 관계 속에서는 고찰되지 않았기 때문에 진리는 논리학의 영역에 속하는 것이었고 미는 오로지 미학만을 위해 확보되어 왔다고 한다.

그러나 바움가르텐의 미학은 감성을 인식능력으로 보았기 때문에 시작된 것이며 근대 관념론적 미학에서는 예술이 하위의 인식이 아니라 절대 진리를 표현하는 한 방식으로 인정되었다. 니체는 더 나아가 예술을 진리의 관점에서 철학을 능가하는 것으로 인정했다. 그런데 하이데거는 왜 예술이 진리와의 관계에서 고찰되지 않았다고 하는가?

바움가르텐으로부터 시작된 근대 미학은 헤겔에 의해 집대성되었다고 할 수 있다. 하이데거가 예술의 본질에 대한 가장 포괄적인 성찰은 헤겔의 미학강의라고 한 것도(「UK」 Nachwort,『전집 6권』, S.65) 그런 관점에서다. 앞서 살펴보았듯이, 헤겔로 귀결되는 미학은 멀리 플라톤에서부터 시작된 것이다. 하이데거는 이것을 전통적 사유는 오직 존재자의 진리에 따라 말해 왔고 그것은 오직 존재자의 진리로부터만 또 그것에 관해서만 유효하다고 평가한다.

하이데거가 예술이 진리와의 관계에서 고찰되지 않았다고 하는 것은 그의 존재진리의 관점과 미와 진리의 관계에 대한 그의 견해에 기인한다. 하이데거에게서 진리는 미와 다르게 나타나는 어떤 것이 아니다. 진리는 작품 가운데 자신을 정립할 때 스스로 빛난다. "작품이 작품으로 있을 때 작품 가운데 일어나는 진리의 빛남(가상, Scheinen)이 곧 미다"(「UK」, 『전집 6권』, S.67)

헤겔도 예술에서 정신적인 것이 표현되는 것을 가상이라고 했다. 유한자로 드러난 절대자나 감각적인 것으로 표현된 정신은 절대자, 정신 그 자체가 아니라 우리에게 그렇게 드러난 모습, 즉 가상이다. 예술과 철학을 동일하다고 보는 셸링에게서 미는 진리이지 가상이 아니었다.

하이데거에게서 미가 진리의 방식인 것은 헤겔, 셸링과 다른 하이데거적인 의미에서다. 존재진리는 존재 그 자체가 아니라 현존재에 의해 비은폐되는, 가려진 것이 걷히고 밝음 속에서 드러나는 비은폐성이다. 비은폐되어 드러난, 그렇게 비치는 것(가상)이 진리이며 미다. 미가 진리의 낮은 한 방식인 헤겔과 달리 하이데거에게는 진리와 미가 동일한데 그러나 셸링과 다른 방식으로 그러하다[130].

셸링, 헤겔과 다르지만 칸트의 견해도 하이데거 입장에서는 비판된다. 하이데거에 의하면 미는 단지 만족감에 상관하는 것이 아닌데, 칸트처럼 만족감의 대상이라고 보는 경우 미는 형식 속에 존재하게 된다. 한때 존재자의 존재성이라는 뜻을 가진 존재는 에이도스(형상)로서 나타냈고 에이도스는 모르페(형식) 속으로 자신을 분배하는 것으로 여겨졌다. 그런 경우 형식과 질료가 모인 전체, 즉 작품은 현실태라는 방식으로 존재한다. 이 같은 현존성의 방식이 실재적인 것의 실재성이 된다. 그리고 실재성이 현실성이 되고 현실성은 대상성이 되어 체험된다. 하이데거는 이런 관점에서 서양에서는 존재자가 현

---

130) cf. 셸링 (3), 헤겔 (3).

실적인 것으로 파악되어 가는 과정 속에 '미와 진리의 독특한 동행'
이 감춰져 있고 진리의 본질 변천사에 예술의 본질적 역사가 상응한
다고 한다. 그리고 미 자체만으로 예술에 접근해 들어가는 방식 못
지않게 체험만으로 예술에 접근해 가는 방식도 예술에 대한 진정한
파악을 그르친다고 보았다(「UK」 Nachwort, 『전집 6권』, S.67).[131]

　　미학의 역사에 대한 하이데거의 이러한 고찰은 존재와 존재자의
존재론적 차이로써 존재론 역사를 해체시키려는 그의 의도와 맥락이
같다. 하이데거가 미학에서 미가 진리와의 관련에서 다루어지지 않았
다고 하는 것은 그의 '존재진리'의 관점에서 평가한 것이다.

2) 예술과 진리

　　하이데거는 예술작품이 도구와 다름을 넘어 예술이 존재진리를
드러내는 독특한 방식임을 그리스 신전을 예로 들어 설명했다. 신전
은 바위언덕에 돌로 만들어 세운, 신이 거하는 신을 위한 집이다. 이
신전은 신의 모습을 숨겨 간직하고 있으며 그 숨겨진 간직 속에서
열려진 기둥을 통해 그것을 성스러운 영역 가운데로 드러내고 있었
다. 신전은 성스러운 곳이기에 인간들은 그 앞에 모여 제를 올리고
소원을 빌었고 또한 신의 심판을 받아 운명이 결정되기도 했다. 신
전은 거기 있음으로써 자기 둘레에 탄생과 죽음, 저주와 축복, 승리
와 굴욕, 존립과 몰락이 운명의 형태로 인간에게 다가오는 모든 길

---

131) 체험미학에 관해서 하이데거는 그 이상 설명하지 않는데 하이데거의 철저한 후계
　　자인 가다머가 『진리와 방법』에서 자세히 언급했다. 신칸트학파의 학도였던 가다머
　　는 칸트 미학에 대한 비판을 토대로 미학의 역사를 고찰했다. 그는 근대의 미학을 천
　　재미학과 체험미학이라고 규정하고 그것을 비판함으로써 자신의 이론을 전개했다.

과 관계를 통일적으로 결합하고 모아들인다. 이 열려진 관계들의 압도적 진폭(die waltende Weite)이 바로 역사적 민족이 거주하는 세계다. 역사적 민족은 오직 그 같은 세계로부터만 또 그 가운데서만 비로소 자기 자신에게로 되돌아가 자신에게 주어진 숙명적인 규정을 수행한다.

신전은 또한 언덕 위에서 폭풍에 맞섬으로써 폭풍이 그 위력 속에 나타나도록 하고 바다의 파도에 저항하며 파도의 광란을 드러내 준다. 흰 대리석의 광택과 빛은 낮의 빛과 밤의 어둠을 비로소 나타나게 하며 우뚝 솟아 있음은 보이지 않던 대기의 공간을 보이도록 한다. 신전이 거기 서 있음으로써 나무와 풀들, 독수리와 황소 등이 그들의 선명한 모습으로 나타나면서 자신들의 참모습을 드러낸다. 신전은 그곳에 그렇게 서 있음으로써 사물들에게 자신의 진정한 모습을 건네주고 인간의 참모습을 돌이켜보게 한다.

이러한 출현과 발현 또는 그 전체를 하이데거는 그리스인들의 '피시스(physis)'라고 해석한다. 이 피시스는 인간이 자신의 거주를 그 위에 또 그 가운데 마련하는 터를 밝혀 주는 것으로서 이것이 대지(Erde)다(「UK」, 『전집 6권』, S.28). 신전이라는 작품은 하나의 세계를 열어 세우면서 자신을 구성하는 재료를 소멸시키지 않고 작품 세계의 열린 터 가운데서 나타나게 한다. 작품이 스스로 되돌아가는 곳, 그리고 이 되돌아감 가운데서 작품이 나타나게 해 주는 그것이 대지다. 돌은 대지의 것이며 대지 위에 솟아 세계사적 위용을 자랑했지만 무너진 신전의 돌은 다시 대지로 돌아간다. 대지는 나타남과 동시에 스스로를 감추어 간직하는 것(das Herkommend – Bergende)이다(「UK」, 『전집 6권』, S.31). 이러한 대지 위에서 그리고 그 속

에서 역사적 인간은 세계 가운데서 자신의 거주를 근거 짓는다. 작품
은 세계를 열어 세우면서 대지를 불러 세운다. 즉, 작품은 숨은 대지
를 세계의 열려진 터 가운데로 밀어 넣으면서 또한 그곳에서 대지를
보존한다. 작품은 대지를 대지이게 한다(「UK」, 『전집 6권』, S.32).132)

세계는 역사적 민족이 운명적으로 스스로 열어 놓는 개시성이다.
반면 대지는 끊임없이 자기를 폐쇄하여 자신을 감추어 간직하면서
스스로를 외부에 내어 보이지 않는다. 세계와 대지는 본질적으로 다
르지만 그러나 분리될 수는 없다. 세계는 대지 위에 안식하면서 대
지를 끌어올리고자 애쓴다. 반면 대지는 감추면서 간직하기 때문에
그때그때의 세계를 자신 가운데로 끌어들여 자신 가운데 묶어 두고
자 한다. 세계와 대지는 대립하며 투쟁한다. 본질적 투쟁에서는 투
쟁하는 것들이 그들 본질의 자기주장 속에서 상대를 고양시킨다. 투
쟁이 격렬해질수록 그만큼 더 완강하고 순수하게 그들이 속한 내면
성 속으로 들어간다.

진리는 참된 것의 본질로서 아레테이아, 즉 숨어 있지 않음이다.
사실 자체가 자신을 보여 주는 것은 숨어 있음으로부터 벗어나 숨어

---

132) 이것은 자연보다 인간의 예술이 더 높다는, 자연과 예술에 대한 근대 철학자들의 견
해와 다른 면을 보여 준다. 물론 하이데거도 자연사물보다 예술작품이 더 높다는 입
장이지만 그러나 그것은 예술이 자연을 완성시키는 창조로서가 아니라 은폐된 것을
탈은폐시키는(지키는) 목동의 작업으로서 그러하다. 근대 과학기술에 대한 견해도
그 연장선상에 있다. 근대의 기술은 자연을 분석하고 통제하며 자원으로 소모한다.
대지가 그 자신으로서 열리고 밝혀지는 것은 강압적인 해명을 거부하는 것으로 경
험되고 보존될 때뿐이다. 대지는 모든 해명으로부터 스스로를 끊임없이 폐쇄한다.
대지는 본질적으로 자기 폐쇄적인 것이다. 대지를 불러 세운다는 것은 대지를 자기
폐쇄적인 그 자체 그대로 열린 터 가운데로 가져 온다는 것이다. 하이데거에 의하면
자연과학적, 기계공학적 지배는 자연을 그대로 드러내고자 하는 의욕의 무력감에
지나지 않는다. 근대인들은 자연을 지배하고자 하지만 대지는 모든 주제넘은 계량
적 시도를 좌절시킨다(「UK」, 『전집 6권』, S.32).

있지 않음(비은폐성) 가운데 서는 것이다. 그러나 존재자의 숨어 있지 않음은 우리가 전제하는 것이 아니다. 그것은 존재가 우리를 숨어 있지 않음 가운데 들어서서 그것에 따르도록 규정한다. 존재자 전체 한가운데는 무(Nichts)처럼 존재자들을 에두르는 밝음(Lichtung)인 열려진 장이 있다. 존재자는 이 밝음이 밝혀준 속에 들어서고 그곳에서 나갈 때만 존재자로 있을 수 있다.

우리가 만나는 개개의 존재자는 만남과 동시에 언제나 숨겨진다. 존재자가 들어서는 밝음은 그 자체가 숨김(Verbergung)이다. 이 숨김은 존재자들 가운데서 두 가지 방식으로 지배한다. 거부(Versagung)로서의 숨김은 그것이 모든 밝음의 유래가 어둠으로서의 숨겨짐이라는 것을 지속적으로 일깨워 주고, 또한 한 존재자가 다른 존재자에 가려서 다른 모습으로 나타나는 위장(Verstellen)으로서의 숨김은 모든 밝힘에게 그것이 잘못될 수 있음을 일깨워 주면서 진리는 진리로 현존한다. 진리의 본질은 투쟁이다.

밝힘과 숨김의 근원 투쟁인 존재진리의 사건은 작품 속에서 일어난다. 하이데거가 존재진리의 문법을 예술이라고 한 것은 자기 스스로를 숨기는 존재가 자신을 밝히는 것이 이와 같은 방식으로이기 때문이며 그런 의미에서 예술작품 속에서 모든 존재자는 훨씬 더 존재적이 된다. 그런데 그림, 건축, 조각과 같은 예술작품만 그런 것이 아니다. 미는 숨어 있지 않음으로써의 진리가 일어나는 한 방식이다 (「UK」, 『전집 6권』, S.42).

"진리가 정초되는 다른 하나의 방식은 헌신(Opfer)이며 진리가 일어나는 다른 하나의 방식은 국가를 세우는 일이다."(「UK」, 『전집 6권』, S.48) 국가는 민족의 공동작품이다. 만드는 일 중에 가장 높은 단계가 국가인 것은 플라톤부터 생각되었던 것이다. 셸링도 폴리스(국가)를 예술작품이라고 했고 낭만주의의 예술지상주의는 지상의 국가도 예술적으로 참되고 아름답게 만들 수 있다는 희망을 가졌었다. 그런데 하이데거는 낭만주의와는 다른 방식으로, 그가 독특하게 해석하는 고대 그리스적 방식으로 예술과 정치의 합일을 생각했다.[133]

하이데거가 작품이 존재진리를 드러낸다는 것을 말하기 위해 고대 그리스 신전을 예로 든 것은 우연이 아니다. 신전은 거기 신이 있고 인간이 신을 받들면서 신전으로서 존재한다. 신전이 앞에서 설명한 것과 같은 그런 신전인 것은 신전을 만든 사람들에 의해서만이 아니라 거기 모여 신제를 지내고 신을 찬양하는 백성들에 의해서이기도 하다. 고대 사회에서 신제는 신과 합일을 경험하는 축제다. 일상의 나를 벗어나 신에게 나가는 것은 나를 신에게 바치는 것과 같다. 자칫 오해를 부를 수 있는 '헌신'은 신제에 참가하는 행위이며 그것은 또한 가장 큰 정치적인 일이었다. 국가의 가장 큰 행사에 참가하는 것은 국가를 국가로서 존재하게 하는 일이었다. 국가를 세우는 것은 건국만이 아니라 국가의 일에 참여하고 지키는 것을 포함하는 것이다. 하이데거가 정치에 관여했던 것은 그런 의미에서였다.

'그 속에 들어가 함께 서는 것'은 수동적인 행위가 아니다. 백성들이 어떻게 얼마나 참여하는가가 신제의 의미를 형성한다. 디오니소

---

133) 하이데거에게서 정치와 예술, 철학의 통일은 그의 철학적 구상에서 나온 것이다. 그의 그런 생각은 한편으로 그가 정치에 참여할 수 있는 근거가 되었고 부분적이지만 히틀러를 찬양했던 것도 그런 맥락에서 볼 수 있다. 표현상으로는 국가를 위해 헌신하는 것을 아름다운 예술행위로 보는 것은 오해를 부를 여지가 있다. 그러나 나치가 주장하는 '정치는 예술이다'라는 것과 하이데거의 예술과 정치의 통일은 근본적으로 다른 것이다. 이에 대해서는 논문 「하이데거와 국가사회주의」(『시대와 철학』 11호, 1995년)에서 다루었다.

스신제의 비극은 무대에서 직접 공연하는 것이기 때문에 관객의 반응, 참여는 아주 중요하다. 이것은 예술론에서 예술가가 가졌던 우위를 전환시킨다. 작품이 작품으로서 현실적일 수 있는 것은 오직 우리들이 작품에 의해 진리가 열려진 터 가운데로 들어설 때뿐이며 그렇게 하여 우리가 우리 자신의 본질을 존재자의 진리 가운데 세워 놓을 때뿐이다.

창작된 작품은 보존 속에서 비로소 현실적으로 작품답게 현존하게 된다(「UK」,『전집 6권』, S.53). 작품의 창작만이 아니라 작품의 보존 역시 그 고유한 방식에서 예술적이다. 작품의 보존은 감상자가 있는 경우는 물론 작품 가운데 일어나는 진리에 머물면서 따라 말하는 사람, 즉 보존하는 사람이 없을 경우에도, 그래서 그 사람을 기다리는 동안에도, 나아가 설령 잊힌 경우에도 그 연관 속에 머문다. "망각도 일종의 보존이다."(「UK」,『전집 6권』, S.53)

이것은 존재가 은폐와 드러남의 이중성이 본질이며 존재망각도 존재 역사의 일부라고 보는 것과 일치한다. "진리가 일어나는 또 다른 하나의 방식은 사유의 물음이다."(「UK」,『전집 6권』, S.48) 철학은 존재론이며 존재론은 존재사유다. 은폐된, 그리고 스스로 은폐하는 존재를 비은폐시키고 그렇게 지키는 것이 사유(철학)다. 예술, 정치, 철학은 진리가 일어나는 세 방식으로서 서로 다른 것이 아니다.

하이데거는 철학과 예술, 정치의 통일체를 꿈꾸었다. 하이데거가 철학적 개념의 어원을 찾은 것은 고대 그리스의 초기 철학이다. 하이데거는 그때를 정치와 예술, 철학이 하나로 통일되었던 때로 보았고 철학의 본래적인 것을 그 관련 속에서 찾고자 했다. 하이데거에게 철학은 존재를 사유하는 존재론이며 존재진리를 드러내는 언어의 문법이 예술이다.

하이데거가 예술과 정치, 철학이 본질에서 같은 일이라고 하는 것은 새삼스러운 것이 아니다. 플라톤이 세 영역이 어우러지는 국가를 이상적으로 그려본 것은 오래전 일이다. 그리고 근대에 실러와 셸링도 그런 생각을 했었다. 니체 역시 예술로써 시대를 전환시키고자 한 점에서 정치적이었다고 할 수 있다. 그들이 모두 비극을 최고의 예술형식으로 인정한 것은 그것이 서정시와 서사시의 요소를 모두 갖추고 있다는 것과 그것이 가지는 영향력, 넓은 의미의 정치적인 힘 때문이었다. 오늘날과 같이 대중매체가 발달하지 않은 근대까지 많은 사람들을 모으고 보고 듣게 함으로써 영향력을 행사할 수 있는 것은 극이었다. 니체도 비극의 근원을 다르게 보았지만 비극을 최고의 예술형식으로 보는 것은 그런 전통을 수용한 것이었다.

하이데거는 예술작품의 형식에 관해 셸링, 헤겔처럼 체계적으로 분석하지 않았고 시에 대해서도 서정시, 서사시, 극시로 분류하여 체계적으로 설명하지 않았지만 고대 그리스적인 근원으로 해체해 가려는 입장에서 물론 고대의 비극에 대해서 우호적이다.[134] 하이데거가 보는 고대 그리스의 비극은 단순히 무대 위에서 상연되기 위한 공연물이 아니었다.[135] 그 속에서는 옛 신들에 대한 새로운 신들의

---

134) 하이데거의 철학적 입장을 가장 잘 계승한 사람은 가다머다. 가다머도 일단 예술작품의 현재성은 존재의 표현됨이라고 하고 놀이로서의 해석학적 작용이 일어나는 예를 극, 그중에서도 비극에서부터 시작했다. 그러나 모든 조형예술도 존재론적으로 그와 동일한 양식이라고 하며 언어예술도 경계를 넓혀 문학을 예술작품뿐 아니라 모든 언어적인 것을 문자로 표현할 수 있는 능력이라고 정의했다(*Wahrheit und Methode*, erster teil, Ⅱ).

135) 하이데거는 극, 드라마를 '고향적이 - 됨'으로 해석하여 무대에서 직접 대화하며 행

투쟁이 이루어지고 있는데 이 언어예술작품이 역사적 민족의 말함 가운데서 현현할 때 그것은 단지 신들의 투쟁에 대해 전달하는 차원을 넘어선다. 오히려 그것은 말함을 본질적으로 변화시켜 비극 속의 말들로 하여금 무엇이 성스러우며 비속한가, 무엇이 왜소하고 위대한가, 무엇이 용감하고 비겁한가, 무엇이 고귀하고 천박한가, 무엇이 주인이 되는 것이고 노예가 되는 것인가를 결정하도록 하는 것이다.

그러나 하이데거는 근대 '극'에 대해서, 그리고 바그너에 대해서 비판적이다. 하이데거도 니체와 같이 바그너가 위대한 예술인 비극을 부활시키려 노력한 사람으로 보았다. 그러나 '총체적 예술작품'은 의지의 산물이며 거대한 무대배경으로 압도해서 감동적 효과를 자극하는 것이며 그러한 연극에 대한 욕구는 산업, 기술, 경제에 의해 황폐화된 현존재의 모습이라고 했다. 하이데거는 바그너에게 지배의 욕구와 미학이 함께하고 있다고(*Nietzsche: Der Wille zur Macht als Kunst,*『전집 43권』, S.103)[136] 보았는데 이것은 니체가 후기에 바그너를 비판하는 것과 같은 입장이다.

바그너의 악극에 대한 하이데거의 견해는 바그너 개인에 대한 것에서 더 나아가 현대극에 대한 견해라고 여겨진다. 근대 이후 극시는 시의 성격은 배제되고 극이 되었는데도 셸링, 헤겔은 근대극도 시로 보았다. 실러, 셸링, 헤겔과 달리 칸트는 비극을 시에 포함시키

___

동하는 것보다 서정시로서의 합창을 극의 본질적인 것으로 보았다. cf. 하이데거 (6).

136) 이 강의는 프라이부르크 대학에서 1936/37년 겨울학기에 행해진 것이다. 히틀러는 예술을 통해서 독일민족을 하나로 모으고 싶어 했는데 거기에 바그너의 음악이 적합하다고 여겼고 자신도 바그너의 음악을 즐겼다고 한다. 바그너 음악에 대한 하이데거의 비판은 후기 니체의 입장과 같은 것으로서, 니체가 당시 나치즘의 이념적 인물로 오해되는 것에 대한 비판적 입장을 표현한 것으로 해석할 수 있다.

지 않았고 인위적으로 여러 가지를 종합하는 것이 미적인 것을 더 증대시키지 않는다고 보았다. 그래도 칸트, 셸링, 헤겔 모두 예술 중의 최고를 시라고 하는 점은 공통적이다. 하이데거에게서도 그 오랜 전통을 따라 예술 중의 예술은 시이다. 그런데 셸링, 헤겔처럼 서사시, 서정시보다 극시가 최고 형식이라고 하지는 않았다. 하이데거에게 시는 어떤 것인가?

(6) 시

밝음과 숨김으로써의 진리가 일어나는 것은 존재만에 의해서가 아니라 그에 상응하는 현존재의 대답이 있을 때 가능하다. 그러나 그 대답은 존재의 말 걸어옴이 선행하는 것이다. 하이데거는 존재에 상응하는 인간의 언어작용을 시지음(Dichtung)이라고 한다. dichten은 라틴어 dictare와 연관된 단어로 어떤 것을 반복해서 말하고 받아쓰고, 어떤 것을 언어적으로 제시하고 작성하는 것을 뜻한다. 비은폐성으로서의 진리작용은 존재의 말을 듣고 받아쓰는 상호작용에서 일어난다. 모든 예술이 존재의 진리를 드러나게 한다면 그것은 본질에 있어서 시지음이다.

예술의 본질은 시지음이며 시지음의 본질은 진리의 수립(Stiftung)이다. 그리고 수립은 진리의 증여(Schenken), 근거지움(Gründen), 시초(Anfang)로서의 수립이다(「UK」, 『전집 6권』, S.61). 진리는 전통적인 것으로부터 증명되거나 연역될 수 없으며 사물적 존재자나 사용 가능한 것들에 의해 보충되거나 청산될 수 없다. 시적 수립은 진리의 넘쳐흐름이며 진리의 증여다. 그리고 참된 시지음적 기투는 근거에서 이끌어 올리면서 동시에 그것들을 다시 이 근거 위에 정립하는 것이다. 그리고 증여함과 근거지움은 그 자체로 진리의 시초라는 직접성을 갖는다. 진정한 시초는 도약이며 도약은 숨겨진 채로 오래전부터 다가오고 있었던 모든 것들이 한꺼번에 건너뛰는 선구로서의 도약이다. 그렇기 때문에 시초는 이미 끝을 간직하고 있다. 시지음으로서의 예술은 진리의 투쟁을 선동한다는 의미에서의 수립, 즉 시초다.

진리가 새롭게 시작될 때는 언제나 역사 가운데 충격이 일어났고 역사는 그 충격과 더불어 다시금 새롭게 시작했다. 역사는 한 민족이 그에게 주어진 숙명적 규정으로 나섬이며 또한 그 가운데로 들어섬이다. 수립으로서의 예술은 본질적으로 역사적이다. 예술이 역사적임은 예술이 역사를 근거 지운다는 본질적인 의미에서 그렇다. 하이데거는 서양에서 그러한 수립으로서의 예술은 그리스에서 처음으로 발생했고 훗날 존재라고 불리게 된 것이 그곳에서 결정적으로 작품 가운데 정립되었다고 한다. 하이데거가 고대 그리스를 동경하는 것은 처음으로 그때 존재 사유가 시작되었고 시지음이 이루어졌다고 보기 때문이다.

하이데거도 이전의 근대 철학자들처럼 고대 그리스의 예술에서 특히 언어예술인 시를 대표적인 것으로 본다. 그래서 그는 예술이 그 본질에 있어서 시지음이라면 건축이나 회화, 음악도 시(Poesie)로 환원되어야 한다고 보았다(「UK」, 『전집 6권』, S.59). 포에지로서의 시는 넓은 의미의 시지음, 즉 진리를 밝히는 기투의 한 가지 방식이다. 그럼에도 불구하고 포에지로서의 언어예술은 특별한 위치를 가진다.

언어는 존재자를 비로소 처음으로 그러한 존재자로서 열려진 터 가운데로 데려온다. 그래서 언어가 현존하지 않는 곳, 즉 돌이나 식물, 동물의 존재자에 존재의 개시성은 없는 것이다. 칸트는 미의 관점에서 예술보다 자연이 우월하다고 했지만 이후 실러, 셸링, 헤겔, 니체까지도 자연보다 예술이 우월하다는 입장이었다. 존재자에 대해 존재가 우선한다고 하는 하이데거에게도 존재의 말에 상응하는 언어를 가졌다는 점에서 자연 사물보다 인간이 우월하며 조형예술보다 언어예술이 우월하다.

언어가 존재자를 명명할 때 비로소 그 명명을 통해 존재자는 단어와 현상함으로 옮겨진다. 근원적인 명명은 존재자를 그것의 존재로부터 불러내어 다시 그 존재로 불러들인다. 말함은 빛의 기투이며 그것을 통해 열려진 터에 들어선 존재자가 고지된다. 기투는 숨어 있지 않음이 존재자 자체에게 내보내는 던짐을 풀어냄이다. 이런 의미의 기투적 말함이 넓은 의미의 시지음이다. 시지음은 존재자의 숨어 있지 않음을 말한다. 개개의 언어는 본질적으로 이와 같은 말함의 일어남이다.

"언어 자체는 본질적 의미에서 시지음이다."(「UK」, 『전집 6권』, S.60) 언어는 그 속에서 처음으로 존재자가 존재자로서 인간에게 자신을 개시하는 그 같은 일어남이다. 그 때문에 언어를 요체로 하는 시, 즉 좁은 의미의 시지음은 본질적인 의미에서 볼 때 가장 근원적인 시지음이다. 언어가 시지음인 것은 언어가 근원적인 포에지이기 때문이 아니라 오히려 언어가 시지음의 근원적 본질을 보존하고 있기 때문에 언어를 통해 포에지가 생겨날 수 있다는 것이다.

거기에 비해 건축이나 조형 예술 작업은 언제나 이미 그리고 오직 말(Sage)과 명명이 열어 놓은 터 속에서만 이루어질 수 있다. 다시 말해 그들 작업은 말과 명명이 열어 놓은 터에 의해 지배받고 인도되며 그 때문에 건축과 조형 예술 작업도 진리가 작품 속으로 자신을 지향시켜 정돈하는 그 나름의 길과 방식으로 있을 수 있다. 건축이나 조형 예술작업은 언어 속에서 이미 일어나는 존재자의 밝음 가운데서 진행되는, 각기 고유한 시지음의 방식들이다.

이와 같은 하이데거의 견해는 셸링과 유사하다. 셸링은 조형예술과 언어예술을 구분했지만 조형예술도 언어예술에 절대적으로 대립시키지 않고 실재세계도 언어를 통해서 다시 정립될 수 있기 때문에 조형예술을 침묵하는 언어예술이라고 보았다. 그리고 인간의 예술 이전의 자연을 이미 "비밀스럽고 놀라운 활자 안에 폐쇄되어 있는 시"라고 하는 것은 하이데거가 존재의 언어를 인간의 언어에 대해 원언어(Ursprache)라고 하며 원시(原詩, Urpoesie)라고 하는 것과 같다. 하이데거에게서 존재는 본래의 시이며 존재에 상응하는 인간의 모든 언어는 예술인 시지음이며 그중에서도 가장 전형적인 것이 (좁은 의미의) 시이다.

하이데거가 존재진리의 언어와 문법을 예술, 특히 시라고 한 것은 전통적인 철학에 대해 새로운 것을 제시하는 것이다. 그것은 '본다'는 뜻에서 유래한 '이론(Theorie)'의 주체적 행위에 대해서 '듣는' 예술을 통해서 주체 중심적 이성의 대안을 제시했다는 점에서다. 그런데 보는 것에 대한 듣는 예술이라면 니체와 같이 음악이 해당될 것 같은데, 하이데거는 듣는 예술의 전형을 '시'라고 한다. 원래 시는 낭송하고 듣는 것이었다. 그런데 하이데거는 듣는(hören) 것을 청각 작용보다는 조어상으로 이미 그것에 속해 있음(ge-hören)의 의미로 해석한다(*Satz vom Grund*, 『전집 10권』, S.119). 하이데거적인 의미에서는 보는 것이 주체로서 대상을 파악하는 이성적인 작용이라면 듣는 것은 그것에 속하여 상호관련을 가지는 삶의 행위다.

전통적으로 인간은 이성적(로고스적) 동물이라고 규정되었고 로고스는 진술이었다. 하이데거에게서도 인간은 말하는 존재자인데 그는 이것을 인간이라는 존재자가 세계와 현존재 자체를 드러낸다(entdecken)는 뜻으로 해석한다(『SZ』, S.165). 하이데거에 의하면 현존재가 자신을 드러내는 계기의 하나인 말(Rede)의 언표는 언어(Sprache), 단어 전체(Wortganzheit)다. 그리고 말함(redende Sprechen)에는 들음(Hören)과 침묵함(Schweigen)이 가능성으로서 속해 있다. 일반적으로 진술되지 않은 것, 진술되기 이전의 것은 아직 언어가 아니었는데 하이데거는 들음(Hören)이 말(Rede)에 구성적이며 들을 수 있음의 근거에서 경청(Horchen)도 가능하게 된다고 한다(『SZ』, S.163).

사물들은 주체인 인간과 대립하고 있는(gegen-stehen) 대상(Gegenstand)이 아니라 현존재와 삶의 연관관계에 함께 속해 있다. 주변 사물들과의 연관관계에 속해 있음은 존재자의 전체성인 존재에 근거하고 존재에 속해 있음을 암시해 준다. 존재의 말을 듣는 것은 존재에 속하는 것이며 그것은 일상적으로 몰입하고 있는 존재자에서 존재로 초월하는 것이다. 현존재의 퇴락과 실존의 양면은 언어적 범주로는 공담과 말에 해당한다. 퇴락해 있음으로 실존할 수 있기 때문에 존재자에 몰입해 살면서 하는 말과 존재에 상응하는 말도 양면적인 관계에 있다. 일상적인 삶의 방식인 언어이면서 존재를 말할 수 있는 것은 음성(문자)언어일 것이며 그 언어의 예술적 정수는 시라고 할 수 있다.

인간의 창작품인 시가 시인 것은 그것이 원언어, 원시(原詩) 안에서 일어나기 때문이다. 하이데거는 존재가 우선하는 것을 언어적으로 보았기 때문에 존재가 말한다고 했다. 언어는 본질적인 의미에서 시지음이다(「UK」,『전집 6권』, S.60). 원언어는 원시이다. 시가 일상어의 가장 높은 양식인 것이 아니라 일상의 말이 망각되고 훼손된 시다(*Unterwegs zur Sprache*, S.31. 이하『US』로 약칭). 인간의 언어가 원어에 상응된다면 원어가 원시인 한에서 참다운 언어사용은 시가 되고 그래서 "인간은 본래 시인으로 산다."(*Erläuterungen zu Hölderlins Dichtung*, 『전집 4권』, S.42. 이후『HD』로 약칭)

플라톤 이래 전통적으로 언어예술이 조형예술보다 우위에 있었고 언어예술 중에서는 시가 가장 위상이 높았다. 시 중에서는 극시인 비극이 그러했다. 그런데 하이데거는 비극이 호메로스적 신화를 벗어나 새로운 신을, 그리고 나아가 존재를 말한다는 점에서 그것을 높이 평가하지만 무대예술로서가 아니다. 그는 비극의 핵심을 합창이라고 보며 합창을 니체처럼 음악이 아니라 시로 보았다. 합창이 시로서 비극의 내적인 중심인 것은 합창의 노래에서 시인이 특정한 방식으로 비극의 시적인 진리를 다른 모든 것에 앞서, 그리고 다른 모든 것을 위해 말하기 때문이다. 합창은 시로 지어져야 하며(『이스터』, 185쪽) 그리고 시로 지어져야 하는 것은 존재자가 아니라 존재다(『이스터』, 187쪽).

시로서의 합창은 서정시이다. 비극에서뿐만 아니라 서정시가 시의 전형이라는 것은 하이데거가 대표적으로 인정한 시인들과 그들의 시를 통해서 알 수 있다. 하이데거가 강의와 강연에서 주로 언급한 시인들은 릴케, 횔덜린, 게오르게, 트라클 등의 서정시인이다. 서

정시가 어떻게 시적 언어의 본질과 존재진리의 생성을 말하는가를
하이데거는 트라클(G. Trakl)의 시 해석을 통해서 잘 보여 주고 있다.

<겨울 저녁>

창가에 눈 내리고,
저녁종 길게 울릴 때.
식탁엔 많은 것 차려져 있고
집은 넉넉하다.

방랑길 나선 많은 이들
어둔 길을 거쳐 문 앞에 이른다.
대지의 차가운 수액을 마시며
은총의 나무는 금빛으로 빛난다.

방랑자는 조용히 들어서고;
고통은 문지방을 얼어붙게 했다.
그때 순수한 밝음으로 빛난다
탁자 위의 빵과 포도주는. (『US』, S.17).

이 시를 읽으면 제목 그대로 방랑자가 집에 당도한, 눈 오는 겨울
저녁의 풍경이 떠오른다. 그래서 이 시를 겨울 저녁의 한때를 표현
한 것이라고 생각하게 된다. 그러나 하이데거는 언어적 현상을 표현
(Ausdruck)이라고 하는 것을 부인한다. 일반적으로 언어적인 표현이
란 단어를 통해서 의미가 밖으로 드러남을 뜻한다. 그런데 시의 말
함은 단어를 통해서 현전하는 것에서부터 不在를 불러내는 것이다
(『US』, S.21). 그래서 하이데거는 이 시를 다음과 같이 해석한다.
　1연에서 눈이 온다는 말함은 사실적으로 내리는 눈만을 가리키는

것이 아니라 그것을 통해서 인간들을 밤으로 어두워진 하늘 아래로 데려오고 저녁종의 울림도 사실적인 종의 울림을 통해서 可死的 존재인 인간을 신 앞에 데려온다. 그리고 식탁의 차려진 음식은 대지의 산물로서 인간을 대지와 결합시킨다. 이 시에서 말해진 종, 창문, 식탁 등의 현전하는 사물은 사물의 부름을 통해 하늘, 대지, 신, 인간을 불러 모은다.

일반적으로 단어는 그에 상응하는 존재자가 있지만 시에서 단어의 부름은 단어로 말해지지 않은 하늘, 대지, 신, 인간을 불러낸다. 따라서 사물은 개별적 단어로 표현되는 그 자체로 주어져 있는 것이 아니라 단어를 통해서 불러낸 신, 인간, 대지, 하늘의 사각관계 안에서 사물로 나타난다. 식탁은 밥 먹는 상이라는 도구로서 언제나 그렇게 있는 것이 아니라 신과 대지의 은총, 인간의 삶과 죽음, 기쁨과 외로움의 전체적인 연관 속에서 식탁의 본래적인 모습으로 드러난다. 사물의 사물화에서 이루어지는 신, 인간, 대지, 하늘의 사각이 세계다. 세계는 현전하는 존재자들의 집합도 아니며 현전하는 것의 총체로 표상되는 주어진 공간도 아니다. 사물도 사물화하며 세계도 세계화한다. 사물이 사물화하면서 세계를 낳고 펼치며 또한 세계 속에서 사물이 사물로서 나타난다.

1연이 사물의 세계화라면 2연은 세계의 사물화를 나타낸다고 할 수 있다. 2연에서 세계의 부름은 황금의 나무에서 적절히 드러난다. 나무는 대지에 뿌리박고 하늘의 은총에 의해 꽃을 피우고 열매를 맺는다. 더욱이 금의 빛남은 모든 현전하는 것들을 비은폐성으로 데려옴을 상징한다. 황금빛 나무에 대지, 하늘, 신, 유한자, 즉 세계가 거하고 있다. 비은폐성으로서의 세계는 사물에게 그 본질을 허락하고 그래서 세계의 빛남 속에 사물들이 깃들어 있다. 사물들이 세계를 낳고 세계는 사물들을 허락한다. 세계와 사물들은 병렬되어 있는 것이 아니고 세계라는 상자 속에 사물이 들어 있는 것도 아니며, 서로 중심을 통과하면서 하나가 된다. 세계와 사물의 중심인 친밀성은 또한 세계와 사물이 세계와 사물로서 구분되는 나뉨-터(Unter-Schied)[137]이기도 하다. 나뉨-터는 구분도 관계도 아니고 세계와 사물을 위한 최상의 차원인 일자(Eine)다.

1연이 사물의 세계화를 부름이고 2연이 세계의 사물화를 부름이라면 3연은 세계와 사물의 중심을 부른다. 여기서 문지방과 고통이 그것을 상징한다. 문지방은 문을 지탱하는 대들보이면서 안과 밖이 통과하는 중심이다. 고통은 찢김이며 서로의 분열이지만 동시에 분열된 것을 자기 속에 모은다. 고통은 나뉘면서 모으는 분열이며 나뉨-터 자체를 상징한다. 세계의 밝음과 사물의 빛남은 나뉨-터를 통과한다. 세계와 사물의 친밀성을 부르는 부름이 말함의 본질이다(『US』, S.28). 나뉨-터는 세계와 사물을 친밀성의 중심에서 모으는 것이며 그것은 세계와 사물을 그 본질로 오라고 부르는 것이다. 나뉨-터는 모든 부름이 거기서부터 불러내지는 명령(Geheiß)이며(『US』, S.30) 부르는 자(Heißende)다(『US』, S.29).

나뉨-터의 명령이 세계와 사물을 부르기 때문에 그 부름은 인간의 것이 아니다. 그 명령은 구체적인 소리로 발화되는 것이 아니라 침묵의 소리다. 사물과 세계의 나뉨-터의 침묵의 소리를 하이데거는 언어라고 한다. 그래서 언어가 침묵의 소리로 말하는 것이다(『US』,

---

137) Unterschied는 '차이'라는 의미의 단어다. 하이데거는 Unter-schied 라고 띄어씀으로써 단순히 차이가 아니라 차이를 포함하는 모든 관계의 터전이라는 의미를 나타낸다.

S.30). 말해진 단어에서 말함이 끝난 것이 아니라 말함은 말해진 것
에서 자신을 지키며 숨어 있다(『US』, S.16). 말해지지 않고 숨어 있
는 말함이 모든 것을 불러 모음이다. 사물은 전체 속에서 사물로 나
타나는 것이므로 사물을 나타나게 부르는 시의 말함은 숨겨진 말함
에서 나오는 것이다. 인간이 말하기 이전에 언어가 말한다. 그러나
침묵의 소리를 유한자에게 듣게 하기 위해서는 유한자의 말함이 필
요하다. 인간은 존재자로서 이미 터전에 속해 있으며(ge-hören) 그것
은 침묵의 소리를 들은(hören) 것이다. 언어의 말함을 듣고 말함으로
써 인간도 인간으로 형성된다.

　인간의 말함에서 사물이 사물화되고 세계도 세계화하며 인간도
인간이 된다. 그런데 인간이 말한 시의 단어가 언어적인 것은 언어
의 말함에서 생기는 것이고 그런 한에서 인간의 말함은 언어의 말함
에 대한 상응(Ent－sprechen)이며(『US』, S.32) 언어의 부름에 대한
대답이다. 단어의 총체적 사용을 인간의 언어라고 한다면 침묵의 소
리는 원언어이며 인간의 언어는 원언어에 대한 언어라고 할 수 있
다. 참인 진술을 진리라고 하지 않고 그것을 가능하게 하는 존재의
비은폐성을 진리라고 한 것과 마찬가지로 존재자를 진술하는 인간
의 언어를 가능하게 하는 근원을 하이데거는 언어라고 한다. 언어는
비추면서 숨는 존재의 到來다(「BH」, 『전집 9권』, S.326). 본래의 언
어는 인간이 말하는 것이 아니라 "언어가 말한다." "인간은 언어를
말하는 것이 아니라 언어에서부터 말한다."(『US』, S.254)

　존재의 언어는 원언어인 원시(Urpoesie)이며 존재에 상응하는 인
간의 언어 중에서도 가장 전형적인 것이 시이고 시 중에서도 서정시
가 그러하다.

(7) 시인 중의 시인: 횔덜린

하이데거가 여러 시인들을 언급했지만 그에게 시인 중의 시인은 횔덜린이다. 하이데거에게 예술 중의 예술은 시이며 시인 중의 시인은 횔덜린이다. 왜 횔덜린인가? 그것은 그가 시의 본질을 시로 썼기 때문이다. 즉, 사유의 근원을 가장 그 본질에 합당한 언어로 말했기 때문이다. 하이데거에게 횔덜린은 시인 철학자이며 철학자 시인이다. 하이데거는 젊은 시절, 1910년에 출간된 횔덜린의 핀다로스 시의 번역과 1914년에 출간된 횔덜린의 만년의 송가를 읽고 지진을 만난 듯한 감동을 받았다고 한다.

하이데거에게 시의 본질을 노래하는 것은 인간의 고향으로의 귀환을 노래하는 것이다. 횔덜린은 귀향을 노래한 시인이다. 그런데 인간이 돌아가야 하는 고향은 어디인가? 그리고 어떻게 다시 돌아갈 수 있는가? 하이데거는 소크라테스 이전 사상가들에게서 근원적인 것이 사유되었지만 이후 망각되었다고 보기 때문에 새로운 시초를 거기서 찾으려고 했다.

하이데거가 근원이며 시초라고 보는 고대 그리스는 서양에서 근원적으로 진정한 문화가 피어나던 시기였다. 당시에 아테네에서는 동서양 어디에도 없었던 직접 민주주의 정치가 시작되었고 철학이 시작되었으며 비극이라는 탁월한 예술을 대중들이 즐겼다. 그런 점에서 하이데거가 고대 그리스를 시초로 보는 것은 실러나 니체가 고대 그리스를 찬양한 것과 크게 다르지 않다. 니체는 실러가 너무 소박하게 고대 그리스를 동경했다고 보았는데, 하이데거는 니체도 진정으로 고대 그리스적인 것을 부활시키지 못했다고 보았다. 그래서 후기에 로마적인 것으로 기울어진 니체보다 하이데거는 횔덜린을 택했다. 하이데거는 횔덜린의 그리스 정신과의 관계는 고전주의도 낭만주의도 형이상학적이지도 않은 방식으로 더 내밀하다고 한다(『이스터』, 90쪽). 하이데거가 고대 그리스를 동경하는 것은 기독교적인 낭만주의와 물론 다르며 고대 그리스 예술의 형식을 따르려는 고전주의와도 다르다. 그리고 그는 플라톤적인 형이상학은 초기 철학적 사유의 근원성을 벗어났다고 보았다.

횔덜린은 셸링, 헤겔과 함께 학창시절을 보냈다. 그는 낭만주의 시대의 시인인데 낭만주의의 기독교적인 것보다 고대 그리스 시인들을 더 따랐고 고대 그리스의 비극을 번역하기도 하고 비극작품을 쓰기도 했다. 하이데거는 니체와 같이 기독교적인 신의 시대는 지났다고 여겼다. 하이데거가 횔덜린을 낭만주의 시인보다 높이 보는 것은 횔덜린을 궁핍한 시대에 시인의 사명을 다한 시인, 즉 과거의 신(기독교의 신)은 사라졌고 아직 새로운 신이 도래하지 않은 시대에 인간이 어디로 가야 하는지를 노래한 시인으로 보았기 때문이다. 그것은 다시 고향으로, 서양 문화의 고향인 고대 그리스를 찾아가는 것이었다. 그러나 그것은 다시 고대 신화의 신들에게로 돌아가는 것은 아니다. 하이데거에게는 기독교의 신뿐만 아니라 모든 '신들'은 사라졌다. 니체가 고대 그리스에서 신화에 주목하는 것과 달리 하이데거가 초기 철학에 주목하는 것은 이 때문이다.

고대 그리스의 초기 철학자들은 신화의 신들과는 다른 근거를 찾고자 했다. 하이데거는 그들이 신이 아닌 존재를 사유했다고 보며 그것을 당시의 극시와는 다른 시 형식으로 표현했던 것에 주목했다(헤겔은 파르메니데스, 엠페도클레스 등의 철학을 시로 표현되었기 때문에 아직 불완전한 철학이라고 보았고 형식적으로는 서사시로 보았다). 하이데거는 철학이 존재사유인 존재론이며 그것의 문법이 시인 것을 초기 철학자들에서 찾았고 플라톤 이후 사라진 근원을 횔덜린이 가장 잘 되살리고 있다고 보는 것이다. 하이데거에게 횔덜린은 무엇보다 시인으로서, 시지음의 본질을 말하는 자로서 의미가 있다. 하이데거는 횔덜린의 글에서 중요한 다섯 구절을 택해 횔덜린 시의 본질을 논했다.

첫 번째 구절은 "시지음은 모든 일 중에서 가장 순진무구한 일"(『HD』, S.33)이라는 것이다. 어린아이가 장난감을 가지고 순진하게 놀이하듯이 인간은 언어를 가지고 무한 상상의 세계를 나른다. 그런데 두 번째는 "언어가 인간에게 주어진 것은 가장 위험한 보화"(『HD』, S.35)라는 것이다. 언어는 인간만이 가진 보화다. 하이데거는 인간은 자신이 무엇인지를, 즉 존재에 속한 자임을 증언해야 하는 존재로서 언어가 보화로서 주어졌다고 한다. 그러나 그것은 또한 위험한 것이기도 하다. 언어는 인간을 본래적인 존재자가 아닌 존재자로 기만하게도 한다. 말(Rede)은 본래적인 자기를 가능하게도 하지만 공담(Gerede)은 세인으로 매몰되게도 한다. 언어는 존재를 개명하게도 하고 존재를 상실하게도 하는 위험한 보화다.

세 번째는 "수많은 것을 인간은 경험했다/ 천상적인 것을 수없이 명명했는데,/ 우리가 대화이며/ 서로를 경청할 수 있게 된 이래로"(『HD』, S.38)이다. 인간은 언어적인 존재여서 언어로 세계를 경험한다. 인간의 언어는 본래 대화인데 그것은 들음이 더 본질적인 것이다. 들음에서 존재가 열릴 수 있다. 대화는 신들을 명명하고 세계를 시어화(詩語化)하는 것이다.

네 번째는 "머무는 것은 그러나 시인이 짓는다"(『HD』, S.41)이다.
이것은 횔덜린의 『회상』에서 인용한 구절이다. 시인의 명명은 알려
진 것을 그대로 부르는 것이 아니라 존재자를 존재자로서 존재하게
하는 명명이다. 호메로스에 의해 아킬레우스는 영웅이 되고 신들은
신들이 되었듯이 시인에 의해 세계가 수립된다. 시는 존재를 말로써
구현하는 것이다.

다섯 번째는 "공적은 많지만 인간은 지상에서 시인으로 거주한
다"(『HD』, S.42)이다. 인간이 지상에서 한 일은 많지만 그것은 증여
받은 것이다. 인간이 지상에서 할 일은 시인으로서 사는 것이다. 그
것은 신들의 현존 가운데 서 있고 사물들의 본질 가까운 곳에 있음
이다. 떠난 신은 더 이상 현존하지 않고 도래할 신은 아직 오지 않은
어두운 시대에 시인은 더욱 시의 본질을 노래해야 한다. 시인은 신
들과 민족 사이에서 신들의 눈짓과 민족의 소리를 연결시키는 사이
의 존재자로서 거주해야 한다.

횔덜린은 『빵과 포도주』에서는 니체와 같이 디오니소스를 기다렸
지만 하이데거는 횔덜린을 니체와 다른, 존재론의 철학자 시인으로
해석했다. 하이데거는 고대 그리스에서 신화보다는 초기 철학을 주
목했고 그리스 비극을 전혀 다르게 해석했다. 하이데거는 비극에서
옛 신과 새로운 신의 투쟁을 보았는데 새로운 신은 디오니소스가 아
니라 '존재(Sein)'였다. 플라톤은 비극을 호메로스적 신화의 연속으
로 보았지만 하이데거는 이미 호메로스적인 신을 벗어나려는 시도
가 행해진 것으로 보는 것이다. 니체는 음악의 힘으로 비극이 호메
로스의 서사시 신화를 벗어났다고 보았는데, 하이데거는 서정시에서
그러하다고 보고 호메로스 이후의 서정시인인 핀다로스, 비극시인인

소포클레스(그의 비극에서도 서정시에 해당하는 합창을 주목한다)를 대표적인 시인으로 평가한다. 그리고 소포클레스와 핀다로스의 영향을 받은 횔덜린을 하이데거는 너무나 하이데거적으로 존재를 사유하는 시인이라고 본다.

횔덜린은 예나에서 피히테의 철학 강의를 듣고 변증법을 배웠다. 그리고 동문인 셸링과 마찬가지로 피히테의 자아 중심 주관주의를 극복하고자 했다. 셸링은 아와 비아의 대립을 탈피하기 위해서, 즉 이분법적인 자연과 정신의 대립을 피하기 위해서 자연이며 정신인 절대자를 생각했는데 횔덜린은 존재를 내세웠다. 횔덜린에게 존재는 주체와 객체의 분리에 앞서 있을 뿐만 아니라 분리되어 있는 주체와 객체의 상위 본질로서 있는 것이다. 그것은 하이데거의 존재 개념과 매우 유사하며 무엇보다 존재는 미로서 현존한다는 사상도 그러하다.[138]

하이데거에게 횔덜린은 존재의 시인이며 시의 본질을 알고 시로써 잃어버린 것을 일깨우는 시인이다. 횔덜린은 새로운 신을 찾은 것은 아니라 신을 잃은 시대에 어디로 가야 하는지를 말한다는 것이다. 횔덜린은 하이데거와 같이 멀리 고대 그리스로 향하고자 했다. 그것은 어떤 의미를 가지는가? 하이데거에게서 그러한 회상은 단순히 있었던 것에 대해 사유하는 것이 아니라 동시에 도래하는 것으로 앞서 사유하고 고향적인 것의 장소성을 숙고하고 그 장소성에서 건립되어야 하는 근거를 숙고함을 뜻한다. 회상은 본래적으로 시인이 말해야 하는 것, 지시하는 것을 향해, 다양하게 생각이 뻗어 나감이다(『이스터』, 235쪽).

---

138) 『횔덜린 삶과 문학』 38~40쪽, 염승섭 저.

존재사유가 존재망각과 함께하듯이 귀향은 고향을 떠난 자에게 해당되는 일이다. 고향을 떠나 방황하는, 그러나 귀향할 수밖에 없는 이미지를 하이데거는 '강'에서 본다. 고대 인류 문명은 강가에서 시작되었고 지금도 번화한 도시는 강을 끼고 있다. 라인 강과 도나우 강은 독일을 포함하여 유럽의 여러 나라를 관통하여 흐르는 강이다. 횔덜린은 라인 강, 그리고 도나우 강인 이스터를 노래한 시인이다.

강은 장소성과 방랑성 그 자체다(『이스터』, 57쪽). 강물은 대지 위에서 인간의 체류를 지배하는 장소성이며 인간을 고유함 안으로 이끌고 그를 고유함 안에서 보존한다(『이스터』, 38쪽). 강물 자체가 인간이 거주하는 장소 가운데 거주하면서 이 장소를 자신의 본질 안에서 보호한다. 강물은 자신의 장소성이다. 또한 강물은 방랑성 그 자체다. 강물은 머물지 않고 어딘가로 흐르며 인간들도 강물을 따라 이동하며 살았다. 강물은 이 대지 위에서 역사적인 인간이 고향적이 되려는 방랑성이다.

고향적이 되려는 방랑성이란 고향을 떠났다는 것을 전제한다. 인간은 오랫동안 고향을 떠났고 방황한다. 고유한 것은 오랜 기간 동안 인간에게 낯설게 머물렀다. 인간이 고유한 것을 자기 것으로 하지 않고 방기했기 때문이다. 그런데 고유한 것을 고유하게 하는 것은 인간으로부터가 아니기 때문에 그것은 가장 나중에 온다(『이스터』, 39쪽).

하이데거는 인간이 존재를 망각한 것은 인간의 태만이나 무능력 때문만이 아니라 존재의 운명이라고 했다. 만약 철학의 시초에 근원적인 것을 (암시적으로나마) 사유했다면 왜 거기서 이탈하는 역사가 형성되었겠는가? 강물은 흐른다. 작은 발원지의 샘물은 흘러 나가 넓고 긴 강을 이루며 멀리 나가 바다에 이르고 그리곤 구름과 비가

되어 다시 또 강을 이룬다. 고유한 것을 발견하고 자기화하는 것이 시적인 숙고이며 그것은 그 길을 갈 수 있게 되는 낯선 것과의 관계를 포함한다. 방랑의 즐거움은 귀한 낯선 것을 만난다는 것이다.

독일인인 휠덜린에게 고대 그리스의 시인 핀다로스와 소포클레스는 낯선 사람들이다. 휠덜린은 동시대 사람들과 달리 핀다로스와 소포클레스의 영향을 받았다. 이 사실을 하이데거는 고유한 근원으로부터 낯선 근원적인 것에 속할 수 있는 능력을 가졌기 때문에 휠덜린은 역사적인 대화를 통해 우리에게 그 시인들과 시들을 근원적인 빛 속에서 보여 줄 수 있다고 해석한다(『이스터』, 82쪽). 독일인에게 그리스는 낯선 것이지만 그 낯선 것이 귀향의 원천임을 휠덜린은 보았고 이로써 하이데거에게 강물 송가의 시인 휠덜린은 인간의 본질, 시의 본질을 노래한 시인이 된다.

그런데 독일인인 휠덜린과 하이데거는 왜 고대 그리스를 고향이라고 하는가? 서양문명이 그리스의 미케네 문명에서 시작되었다는 것은 공인된 역사적 사실이지만 오늘날도 여전히 그곳이 고향인가? 독일은 지리적으로는 그리스에 멀리 떨어져 있지만 근대의 독일인들은 서양문화의 근원인 그리스 전통을 잇고 있다는 자부심을 가졌다. 고대 그리스 예술을 연구한 빈켈만과 트로이 문명의 유적을 발굴한 슐레히만은 독일인이다. 18세기부터 독일은 그들에 의해 고대 그리스에 대한 관심이 높았다. 니체가 고전문헌학에 관심을 가진 것도 그런 시대 분위기가 있었을 것이다. 잊힌 근원을 상기하던 시대 분위기가 그곳을 동경하는 고전주의를 낳았고 이어 낭만주의 시대도 거쳤다.

하이데거는 휠덜린의 그리스 정신과의 관계는 고전주의도 낭만주의도 형이상학적이지도 않은 방식으로 더 내밀하다고 했고 횔덜린에 비해 니체는 형이상학적 사유의 정점에서 로마정신에 힘입어 오히려 그리스 정신을 부정했다고 평가했다(『이스터』, 90쪽). 그러나 그리스 정신을 인식하는 길을 오도한 것이 기독교적 세계관의 오랜 전통이었다고 보는 점과 플라톤 철학에서 그리스 정신의 이탈과 몰락이 시작되었다고 보는 것은(『이스터』, 121쪽) 니체와 같다.

하이데거에 의하면 기독교가 인간을 낙원에서 추방되고 구원을 필요로 하는 존재로 해석하는 것은 본질 규정에서 핵심을 빠뜨린 것이다. 하이데거는 부정성(Un)을 달리 해석한다. 은폐성과 비은폐성이 본질인 존재에서 존재망각은 존재의 운명이다. 하이데거에 의하면 그리스 정신의 역사는 존재 자체의 대립성을 보존하고 드러낸 바로 그 지점에서 정점에 도달했고 그것이 평가절하 되는 때부터 그리스 정신은 이탈되었다. 플라톤에 의해 시작된 형이상학은 부정성을 존재해서는 안 될 것으로 파악했다.

부정성을 긍정적으로 사유하는 셸링, 헤겔, 니체의 철학적 작업에서 부정성은 회복되지만 하이데거는 여기도 부정적인 것에 대한 플라톤적, 기독교적 경시는 실제로 남아 있다고 한다. 부정성에 대한 이러한 극복은 고대의 부정성이란 사태를 방기한 채 그 본질 근원을 만나지 못하는 형식을 표현할 뿐이다. 부정성은 보통 부인(否認)으로부터 사유되는데 부인은 인간적인 태도의 한 방식이며 그것은 긍정적인 것의 측면에도 적용된다. 모든 무(無)와 같은 것은 부인에서 파악 가능하지만 부인은 무와 같은 것을 다 드러내지는 못하며 무의 본질을 개시하는 영역에 대하여 아무런 암시도 주지 못한다.

하이데거가 횔덜린이 번역한 『안티고네』의 합창에서 부정성의 본

질을 파악할 수 있는 것으로 택한 구절이 있다. "섬뜩한(Unheimlich)
것은 다양하지만 그럼에도/ 인간을 뛰어넘어서는 더 섬뜩한 것은 없
다." Unheimlich는 부정사 Un과 고향이라는 Heim이 결합되어 만들
어진 단어다. 하이데거는 이것을 고향을 떠났다는 의미로 해석한다.
그런데 이미 heimlich는 '비밀의', '숨은', '허락되지 않은'의 뜻이 있
다. 고향은 인간의 원천이며 동시에 허락되지 않고 숨는 곳인가? 낙
원은 잘못을 하여 쫓겨난 것이 아니라 인간에게 그곳은 본래 허락될
수 없는 곳이기도 했다. 강물이 근원을 떠나 방랑하는 것처럼. 기독
교는 그것을 잘못 해석한 것이다.

섬뜩함 안에 있는 부정적인 것을 하이데거는 인간적 활동의 특성
으로 파악하지 않고 그 영역 안에서 인간으로 하여금 자신의 오솔길
을 방랑하게 하는 존재의 본질 특징으로 파악한다('unheimlich'는 『존
재와 시간』에서 부정적으로 존재자 전체를 느끼는 근원적 기분으로
설명되었다). 그러나 Unheimlich는 하이데거의 번역이며 기이한 것
(Ungeheuer), 압도적인 것(Gewaltige)이라고 번역한 휠덜린의 의미를
살려서 하이데거가 사용한 단어다.[139]

『안티고네』의 내용은 이러하다. 오이디푸스가 왕위를 버리고 떠
난 이후 두 아들이 왕위를 놓고 싸우다가 모두 전사하고 숙부인 크
레온이 새 지배자가 된다. 크레온은 두 아들 중 형인 에테오클레스
는 고귀한 자로서의 예를 갖추어 장례를 치르게 하고 외부 세력을
끌어들여 조국을 향해 싸운 동생인 폴리네이케스는 역적으로 취급
하여 매장을 허락하지 않고 시체를 짐승의 밥이 되게 하였다. 그런

---

[139] 이를 위해 하이데거는 번역은 해석이어야 하며 다른 언어 사이에서뿐 아니라 동일
한 언어에서도 번역이 존재한다는 독특한 번역관을 피력했다(『이스터』, 99쪽).

데 여동생 안티고네는 오빠인 폴리네이케스의 시체를 매장해 주었
다. 크레온은 안티고네를 지하 감옥에 가두었고 그녀는 거기서 목을
매어 죽는다. 안티고네의 약혼자인 크레온의 아들 하이몬이 이 사실
을 알고 목숨을 끊었고 왕비도 아들의 죽음에 자해함으로써 크레온
은 파멸에 이르게 된다.

일반적으로 신화의 시대에 이런 작품의 공연은 신의 뜻은 운명이
며 인간은 그것을 거역할 수 없다는 내용으로 민중을 교화하려는 의
도에서 행해졌다. 그래서 비극작품도 그런 맥락에서 해석해 왔다.
종래와 같은 방식으로 해석한다면 한 부모의 형제가 죽었을 때 시신
의 장례를 치르는 것은 신의 뜻이라는 것이며 안티고네는 장례를 치
르지 말라는 왕의 말을 어겨 왕의 미움을 사 죽었지만 그 왕 또한
더한 비극적 결말을 맞는다는 것이므로 왕의 법보다 신의 뜻이 우선
한다는 것을 말하고자 한 것으로 볼 수 있다.

그러나 하이데거는 그런 해석을 거부한다. 하이데거에게 비극의
대립은 국가와 종교의 대립이 아니라 존재자 안에서 출구 없이 헤맴
이란 의미의 비고향적 존재와 존재에 속함에 의해 고향적이 됨으로
서의 비고향적 존재 사이에서 행해진다. 하이데거는 고향적이 됨의
운동을 '드라마'라고 한다(『이스터』, 180쪽). '드라마'는 동작을 한다
는 뜻이며 그것은 일찍이 아리스토텔레스가 『시학』에서 서사시와
다른 극(드라마)은 행동의 모방이라고 규정한 데서 유래한다. 하이데
거는 드라마인 극을 고향적인 됨의 운동이라고 해석하는데[140] 고향

---

140) '고향적이 됨'이라는 하이데거의 표현은 생소하지만 니체가 비극을 근원적 일자에
    합일하고자 하는 것으로 보는 것과 다르지 않다. 실러가 극을 잊힌 이상성을 구현하
    고자 하는 것으로 본 것과도 통한다. 하이데거가 고향을 존재라고 하는 것이 다를
    뿐이다.

적이 됨에서 비고향적 존재가 결론을 발견하는 것이 아니라 고향적
이 됨이 비고향적 존재의 본질을 밝히는 것이다.

안티고네는 왕의 명령을 어겨 섬뜩한 비고향적 존재가 되지만 그
것은 존재에 속함이 되는 고향적이 되는 길이기도 하다. 그런데 안
티고네는 왕의 명령을 어기라고 자기에게 명령한 것은 제우스도 아
니고 인간에게 법을 정해 준 디케도 아니라고 하면서 왕의 명령은
확고한 하늘의 법을 넘어서지 못한다고 말한다. 안티고네가 따르는,
제우스도 디케도 아닌 것을 하이데거는 고향적 존재라고 해석한다.
하이데거에게 섬뜩한 것은 비고향적 존재를 모든 존재자 안에서 견
뎌내는 것을 뜻한다(『이스터』, 182쪽). (이것은 헤겔의 해석과 다르
다. 헤겔은 안티고네는 지하의 신을, 크레온은 제우스를 따른다고
했다)[141]

휠덜린은 『엠페도클레스의 죽음』이라는 작품에서 안티고네를 소
포클레스에 의해 가장 훌륭한 여인으로 태어난 인물이라고 보았다(『이
스터』, 93쪽). 죽음에 굴하지 않고 하늘의 뜻을 따라 왕의 명령을 거
역하는 것은 드문 일이기 때문이다. 이것은 현실 국가에 대한 비판
이 될 수도 있다. 휠덜린의 작품은 해석자에 따라 관념론 철학적인
관점에서, 그리스 신화의 관계에서 또는 기독교적인 관점에서 해석
되었고 정치성과 관련된 해석도 있다.[142] 휠덜린이 평생 쓴 글들을
보면 그런 면들이 다 있기 때문에 여러 해석이 가능하다.

하이데거가 휠덜린을 시인 중의 시인이라고 한 것은 자신의 시론
에 가장 부합되는 시인이기 때문이다. 그렇다면 시인과 철학자와 정

---

141) cf. 헤겔 (6) 3) 1.

142) 『휠덜린 연구』 참조, 황윤석 저.

치가가 근본적으로 공통적인 일을 한다고 할 때 횔덜린은 또한 정치적이어야 한다. 횔덜린은 학창시절 프랑스 혁명에 고무되어 자유를 갈구하며 이상적인 공동체를 희망했다. 그것은 당시 독일의 정세와는 다른 것이었다. 그러나 하이데거에게서 정치적이라는 것은 좁은 의미의 정치성이 아니다. 그것은 횔덜린 송가 해석에서 잘 드러나고 있다.

하이데거에 의하면 국가라고 번역되는 polis는 존재자 한가운데서 모든 존재자의 개방된 장소들이며 존재자는 polis 안에서 자신들의 통일성에로 모여지게 된다(『이스터』, 148쪽). 그런데 그것을 도시국가 폴리스 안에 사는 그리스인들은 모든 것이 정치적으로 규정되었다는 것으로 해석하여 그들을 국가사회주의자로 보려는 시도가 있음을 하이데거는 지적한다. 그런데 하이데거는 정치적인 것은 폴리스에 속하며 폴리스에 의해 규정되지만 그 역은 아니라고 한다. 횔덜린은 당시 독일의 정세와 다른 자유 공화정을 희망했다. 하이데거가 2차 대전 중인 시기에 횔덜린을, 그리고 그가 번역한 『안티고네』를 중심으로 그렇게 해석한 것은 나치즘과 분명한 거리가 있음을 암시한다.[143]

히틀러의 독일은 미국을 중심으로 하는 축과 소련을 중심으로 하는 축이 아닌 제3의 것을 모색해야 했는데 그것이 나치즘이었다. 하이데거도 미국과 소련을 비판하지만 그 이유는 다르다. 하이데거는 역사의 시원을 벗어난 과도한 위험은 민주주의적인 평민성의 형태가 기독교와 혼합되어[144] 나타난 미국주의이며 볼셰비즘도 미국주

---

143) 하이데거와 나치즘의 관련에 대해서 발표한 필자의 논문으로 「하이데거와 국가사회주의」(『시대와 철학』, 1995년 가을호)가 있다.

의의 변형된 양식이라고 한다(『이스터』, 111쪽). 하이데거는 그 대안으로 역사의 근원적인 고대 그리스로 돌아가려 한다. 나치는 독일이 로마를 이어받은 제3제국임을 표방했다. 니체는 그리스 비극의 부활을 말했지만 후기에는 로마적인 것을 찬양했다는 것을 하이데거는 비판하는데 그것은 당시의 시대를 간접적으로 비판한 것이라 할 수 있다.

하이데거의 해석에 의하면 그리스인에게 폴리스가 중심인 것은 근대적 인간의 자아의식이 모든 존재자를 특징짓는 근본 형식이 국가인 것과 다르다.[145] 폴리스는 국가나 도시가 아니고 본래적인 장소, 존재자 한가운데 있는 인간의 인간적이고 역사적인 체류의 장소들이다(『이스터』, 129쪽). 신들과의 연관성, 축제의 방식, 주인과 노예, 희생과 투쟁의 연관성 등의 모든 관계들의 통일성으로부터 폴리스라고 칭해지는 것이 존재한다. 폴리스의 본질은 존재자에 대한 인간의 연관성을 규정하고 인간에 대한 존재자 자체의 연관성을 규정하는 열린 장소로 존재하는 데 있다. 폴리스의 본질은 존재자 자체가 비은폐되는 방식에 따라 드러난다. 폴리스는 존재의 진리와 근거 위에 토대하고 있다(『이스터』, 130쪽).

폴리스는 어원상 polos(극점)이고 그 안에서 그리고 그 주위로 모든 것이 돌아가는 소용돌이다(『이스터』, 128쪽). 폴리스는 자체 안에 대립적인 체류지의 가능성을 은닉하고 있다. 섬뜩함은 이런 이중적인 가능성에서 귀결되는 것이 아니라 이중성의 통일성이 은폐된 근거를 자신 안에서 지배하며 그것이 압도적인 힘을 갖도록 하는 것이

---

144) 민주주의의 평민성과 기독교를 비판하는 점에선 니체와 같다.

145) cf. 실러 (3) (4), 셸링 (6), 헤겔 (1).

다. 인간은 스스로를 섬뜩한 존재자로 만드는 것이 아니다. 존재 자체가 인간을 그 본질 안으로 허용하는 것이다.

고향적인 장소들을 향한 길 위에 있으면서 동시에 고향적인 것이 거부되기 때문에 인간은 그 본질의 가장 내적인 것 안에서 비고향적인 자다. 인간만이 비고향적으로 존재할 수 있기에 그 본질 안에는 최고의 섬뜩함이 속한다. 니체는 인간을 금발의 야수, 맹수라고 했는데 하이데거는 맹수적인 섬뜩함은 비고향적인 것에 근거하는, 은폐된 섬뜩함의 극단적인 변종이고 본질결과라고 횔덜린과 비교하여 평가한다(『이스터』, 142쪽).

하이데거가 횔덜린을 최고의 시인으로 택한 것은 그가 시인과 사유가의 공속성을 잘 보여 주고 있기 때문이다. 하이데거는 소포클레스와 횔덜린을 시의 본질에서 같은 일을 한 사람으로 본다. 하이데거에게 신화는 존재 자체를 시적으로 현상하는 역사적인 과정이며 소포클레스는 그 시인이고 횔덜린은 그것을 꿰뚫어 본 시인이다. 소포클레스는 비극시인이지만 하이데거는 비극에서 극의 성격보다 합창의 서정시를 본질적인 것으로 본다. "소포클레스의 비극에서 합창과 횔덜린의 강물 시는 동일한 것을 시로 지은 것이다"(『이스터』, 193쪽)

하이데거는 비극을 시이게 하는 합창에 대해 니체와 같이 합창이 비극의 본질이라고 하지만 또한 니체와 달리 소포클레스를 대표적인 비극시인으로 보며 비극의 합창 정신을 횔덜린이 계승하고 있다고 본다. 하이데거는 비극의 '극(드라마)'을 고향적이 됨의 운동(『이스터』, 180쪽)이라고 규정했고 그 본질적인 것은 시적으로 말해질 수 있다고 보았다. 하이데거는 바그너의 악극을 비판한 것처럼 극의 본질은 무대 위에서 공연되기보다는 횔덜린에서처럼 시로 말해져야 한다고 생각하는 것이다.

하이데거는 존재에 대한 사유의 변화가 있을 때마다 세계가 변했다고 한다. 그것은 시인들의 새로운 작품이 나타날 때가 새로운 시대의 출현과 같았다는 것이다. 고대 호메로스의 서사시는 제우스를 중심으로 하는 인간신들을 정립한 것이며 고대 비극은 새로운 디오니소스신의 등장을 나타내는 것이다. 고대 그리스 도시국가가 성립될 때 호메로스의 서사시가 나왔고 아테네의 융성기는 비극의 전성기이기도 했다.

하이데거는 시인과 철학자의 역사적 사명은 신들이 사라지고 새로운 신이 오지 않은 시대에 갈 길을 말하는 것인데 과거에도 그랬고 미래에도 그래야 한다고 보았다. 소포클레스는 정치가이며 시인이었다. 하이데거에게 그는 정치가이며 존재를 사유한 시인 철학자로서 철학, 예술, 정치의 통일체를 구현한 고대의 인물이다. 플라톤 이래로 비극은 언어예술의 최고이며 소포클레스는 비극시인의 대표자로서 인정되었다. 하이데거도 그 전통을 인정하며 따르고 있다. 그러나 그것은 비극의 극시가 서사시, 서정시보다 더 우월한 형식이라고 보는 관점에서가 아니다. 하이데거는 비극의 합창을 서정시로서 인정했고 횔덜린이 서정시인인 핀다로스의 영향을 받은 것을 귀향의 원천을 발견한 것이라고 보았다.

횔덜린은 『엠페도클레스의 죽음』146)과 같은 비극 작품도 썼고 『히

---

146) 이것은 초고만 남아 있는 미완성 작품이다.

페리온』이라는 소설도 썼지만 하이데거는 횔덜린의 소설과 비극 작품들에 대해서는 다루지 않았다. 소포클레스의 비극에서도 서정시인 합창부분만 다루었다. 횔덜린이 그리스적인 근원에 닿아 있는 것의 증거로 하이데거는 서정시인인 핀다로스의 영향을 받은 것으로 본다. 하이데거에게 횔덜린은 시인, 그중에도 서정시인이다.

하이데거는 시예술 중에서 극시인 비극을 최고의 형식으로 보는 오랜 전통과 달리 서정시를 대표적인 것으로 보았다. 니체는 디오니소스적인 서정시를 근원적인 것으로 보았지만 그것과 아폴로적인 것이 결합된 비극이 최고의 예술이라고 했는데, 하이데거는 서정시를 시의 본질적인 것으로 보아서 소포클레스의 비극에서도 핵심적인 것을 서정시인 합창으로 보았고 횔덜린에게서도 비극, 소설보다 서정시를 대표적인 것으로 보았다. 하이데거는 시 중에 서정시가 주류인 시대에 살았으므로 서정시를 시의 대표적인 것이라 보는 것은 이해할 수 있는데 소설이 문학의 대표적인 형식으로 자리 잡고 영화가 등장한 시대에도 여전히 시를 모든 예술 중에 본질적이라고 하는 오랜 전통을 따르고 있다.

니체가 자신의 사상의 전개를 바그너로부터 시작했고 결별 후에도 마지막까지 바그너를 논한 데 비해서 하이데거의 횔덜린에 대한 논의는 2차 대전을 전후한 몇 년 동안뿐이었다. 히틀러의 제3제국 이념과는 다른 의미에서 하이데거는 당시 시대가 요구하는 독일민족정신의 고취를 염두에 두었을 것이며 그것은 횔덜린에 대한 평가에서도 드러난다. "횔덜린은 비고향적 존재에 대한 독일적 위급함을 시적으로 경험하고 시적으로 말한 첫 번째 인물이다"(『이스터』, 196쪽) 더 나아가 독일인이 그리스인에게 고유한 것을 배운다면 그리스인에게 고유한 것을 능가할 수 있다고 보는데(『이스터』, 195쪽) 횔덜린이 그런 독일인이며 그래서 그는 시인 중의 시인으로 평가될 수 있는 것이다.

그러나 하이데거의 횔덜린에 대한 논구는 독일문학의 미래적인 미학을 위한 기여가 아니라 본질적으로 시로 지어져야 하는 것에 대한 숙고였다. 그것은 당시 독일적 상황에서 촉발되었지만 비고향적 존재는 현대인의 보편적인 상황이며 그것을 일깨운 횔덜린은 보편적인 시인인 것이다. 하이데거에게 횔덜린은 가장 독일적인 것을 노래한 시인이면서 보편적으로 존재를 사유한 철학자 시인이다.

지금까지 플라톤에서부터 하이데거에 이르는 시와 철학의 관계사를, 철학에서 논해진 시론의 역사를 살펴보았다. 철학은 신화적 사고를 비판하고 인간의 경험과 이성에 근거하여 세계를 사유하려는 새로운 사고 체계로 시작되었다. 최초의 신화는 시로 씌었기 때문에 철학의 신화에 대한 비판은 시에 대한 비판이 되었다. 플라톤은 당시에 신화적 세계관을 공고하게 하는 디오니소스제의 비극(극시)을 대표적인 시로 다루었고 자신은 그와 다른 이성적인 시를 쓰고자 했다. 형식과 내용 면에서 비극시와 다른, 극이지만 변증론적인 대화로 이루어진 산문의 대화편이 플라톤의 철학이다.

극시(비극)와 철학은 비슷한 시기에 발생했다. 이것은 이전에 신화가 있었기 때문에 가능한 것이었다. 아테네의 디오니소스제에서 공연된 비극은 대표적으로 호메로스의 서사시 등에서 따온 작은 이야기를 무대에서 공연한 것이었다. 그 내용은 신화라고 할 수 있지만 이미 인간성이 강조되는 싹을 엿볼 수 있다. 그리고 철학은 세계의 근원을 신화의 신이 아닌 다른 원인에서 찾고자 한 새로운 사고체계였다.

원초적인 언어는 시였다. 신화는 서사시로 표현되었고 비극도 극시이며 초기의 철학자들도 철학을 시로 쓰기도 했다. 플라톤의 철학이 이와 다른 것은 운문이 아니라 산문으로 썼다는 것이다. 플라톤의 철학은 철학으로서는 전무후무한 극의 형식을 하고 있지만 산문으로 씌었다. 플라톤의 제자인 아리스토텔레스는 변증론의 대화조차 분석적인 명제로 전환시켜 철학은 논리적인 산문의 체계로 정착되었다.

플라톤, 아리스토텔레스의 철학이 뿌리를 내린 것은 감성적 상상력의 세계관이 이성적인 것으로 변화했다는 것을 말한다. 그래서 종교도 로고스적인 유일신의 종교로 변하게 되었다. 플라톤이 비판한 인간적인 신, 그리고 다신체계의 고대 신화는 이후 절대적인 유일신의 기독교 신화로 변화되었다. 강력한 유일신 종교가 중심이 된 중세에 종교의 힘은 더욱 커져서 예술과 종교가 결합된 고대의 예술종교는 예술을 제한하는 종교가 되었다. 중세에 철학은 기독교를 위한 신학이었고 예술도 종교를 위한 것으로서 의미가 있었다.

중세가 신 중심적 세계관의 시대였다면 근대는 인간중심적 세계관의 시대였다. 이성적 인간이 중심이 되어 세계를 사유한 것의 체계가 학문이다(학문 중에 가장 보편적인 학문은 철학이다. 근대는 학문의 시대, 곧 철학의 시대였다). 이제 신도 이성적 사유체계 속에 들어오게 되었고 예술에 대해서도 학문이 성립하게 되었다. 근대의

'미학'은 학문의 관점에서 예술을 보는 지극히 근대적인 사고의 산물이다. 칸트, 셸링, 헤겔에게서 보았듯이 예술이 그 대상영역인 미학(예술철학)은 철학의 한 부분이 되었다.

칸트의 미학사상을 담은 『판단력비판』은 『순수이성비판』과 『실천이성비판』의 간극을 연결해서 선험철학의 체계를 이루려는 건축술적인 의미를 가지며 셸링에게서 예술은 철학이 객관화된 것으로서 철학과 동일했다. 근대철학의 완성자이며 근대 미학의 집대성자인 헤겔에게서 근대의 성격이 잘 나타나는데 그것은 예술을 절대정신의 한 표현방식이지만 그보다는 종교가 더 높고, 종교보다는 철학이 더 높다고 하는 것이다. 헤겔에게서 예술의 최고 형식은 시이지만 그보다 높은 단계인 철학이 논리적인 산문인 것은 칸트, 셸링도 마찬가지며 그것은 플라톤, 아리스토텔레스에 의해 확립된 전통이었다.

이 전통에 도전한 철학자가 니체다. 철학사를 전면적으로 해체하고 다시 신화로 돌아가고자 한 니체는 플라톤과 달리 비극, 그리고 비극 정신을 부활시키고자 했다. 초기의 니체는 음악정신에서 비극이 탄생했다고 보았고 비극의 근대적 부활을 바그너에게서 보고자 했었다. 그러나 바그너와 결별하게 되었고 이후 비제의 음악에 심취하기도 했지만 그가 원하는 비극은 음악시인이 아니라 언어시인으로서 니체 자신이 쓰게 되었다. 그의 사상이 집대성된 『차라투스트라는 이렇게 말했다』는 잠언과 경구 형식의 그의 저술들과 달리 등장인물이 있고 사건이 있는 비극작품이다. 공연예술인 비극을 비판하고 읽는 극의 형식을 취했던 플라톤처럼, 후기에 바그너의 무대예술을 비판한 니체도 읽는 비극을 썼는데 그것은 극이 아니라 서정시가 포함된 시적, 소설적 산문이다. 비극을 최고의 예술형식으로 본

점에서는 니체도 이전 철학자들과 마찬가지다. 그러나 그가 다른 것은 자신의 철학을 시적인 비극작품으로 썼다는 것이다.

하이데거는 니체와 같이 철학의 역사를 해체하고 고대 그리스의 시초를 부활시키고자 한 20세기의 철학자다. 철학자로서 하이데거가 보는 시초는 초기 철학 시기다. 서양 문화의 시작은 기원전 2000년경부터지만 그로부터 진정한 도약이 일어난 것을 철학의 발생으로 보는 것이다. 시문학사에서 보면 서사시에 이어 서정시가 나오고 극시가 등장했다. 고대 그리스에서 서정시가 꽃피고 극시가 시작되었을 때 철학자들이 등장했다. 비극과 철학은 비슷한 시기에 나타났는데 니체는 고대 그리스에서 비극에 주목했고 하이데거는 철학에 주목했다. 초기의 철학자들은 신화적으로 세계를 보는 시인들과 달리 이성적인 사유를 했고 그것을 기술하는 방식도 달랐다. 지금 전하는 초기 철학자들의 글은 잠언이나 경구 형식이며 일부 철학자들은 시로써 표현하기도 했는데 그것은 물론 극시가 아닌 시였다.

헤겔은 초기 철학자들의 시를 서사시로 보았는데 크세노파네스와 파르메니데스의 철학시를 예로 들어 특수하거나 개별적인 현상들이 아니라 불변하는 영원한 일자의 내용은 진리를 표현하는 것이 순수하게 사실적이어서 서사적인 특성을 지니지만 대상의 거창함에 의해 확대되고 활기를 띠는 영혼은 서정적인 것으로 전환한다고 하였다. 헤겔이 초기 철학을 서정적, 서사적이라고 한 것은 그의 입장에서는 그것을 아직 완성된 형식을 갖지 못한, 불완전한 철학으로 본 것이다.

호메로스의 서사시 이후 서정시, 극시가 등장했고 그것들은 그 시대의 대표적인 표현 형식이었다. 초기의 철학자들도 기존의 형식을 일단은 따랐을 것이다. 그런데 철학적 사유는 서사적인 스토리가 전개되지 않기 때문에 서사시의 형식을 갖지 않았고 또한 공연을 위한 것이 아니기 때문에 극시의 형식을 취할 필요가 없었다. 파르메니데스의 육각운의 시나 엠페도클레스의 시는 서정시에 속한다고 해야 할 것이다. 하이데거는 고대 그리스에서 초기 철학자들의 존재사유와 그 표현형식인 서정시를 주목했다. 그가 비극의 핵심인 합창을 서정시라고 한 것도 이와 상통한다.

횔덜린은 서정시인이다. 하이데거는 횔덜린의 소설과 비극보다는 서정시를 주목했다. 왜 서정시인가? 예술을 역사적으로 고찰한 헤겔에게는 서사시가 서정시보다 먼저다. 호메로스가 사포, 핀다로스보다 먼저였다. 니체도 그렇게 보았다. 그런데 셸링은 학문의 관점에서는 서정시가 먼저라고 하는데 그것은 가장 원초적인 시를 서정시라고 보는 것이다. 물론 그것이 변증법적으로 지양된 극시가 최고의 형식인 점에선 헤겔과 다르지 않다. 니체도 발생적으로는 서사시가 먼저고 최고의 형식은 극시이지만 극시의 본질은 서정시인 합창이라고 했다. 그것은 극시인 비극은 합창이 근원적인 분위기를 만들고 그 바탕에서 대화가 이루어진다고 보는 것이다. 하이데거는 어떠한가? 하이데거는 셸링과 같이 존재의 언어는 원시(原詩)이며 그에 상응하는 근원적 언어도 시라고 했다. 그러나 근대 철학자들과 달리 그것은 극시가 아니라 서정시였다. 그리고 그는 근대에 그것을 보여준 시인 철학자이며 철학자 시인은 횔덜린이라고 보았다.

오늘날 시, 넓게는 문학과 철학은 별개의 영역이다. 시는 서정시가 주류이고 철학은 논리적인 산문이다. 극시도 극과 시로 분리되었다. 그리고 문학과 예술의 여러 형식들은 각자 고유한 양식으로서 인정되어 어떤 것이 더 우선적이고 우월한 것이라고 하지 않는다. 철학자들이 예술, 그중에서도 최상의 형식인 시를 말하더라도 그것은 예술의 차원에서이지 철학이 산문인 것은 플라톤 이래의 전통이었다. 사상의 전체를 기술하는 데는 산문이 더 적합할 것이며 시라도 서정시보다는 서사시가 나을 것이다.

내용은 그에 맞는 형식을 낳는다. 그래서 위대한 사상은 위대한 형식도 창조했다. 고대의 신화는 서사시를 낳았고 이성적 철학은 논리적인 산문 형식을 창안했다. 트로이 전쟁의 발생과 과정을 호메로스처럼 보면 시를 쓰게 되지만 투키디데스, 헤로도토스처럼 펠로폰네소스 전쟁, 페르시아 전쟁을 사실적으로 기록하면 시가 아니라 역사가 되고 산문으로 쓰게 된다(투키디데스, 헤로도토스는 소크라테스와 비슷한 시대에 살았다). 플라톤은 신화의 사유체계를 극복하기 위해 대표적으로 호메로스와 겨루었는데 그것은 운문의 시를 벗어나 역사의 산문과도 다른 산문의 새로운 형식을 찾는 일이 되었다. 그리고 그의 제자인 아리스토텔레스에 의해 학문은 명제들의 추론 방식으로 기술되었다. 이성의 논리라 하더라도 새로운 철학은 새로운 논리학을 동반했다. 아리스토텔레스, 칸트, 헤겔 등은 새로운 논리학의 창시자이기도 했다.

니체의 획기적인 전환적 시도 이후 20세기에 들어 새로운 사유를 모색한 철학자들도 그에 맞는 새로운 방식의 글쓰기를 시도했다(위대한 철학자들은 대개 그랬다). 비트겐슈타인은 그의 철학에 맞게 논리적으로 체계를 갖춘 형식을 탈피하여 단편적인 경구 형식으로 글을 썼다. 존재의 무상성에 대해 예술적인 창조의 세계만이 구원이

될 수 있다고 본 사르트르는 『구토』, 『말』과 같은 소설과 『파리떼』를 비롯한 희곡의 형식으로도 자신의 사상을 표현했다. 소설과 극은 산문으로서 논리적인 글에 가깝기 때문에 철학이 다른 예술형식보다 취할 가능성이 높은 것이다. 들뢰즈는 『의미의 논리』를 논리학적이고 정신분석학적인 소설이라고 했다.[147] 의미들을 형성하는 역설들의 계열을 제시하는 글은 복잡하게 얽힌 이야기가 된다고 보았기 때문이다. 그러나 그 소설은 사르트르의 소설보다 더 해체된 소설로서 문학의 장르인 소설과는 아주 다르다. 파격적인 데리다의 글도 또한 그의 철학에 맞는 형식을 찾고자 한 데서 나온 것이다. 그러나 이들의 철학이 전형적인 논리적 체계를 벗어났어도 산문의 글인 것은 플라톤 이래로 지속된 것이다.

철학이 운문이어야 하거나 산문이어야 하는 것은 아니다. 또한 운문은 감성적이고 산문은 논리적인 것으로 구분되는 것도 아니다. 플라톤이 시를 비판하고 산문의 철학을 한 것은 그 시대 나름의 이유가 있었던 것이고 그 전통은 오래 지속되었다. 그렇다면 그 역사를 비판하고 해체하려는 니체, 하이데거에 의해서 그에 상응하는 새로운 문법이 시도되는 것 또한 당연한 일이다. 니체는 운문의 시를 산문인 철학으로 전환한 플라톤과 반대로 논리적인 산문을 서정시와 시적인 산문의 철학으로 전환시켰다. 그리고 하이데거는 니체보다 더 철저히 시의 시대로 돌아가고자 했다.

하이데거와 같이 존재진리를 사유한다면 그에 합당한 언어는 그

---

147) 『의미의 논리』, 40쪽, 한길 그레이트북스.

의 주장대로 시여야 할 것이다. 그러나 하이데거는 횔덜린을 시인 철학자의 전형으로 보았을 뿐 자신의 이론에 따른 철학시를 쓰지는 못했다. 그는 왜 쓰지 못했을까? 그의 철학을 시로 쓸 수 있을까? 서 정시만으로 하이데거의 철학을 표현하기는 힘들 것이다. 철학적인 주제의 어떤 시, 철학적 사유가 토대가 된 어떤 시는 가능하겠지만 한 철학자의 사상 전체를 시로, 그것도 서정시로 나타내기는 힘들 것이다. (그러나 서정시의 연작 형식으로써 서사적인 사유의 전개가 가능할 수 있지 않을까?)

물론 하이데거가 시를 쓰지 않은 것은 아니다. 몇 편의 짧은 시가 있기는 하다. 그러나 그것이 그의 사상을 전체적으로 보여 주지는 못한다. 오히려 그의 새로운 글쓰기는 산문의 대화편인 『들길 – 대 화』와 「언어에 관한 대화에서」148)에 잘 나타나 있다. 하이데거의 대 화편은 공연을 위한 것이 아님에도 극의 형식을 취하고 있는 플라톤 과 달리, 공간적 배경이나 등장인물들의 최소한 상황설정이 없이 어 떤 주제에 대해 한 사람의 독백처럼 대화한다. 그런 내용은 대화형 식으로 전개하는 것이 논리적 체계를 갖는 것보다 더 설득력이 있으 며, 오히려 시였다면 더 효과적이지 않았을 것이라고 여겨진다. 그 런 형식의 글은 생의 후반에 이루어졌고 그의 방대한 저술 중에서 극히 일부를 차지한다.

그것은 니체의 경우도 마찬가지다. 니체는 자신의 사상은 말하지 말고 노래해야 한다고 했지만 실제로는 노래(시)보다 말을 더 많이 했다. 그의 저서는 대부분 산문인 경구와 잠언 또는 단편적인 글로

---

148) 『들길 – 대화』는 *Feldweg – Gespräche,* 『전집 77권』이며 「언어에 관한 대화에서(Aus einem Gespräch von der Sprache)」는 『US』에 수록되었다.

되어 있고 『차라투스트라는 이렇게 말했다』와 같은 작품은 그의 글 중에 유일하다. 그것도 노래(서정시)가 포함되어 있지만 전체적으론 서사적인 산문이다.

한편 실러는 시인과 극작가로서 자신의 사상을 이론서로도 완성했다. 실러의 『인간의 미감적 교육에 관한 서한』은 그의 시나 극과는 다른 이론적인 산문으로 되어 있다(사적인 편지글이어서 일반적인 논리적인 이론서와는 물론 좀 다르지만 산문이다). 헤겔이 자신의 입장에서 높이 평가한 실러는 헤겔의 동료였던 횔덜린의 이상적인 모델이었다. 하이데거는 횔덜린이 시와 철학의 내적인 긴밀한 관계를 시로써 보여 주었다고 했지만 횔덜린도 소설과 비극작품을 썼고 무엇보다 자신의 사상을 이론서로 쓰고 싶어 했다. 그러나 그 뜻을 이루지는 못했다. 이것은 예술작품만으로 사상을 다 표현할 수 없다는 것을, 철학적 이론과 예술작품은 다르다는 것을 보여 주는 것일까? 아니면 철학과 예술은 가깝다는 것의 증거일까?

사실 이론서와 작품이 별개가 아니었던 철학자는 플라톤이다. 플라톤의 모든 철학은 극형식의 대화편이다. 그러나 또한 그와 함께 철학은 시가 아닌 것이 되었다. 플라톤 이전으로 돌아가고자 한 니체, 하이데거도 그들의 철학을 시로 쓰지는 못했다. 파르메니데스, 엠페도클레스와 같은 초기 철학자들의 철학시는 헤겔의 평가대로 불완전한 철학이어서 가능했던 것인가? 논리적인 철학이 감성적인 시와 분리된 것은 철학의 운명일지 모른다. 그런데 왜 철학에서 여전히 시를 찾는가?

인간은 언어적인 존재다. 언어를 매개로 삶을 영위하며 삶을 반성하고 표현한다. 발생적으로 철학보다 시가 먼저였고 산문보다 운문이 먼저였다. 운문인 시가 원초적이며 근원적이다. 근대의 소설도 서사시가 변형된 것이며 극도 극시에서 분리된 것이다. 호메로스의 서사시는 이후 음악, 미술, 조각 등의 많은 예술형식의 모태가 되었다. 소리나 색, 몸짓 등으로 표현하더라도 영화나, 연극, 노래는 언어가 기본이며 그림, 조각, 음악 등도 그 의미는 언어적인 것이며 언어로 해석되어야 한다.

언어는 일상적인 삶의 형식이며 모든 예술의 토대이기도 하다. 그리고 언어 중에 근원적인 것을 가장 근원적으로 표현할 수 있는 형식은 시이다. 예술뿐 아니라 철학도 거기서 태어난 것이라고 본다면 철학이 시를 지향하는 것은 근원적인 것을 추구하며 그에 가까이 가려는 노력이라고 해야 할 것이다. 철학은 인간의 정신성을 수호하는 일이고 시는 인간의 가장 본래적인 언어를 수호하는 일이다.

참고문헌

플라톤

The collected Dialogues of Plato, Bollingen series LXXI. prinston university press, seventh printing, 1973.

『파이돈』, 박종현 역주, 서광사, 2003.

『국가』, 박종현 역주, 서광사, 1997.

『파이드로스』, 조대호 역해, 문예출판사, 2008.

아리스토텔레스

De Poetica, The Works of Aristotle volume XI, Oxford: at the Clarendon Press, 1966.

『시학』, 천병희 역, 문예출판사, 2000.

호라티우스

『시학』, 천병희 역, 문예출판사, 2000.

롱기누스

『숭고에 관하여』, 천병희 역, 문예출판사, 2002.

칸트

Kritik der Urteilskraft, Felix Meiner Verlag Hamburg, 2001.

Kritik der reinen Vernunft Ⅰ, Shurkamp, 1968.

『판단력비판』, 이석윤 역, 박영사, 1980.

『판단력비판』, 백종현 역, 아카넷, 2009.

『순수이성비판』, 최재희 역, 박영사, 1977.

실러

Über die ästhetische Erziehung des Menschen, Stuttgart, 1981.

『인간의 미감적 교육에 관한 서한』, 최익희 옮김, 이진출판사, 1997.

『쉴러의 예술과 사상』, 고창범 저, 일신사, 1981.

셸링

Philosophie der Kunst, Wissenschaftliche Buchgesellschaft Darmstadt, 1980.

Text zur Philosophie der Kunst, Reclam Stuttgart, 2004.

Schriften von 1799~1801, Wissenschaftliche Buchgesellschaft Darmstadt, 1982.

Schriften von 1813~1830, Wissenschaftliche Buchgesellschaft Darmstadt, 1989.

『조형미술과 자연』, 심철민 역, 책세상, 2002.

『셸링의 예술철학』, 김혜숙 저, 자유출판사, 1992.

헤겔

Vorlesung über die Ästhetik Ⅰ, Suhrkamp Verlag, 1970.

Vorlesung über die Ästhetik Ⅱ, Suhrkamp Verlag, 1970.

Vorlesung über die Ästhetik Ⅲ, Suhrkamp Verlag, 1970.

『헤겔미학 Ⅰ』, 두행숙 옮김, 나남출판사, 1996.

『헤겔미학 Ⅱ』, 두행숙 옮김, 나남출판사, 1997.

『헤겔미학 Ⅲ』, 두행숙 옮김, 나남출판사, 1998.

니체

Die Geburt der Tragödie, Werke Ⅰ, Ulstein, 1979.

Also sprach Zarathustra, Werke Ⅱ, Ulstein, 1979.

Jenseits von Gut und Böse, Werke Ⅲ, Ulstein, 1979.

Der Wille zur Macht, Stuttgart, 1964.

『비극의 탄생』, 김대경 옮김, 청하, 1982.

『선악을 넘어서』, 김훈 옮김, 청하, 1991.

『권력에의 의지』, 강수남 옮김, 청하, 1988.

『짜라투스트라는 이렇게 말했다』, 최승자 옮김, 청하, 1984.

『니체 대 바그너』, 김대경 옮김, 청하, 1982.
『바그너의 경우』, 김대경 옮김, 청하, 1982.

하이데거

Sein und Zeit, 12. Aufl., Tübingen, 1972.

Unterwegs zur Sprache, 5. Aufl., Tübingen, 1975.

Holzwege, Gesamtausgabe Bd. 6: Frankfurt 1981, 『전집 6권』.

「Die Ursprung des Kunstwerkes」

「Nietzsches wort ≪Gott ist tot≫」

Wegmarken Gesamtausgabe Bd. 9: Frankfurt, 1976.

「Brief über den Humanismus」

Satz vom Grund, Tübingen, 1957.

Vorträge und Aufsätze, Tübingen, 1954.

Erläuterungen zu Hölderlins Dichtung, Gesamtausgabe Bd. 4: Frankfurt, 1981, 『전집 4권』.

Nietzsche: Der Wille zur Macht als Kunst, Gesamtausgabe Bd. 43: Frankfurt, 1985.

Nietzsche: Der Europäische Nihilismus, Gesamtausgabe Bd. 48: Frankfurt, 1996.

Hölderlins Hymne 'Der Ister', Gesamtausgabe Bd. 53, Frankfurt, 1984.

Nietzsches Metaphysik, Gesamtausgabe Bd. 50: Frankfurt, 1990.

『니체와 니힐리즘』, 박찬국 옮김, 지성의 샘, 1996.
『횔덜린의 송가 <이스터>』, 최상욱 옮김, 동문선, 2005.
『기술과 전향』, 이기상 옮김, 서광사, 1993.

가다머

Wahrheit und Methode, Tübingen, 1975.
『진리와 방법』, 이길우 외 옮김, 문학동네, 2000.

Günter Figal

Heidegger zur Einführung, Junius, 1992.

들뢰즈

『의미의 논리』, 한길 그레이트북스, 2003.

하버마스

『현대성의 철학적 담론』, 이진우 옮김, 문예출판사, 1995.

길희성: 『인도철학사』, 민음사, 1991.

김산해: 『최초의 신화 길가메시 서사시』, 휴머니스트, 2005.

서정기 역주: 『시경』, 살림터, 2001.

염승섭: 『횔덜린』, 건국대학교출판부, 1996.

하정옥 역주: 『시경』, 평범사, 1986.

황애숙: 「하이데거의 해석학적 논리학 연구」, 부산대학교, 1991.

　　　　「하이데거와 국가사회주의」, 『시대와 철학』, 1995.

　　　　「니체와 하이데거의 탈근대성 실험」, 『대동철학』, 1998.

황윤석: 『횔덜린 연구』, 삼영사, 1983.

황애숙

서울대학교 사범대학 국어교육과를 졸업하고, 서울대학교 대학원 철학과 석사과정을 거쳐 부산대학교에서 「하이데거의 철학적 논리학 연구」로 박사학위를 받았다. 이후 논문으로 「하이데거와 국가 사회주의」, 「니체와 하이데거의 탈근대성 실험」이 있으며 현재 동아대학교 철학과 초빙교수로 있다.

시와 철학

시를 중심으로 본 예술철학사

초판인쇄 | 2010년 11월 29일
초판발행 | 2010년 11월 29일

지 은 이 | 황애숙
펴 낸 이 | 채종준
펴 낸 곳 | 한국학술정보㈜
주   소 | 경기도 파주시 교하읍 문발리 파주출판문화정보산업단지 513-5
전   화 | 031) 908-3181(대표)
팩   스 | 031) 908-3189
홈페이지 | http://ebook.kstudy.com
E-mail | 출판사업부 publish@kstudy.com
등   록 | 제일산-115호(2000. 6. 19)

ISBN   978-89-268-1713-1 03130 (Paper Book)
        978-89-268-1714-8 08130 (e-Book)

내일을여는지식 은 시대와 시대의 지식을 이어 갑니다.